Por
INTEIRO

Martha Beck

Por INTEIRO

O CAMINHO PARA O SEU VERDADEIRO EU

Tradução
ALEXANDRE BOIDE

Copyright © 2021 by Martha Beck

O selo Fontanar foi licenciado para a Editora Schwarcz S.A.

Grafia atualizada segundo o Acordo Ortográfico da Língua Portuguesa de 1990, que entrou em vigor no Brasil em 2009.

TÍTULO ORIGINAL The Way of Integrity: Finding the Path to Your True Self

CAPA Lynn Buckley

IMAGEM DE CAPA Jeffrey Simmons

PREPARAÇÃO Fernanda Cosenza

REVISÃO Camila Saraiva e Julian F. Guimarães

Dados Internacionais de Catalogação na Publicação (CIP)
(Câmara Brasileira do Livro, SP, Brasil)

Beck, Martha
  Por inteiro : O caminho para o seu verdadeiro eu / Martha Beck ; tradução Alexandre Boide. — 1ª ed. — São Paulo : Fontanar, 2022.

  The Way of Integrity : Finding the Path to Your True Self.
  ISBN 978-85-8439-247-6

  1. Autoconfiança 2. Autoconhecimento 3. Desenvolvimento pessoal 4. Felicidade 5. Integridade I. Título.

22-103566   CDD-158.1

Índice para catálogo sistemático:
1. Felicidade : Autoajuda : Psicologia aplicada   158.1

Eliete Marques da Silva – Bibliotecária – CRB-8/9380

[2022]
Todos os direitos desta edição reservados à
EDITORA SCHWARCZ S.A.
Rua Bandeira Paulista, 702, cj. 32
04532-002 — São Paulo — SP
Telefone: (11) 3707-3500
facebook.com/Fontanar.br
instagram.com/editorafontanar

Para minha família.
Vocês iluminam meu caminho.

Sumário

Introdução...................................... 9

ESTÁGIO UM: A FLORESTA ESCURA DO ERRO

1. Perdidos na floresta 23
2. O desespero pelo sucesso 44
3. Encontrando seu guia......................... 63
4. A única saída................................ 89

ESTÁGIO DOIS: INFERNO

5. Entrando no inferno.......................... 111
6. Erros inocentes.............................. 132
7. Quando o que parece certo dá errado.......... 154
8. O fim da autotraição......................... 177

ESTÁGIO TRÊS: PURGATÓRIO

9. O começo da limpeza.......................... 207
10. Sem voltar atrás 225
11. Dedique seu tempo a viver................... 250
12. O retorno ao Éden 270

ESTÁGIO QUATRO: PARAÍSO

13. Rumo ao misterioso.......................... 295
14. A humanidade no limiar 315
15. A grande desconstrução...................... 335

Agradecimentos 355

Introdução

Mesmo que você não viaje muito de avião, provavelmente já presenciou uma cena assim. Todos os passageiros embarcaram. Os aparelhos eletrônicos foram desligados. Os comissários de bordo fizeram a coreografia obrigatória sobre cintos de segurança e luzes de emergência e máscaras de oxigênio e o que fazer se elas não funcionarem. E então, quando chega a hora de decolar, uma interrupção. A voz constrangida do comandante ecoa pela aeronave. "Desculpem, senhores passageiros, tivemos um pequeno contratempo... não deve ser nada sério, mas precisamos chamar a equipe técnica para verificar. Vamos ter que aguardar um pouquinho."

Os passageiros reclamam. Você sente aquele desânimo. Por quanto tempo mais vai ser preciso ficar naquele assento desconfortável, entre um homem cheirando a perfume barato e uma mãe com um bebê inquieto no colo, antes de o avião finalmente decolar? Mas passada a frustração inicial, todo mundo respira fundo e se acalma. Você e os demais concordam com a precaução dos tripulantes. Estão prestes a alçar voo a milhares de metros acima da superfície da Terra em um maquinário de milhares de toneladas. Ninguém, nem mesmo o bebê, gostaria que a aeronave decolasse sem uma verificação minuciosa de sua integridade estrutural.

Este livro fala sobre integridade. Mas não no sentido moralizante. A palavra *integridade* acabou ganhando no dia a dia uma conotação de julgamento de caráter, mas o termo em si vem do latim *integer*, que significa simplesmente "intacto". Estar em condição de integridade significa ser uma coisa só, um todo, sem divisões. No caso do avião, integridade implica que suas milhões de peças funcionem como deveriam, cooperando entre si. Caso a aeronave perca sua integridade, pode não sair do chão ou sofrer uma pane em pleno ar e cair. Não se trata de julgamento. Apenas das leis da física.

E, assim como se aplica à aerodinâmica, isso vale também para a vida cotidiana. Quando você experimenta uma sensação de unidade entre intenção, fascínio e propósito, passa a viver o momento, fazendo com alegria genuína o que quer que esteja tomando sua atenção. Seu trabalho diário, seja criar programas de computador, cuidar de jardins ou construir casas, é tão envolvente que no fim do dia você não quer parar. Mas, quando para, aprecia tanto o tempo passado com seus entes queridos, e seu sono é tão delicioso, que fica impossível imaginar algo melhor. E, ao acordar na manhã seguinte, o novo dia parece tão estimulante que você praticamente pula da cama.

Se você for como muitas das pessoas a quem já prestei meus serviços como coach, deve estar revirando os olhos neste momento. Talvez tenha a impressão de que eu vejo tudo através de lentes cor-de-rosa, enfiando punhados de antidepressivos na boca como se fossem balinhas. Você pode nunca ter experimentado a *joie de vivre* que estou descrevendo. Pode inclusive acreditar que uma existência assim tão satisfatória seja impossível.

Não é.

É trágico que tanta gente passe a vida inteira sem aprender isso, sem nunca sentir a alegria que provém da integridade absoluta. Certas pessoas estão totalmente desalinhadas, vivendo uma sequência incessante de fracassos e sonhos destruídos. Talvez você até conheça algumas delas: aquele amigo da época de colégio que vive entrando e saindo da prisão, aquela prima que se envolve com um canalha atrás do outro, aquela colega de trabalho que parece sabotar todos os projetos em que ela se envolve. Essas pessoas são como aviões cujas peças principais, como asas e turbinas, estão mal ajustadas.

Sua vida provavelmente fica no meio-termo entre a alegria inabalável e a ruína completa. Você até tem um propósito, que espera ser capaz de realizar algum dia. Embora seu emprego não seja perfeito, também não é ruim. E seus relacionamentos são ok na maior parte do tempo. Sim, existem momentos em que alguém — cônjuge, filhos, pais, chefe — faz você querer simular a própria morte e ir morar num hotel no Caribe. Mas, sinceramente, *tudo bem*. Você não se sente mal de verdade, é só uma vaga sensação de ansiedade, desconforto e decepção. E é supernormal que sua mente fique remoendo, arrependida, planos que não deram certo e dúvidas a respeito da realização de seus sonhos.

Quando eu converso com clientes que se encaixam nessa descrição e digo que a vida poderia ser melhor, eles muitas vezes argumentam que está *tudo bem*. "Olha só", eles dizem, "a vida é uma luta, e no fim a gente morre. O fracasso é muito mais comum que o sucesso. Não dá para simplesmente agitar os braços e sair voando por aí." Essas pessoas acham que estão apenas aceitando uma verdade incômoda. Mas o que eu escuto é o chacoalhar de parafusos soltos e peças mal encaixadas, o som de um ser humano que nunca experimentou o alinhamento completo entre corpo, mente, coração e alma.

Repetindo, não se trata de um julgamento moral. Se nem sempre parece que está tudo maravilhoso, isso não significa que você seja disfuncional ou uma má pessoa — na verdade, aposto que passou a vida inteira tentando fazer o bem. E não há nada de errado com você. Você é um indivíduo funcional e sofisticado. De forma mais profunda, você sabe o que te faz feliz e como criar a melhor versão possível da sua vida. Esse conhecimento é parte da natureza do seu ser.

Mas a sua natureza está num processo constante de colisão com uma força que é capaz de destruí-la: a cultura.

Quando falo de "cultura", não estou me referindo a óperas ou pinturas surrealistas, mas aos conjuntos de padrões sociais que moldam a maneira como as pessoas pensam e se comportam. Todo grupo de seres humanos — de casais e famílias aos presos de uma penitenciária, das participantes de uma oficina de costura aos integrantes de um exército — tem regras e pressupostos culturais que ajudam seus membros a cooperar uns com os outros. Algumas normas são explícitas, como as leis de trânsito ou o *dress code* de um local de trabalho. Já outras são implícitas, como o pressuposto de que, quando você vai jantar em um bom restaurante, deve usar os talheres em vez de enfiar a cara na comida como um porco chafurdando na lavagem.

Seres humanos criam culturas elaboradas porque somos seres extremamente sociais, dependentes da boa vontade dos outros desde o momento em que nascemos. Além disso, temos uma enorme capacidade de absorver e reproduzir o comportamento das pessoas ao nosso redor. Desde a infância, muitas vezes sem perceber, aprendemos exatamente como obter aprovação e sensação de pertencimento em um contexto cultural específico. Somos escandalosos, silenciosos ou corajosos para agradar nossas famílias. Começamos a gostar de uma coisa assim que nossos amigos dizem gostar dela. Nos dedicamos aos estudos, a cuidar dos nossos irmãos, a aplacar brigas de família — ou o que quer que julguemos capaz de garantir nosso lugar no mundo.

Nessa busca por aprovação, muitas vezes acabamos ignorando ou suprimindo nossos sentimentos — até mesmo os mais intensos, como o desejo e a angústia — em nome da nossa cultura. Nesse momento, acabamos divididos e agindo contra nós mesmos. Deixamos de estar em condição de integridade (uma coisa só, por inteiro) e entramos em um estado de duplicidade (duas coisas). Ou então podemos tentar nos encaixar em diferentes grupos, vivendo em multiplicidade (diversas coisas). Abandonamos nossa verdadeira natureza e nos tornamos submissos à cultura: sorrimos por educação, acatamos o que ouvimos e vestimos roupas "perfeitas" mas desconfortáveis. É por isso que um soldado marcha para o meio do fogo cruzado sem se queixar. E que comunidades inteiras em determinada época acharam que fazia sentido queimar bruxas na fogueira. É assustador perceber até que ponto as pessoas estão dispostas a desafiar sua natureza para se submeter à cultura. Mas o sistema como um todo funciona muito bem em termos de criar e manter grupos humanos coesos.

Só tem uma coisa: a natureza não desiste assim tão facilmente.

Se você já perdeu a cabeça com alguém que ama muito, ou deixou de lado um projeto de trabalho para passar cinco horas na internet procurando kits caseiros de tatuagem, isso provavelmente é um sinal de divisão interna. Você está tentando viver de uma forma com a qual não se identifica em um nível mais profundo. Sempre que isso acontece nossa vida começa a desandar. Emocionalmente, ficamos ranzinzas, tristes ou indiferentes. Fisicamente, nossa imunidade e nossos músculos se enfraquecem; podemos adoecer, e mesmo se nossa saúde estiver boa, nosso nível de energia cai. Mentalmente, perdemos o foco. É isso que acontece quando não estamos inteiros.

Todas essas reações internas afetam a nossa vida. Como não conseguimos nos concentrar, nosso trabalho é prejudicado. A irritabilidade e o desânimo nos tornam companhias desagradáveis, prejudicando nossos relacionamentos. Tudo dentro e fora de nós é influenciado negativamente quando perdemos a integridade. E, como nossa verdadeira natureza leva nossa recuperação a sério, acaba recorrendo à única ferramenta disponível para chamar nossa atenção: o sofrimento.

Eu, pessoalmente, não gosto de sofrer. É uma coisa que me incomoda. Se você gosta, eu não vou julgar — mas gostaria de fazer uma ressalva importante: sofrimento é diferente de dor, pelo menos no meu vocabulário. Certa vez, vi um cartaz em uma clínica médica que dizia: "A dor é inevitável. O sofrimento é opcional". A dor física é consequência das coisas que acontecem com o corpo. O sofrimento psicológico é o resultado da maneira como lidamos com essas coisas, e pode inclusive crescer de forma exponencial em situações que não envolvem dor alguma. Mesmo se você estiver confortável em uma poltrona aconchegante, o sofrimento pode fazer você desejar nunca ter nascido. Eu sei disso porque passei anos e anos assim. Foi o que me lançou, por décadas a fio, a uma busca obsessiva pela felicidade.

Eu nunca tive muito talento para a rebeldia, para bater de frente contra a cultura que me cercava. Muito pelo contrário. Eu nasci com a necessidade de acolhimento e aprovação de um cachorrinho órfão. Sempre que minha natureza e minha cultura entravam em desacordo, eu deixava de lado minha natureza sem pensar duas vezes. Porque funcionava! Isso me rendia uma enorme aceitação. Por outro lado, algumas coisas se tornaram insuportáveis para mim — como estar viva, por exemplo. Olhando para trás, eu me sinto grata por isso. Foi o ponto de partida para, com todos os recursos que eu tinha à minha disposição, ir à luta contra o sofrimento.

Essa busca informal acabou me levando a muitos anos de estudos formais. Passei cerca de uma década, dos dezessete aos 28 anos, em Harvard, de onde saí com três diplomas em ciências sociais. Por um tempo depois disso, dei aulas de desenvolvimento profissional e sociologia, entre outras coisas. Mas meu projeto paralelo sempre foi tentar descobrir como poderíamos viver de uma forma verdadeiramente satisfatória.

A carreira acadêmica era uma profissão que eu considerava aceitável — isso mesmo, estava *tudo bem* —, a não ser pelas partes que eu odiava com todas as forças (lidar com a politicagem do ambiente universitário ou ter que escrever artigos tão tediosos que eu tinha a sensação de estar esfregando meu cérebro no ralador de queijo). Dar aulas era muito menos interessante para mim do que conversar com os alunos sobre a vida deles. Com o tempo, alguns estudantes começaram a me pagar para fazer isso. E pronto! Eu virei coach antes mesmo de saber que isso existia.

Isso acelerou minha busca por encontrar estratégias de "design para a vida" que de fato funcionassem. Continuei lendo muito e comecei a escrever: livros de memórias e de autoajuda, além de dezenas de artigos. Ganhei uma coluna mensal na revista O, *The Oprah Magazine*. Aparecia com frequência na televisão, oferecendo aos espectadores dicas de como viver bem. Para testar meus métodos, aceitei o desafio de ser coach de tipos bem diferentes de pessoas: moradores de vilarejos rurais na África do Sul, intelectuais nova-iorquinos, viciados em heroína recém-saídos da cadeia, bilionários, celebridades, indivíduos aleatórios que eu conhecia na fila do departamento de trânsito. A partir de todas essas experiências, das conversas pessoais mais íntimas às pesquisas formais, aos poucos uma verdade simples e direta foi se revelando:

A integridade é a cura para a infelicidade. Ponto-final.

De todas as estratégias e habilidades que aprendi, as que funcionam são as que ajudam as pessoas a ver em que ponto abandonaram sua verdade mais profunda e passaram a seguir outro conjunto de diretrizes. Essa quebra de integridade é quase sempre inconsciente. As pessoas que conheço que passaram por isso não são ruins; na verdade, a maioria é gente muito boa, que faz de tudo para respeitar as regras de convivência de suas respectivas culturas. Essa é a receita perfeita para viver com uma imagem positiva e sentimentos negativos.

Mas existe outro caminho, que nos afasta do sofrimento e nos aproxima de uma alegria e um senso de propósito que você nunca imaginou serem possíveis. É o que chamo de caminho da integridade.

O objetivo deste livro é guiar e acompanhar você nesse caminho. Onde quer que esteja, e como quer que se sinta no momento, o caminho da integridade vai tirar você desse lugar rumo a uma vida cheia de significado, encanto e fascinação. Já ajudei centenas de pessoas a vivenciar essa experiência. Eu mesma também passei por todo esse processo — e, acredite, o meu caso não era fácil. Mas depois de tanto sofrimento, o caminho da integridade me levou a uma vida que chega a parecer absurda de tão abençoada. Não porque eu seja especial. Apenas porque conheço o caminho.

A palavra *caminho* no contexto deste livro pode significar tanto um processo como uma trilha. Se você não sabe o que fazer, ele vai fornecer as instruções, como em uma receita de bolo. Se você não sabe para onde ir, ele vai mostrar o rumo a seguir, como um mapa. Se você seguir as orientações, vai encontrar a felicidade. Não por uma questão de virtude, mas por se aproximar da realidade, da verdade. Sua vida entra nos eixos da mesma forma que um avião bem construído levanta voo. Não é uma recompensa por bom comportamento. Apenas consequência das leis da física.

Portanto, se você tem a disposição necessária para abandonar o sofrimento, entrar em contato com a sua verdadeira natureza e viver a alegria que nasceu para sentir, nós podemos começar. Você pode estar se perguntando: como é o caminho da integridade? Eu conto para você. É como uma fantasia épica medieval italiana sobre uma busca cheia de aventuras!

Calma. Vou explicar melhor.

Ao longo da minha carreira como coach e autora de livros, recorri diversas vezes, com o maior prazer e sem nenhum pudor, ao expediente de roubar ideias d'*A divina comédia*, escrita por Dante Alighieri no início do século xiv. Não que eu seja uma especialista em Dante. Na verdade, nunca fiz um curso sobre o autor, não falo italiano e não sei muita coisa sobre história medieval. Na juventude, li *A divina comédia* pelo único motivo que me levava a ler naquela época: eu estava em busca de conhecimento sobre como me sentir melhor. E encontrei.

A obra-prima de Dante é simplesmente o conjunto de instruções mais poderoso que conheço para curar nossas feridas psicológicas, restaurar nossa integridade e maximizar nossa capacidade de nos sentirmos bem. *A divina comédia* nos orienta por todo esse processo, passo a passo. Sim, o texto é construído como uma narrativa sobre um homem em uma aventura mística. Sim, esse homem se vale do imaginário europeu do século XIV para contar sua história. Mas as metáforas psicológicas do épico de Dante ainda são verdadeiras nos dias de hoje. Ainda são capazes de nos mostrar o caminho. Além disso, são divertidas. Não pense que Dante é algum tipo de pastor com sermões tediosos. Nada disso. Ele é só um escritor que está na frente de um público leitor pedindo a ele para acompanhá-lo em sua fuga do sofrimento e em direção à felicidade.

Então, ao longo deste livro, vou percorrer com você o caminho da integridade construído a partir da estrutura que Dante estabeleceu n'*A divina comédia*. Você pode percorrê-lo de forma lenta e gradual ou como se fosse uma corrida de cem metros rasos — o ritmo que se adequar melhor ao seu estilo. Seja como for que pretenda fazer a viagem, você vai passar por quatro estágios. Só para apresentar mais ou menos o cenário, vou resumir aqui o que você pode esperar.

Sua busca pela integridade vai começar na "floresta escura do erro", um lugar onde nos sentimos perdidos, exaustos, perturbados e inseguros. Essa é a metáfora que Dante usou para falar do desalinhamento que a maioria de nós enfrenta na vida. Em certos sentidos — talvez em todos —, sentimos que a nossa vida não é o que deveria ser. Não sabemos como nos desviamos tanto do rumo, nem como escapar dessa confusão mental. Não se preocupe. Vamos conseguir.

O estágio seguinte é o famoso "inferno" de Dante. Ao atravessá-lo, vamos descobrir quais partes suas estão sofrendo — as partes que estão presas no seu inferno pessoal — e libertá-las. A ferramenta que você vai usar para quebrar essas correntes é a sua percepção da verdade. Você vai ver que o sofrimento psicológico sempre se origina de cisões internas entre aquilo em que a mente moldada pela cultura acredita e o que você sente como mais profundamente verdadeiro. O caminho da integridade vai ajudar a curar essas divisões. Você vai começar a experimentar uma sensação de unidade maior do que antes. O alívio provavelmente vai ser perceptível e imediato.

Quando a sua vida interior começar a se tornar saudável, é porque estará passando por uma das formas do "purgatório" de Dante. Essa palavra significa apenas "limpeza". (Eu gosto de realizar uma "limpeza de integridade", o que não significa eliminar sua integridade, e sim se desvencilhar de todo o resto.) Nesse estágio de busca pessoal, você vai mudar seu comportamento exterior para que ele se torne condizente com a sua verdade interior recém-descoberta. Quanto mais você avança, mais fácil isso se torna.

Por fim, à medida que suas vidas interior e exterior se aproximam da integridade total, você vai se ver em um "paraíso" metafórico. Não existe mais nenhum trabalho a fazer por lá, a não ser desfrutar de uma vida em que tudo — seu psicológico, sua carreira, sua vida amorosa — corre tranquilamente. Um aviso: nesse ponto, você pode começar a viver coisas incríveis que nossa cultura afirma serem impossíveis. Obviamente, ninguém nunca ensinou você a lidar com essas maravilhas. Sem problema. Você vai aprender rápido. Afinal, nasceu para isso.

Portanto, em termos gerais, essa é a nossa jornada. Enquanto a estivermos percorrendo, vou citar não só as metáforas de Dante, mas também descobertas recentes de vários ramos da ciência (psicologia, sociologia, neurologia) para que o percurso seja mais acessível e transformador para você. Vou contar histórias reais de clientes ou amigos meus, pessoas cujas experiências podem ajudar a ilustrar e tornar mais claro o processo que você está vivendo. Para mostrar como as coisas acontecem internamente, também vou dar exemplos da minha longa busca pela integridade. E, em certos momentos, vou convidar você a fazer alguns exercícios mentais para tornar seu caminho tão rápido e tranquilo quanto possível.

N'*A divina comédia*, Dante desce ao fundo de um poço profundo (o inferno) e depois escala uma montanha (o purgatório). Ele vai se fortalecendo e passa a avançar com cada vez menos esforço à medida que se aproxima do cume. Então, para sua surpresa, ele se eleva ainda mais e começa a voar. É isso o que acontece quando as partes desalinhadas da vida humana se integram. Dante usa o voo como metáfora para uma vida que parece ilimitada, literalmente celestial.

Sempre que viajo de avião, a despeito dos problemas e atrasos que possam acontecer, fico maravilhada no instante em que a aeronave decola. É impressionante que uma máquina tão grande e pesada consiga se lançar no ar e se manter lá em cima, com toda a segurança, por milhares de quilômetros. Me sinto do mesmo jeito quando vejo pessoas encontrarem sua integridade e alçarem voo, cada uma à sua maneira, descobrindo o senso de propósito, o amor e o sucesso. Todos os dias me surpreendo ao perceber que isso funcionou para mim também. Tudo isso ainda me parece um milagre deslumbrante e impossível.

Mas não é. São só as leis da física.

Então, caso tenha essa vontade — ou mesmo se estiver só com um pouquinho de curiosidade —, aperte seu cinto de segurança e acomode bem a sua bagagem emocional sob o assento à sua frente. O caminho da integridade vai levar você às alturas de uma felicidade que parecia um sonho impossível. Decolagem autorizada.

ESTÁGIO UM
A FLORESTA ESCURA DO ERRO

1. Perdidos na floresta

Como muitas das melhores histórias de aventura, *A divina comédia* começa com a ação em pleno andamento. "No meio do caminho desta vida me vi numa selva escura, onde me perdi do rumo certo." Ele não diz como foi parar na floresta, o que estava fazendo quando se perdeu da trilha, nem por quanto tempo continuou avançando. Toda a informação é — literalmente — nebulosa. A única coisa que Dante sabe é que está sozinho, perdido e confuso.

Perceber que não estamos no rumo certo, o que nos dá a sensação de estarmos vivendo a vida do jeito errado, é uma experiência pela qual podemos passar em algum momento. Depois de alguns anos em um emprego, em um relacionamento ou em uma determinada forma de viver, de repente podemos notar que tudo parece... fora do prumo. Como Dante, não sabemos ao certo o que está errado, nem como aconteceu. Mas naquele instante de vazio quando finalmente mandamos os filhos para a escola, ou quando levantamos a cabeça da mesa de trabalho e percebemos que todo mundo já foi para casa, ou quando temos mais uma briga horrível com a pessoa que pensamos que iríamos amar para sempre, ficamos olhando para o nada e pensando: "O que é que eu estou fazendo? Que lugar é este? Como foi que eu vim parar aqui? Não era para ser assim!".

Na maioria das vezes, é dessa maneira que as pessoas estão se sentindo quando me procuram. São inúmeras as primeiras sessões em que os clientes estão tão aturdidos com a própria insatisfação que sequer conseguem encontrar palavras para descrevê-la. Eles murmuram: "Eu queria saber qual é o meu propósito", ou "Todo mundo diz: 'Faça aquilo que você ama', só que eu não tenho a menor ideia do que isso pode ser", ou "Pensei que trabalhar bastante para sustentar minha família fosse a coisa certa a fazer, mas sinto um vazio dentro de mim". Algumas dessas pessoas sofrem de depressão clínica ou de alguma doença física diagnosticável. A maioria, porém, está simplesmente perdida.

O motivo mais comum para nos sentirmos assim é fazendo "o que deveríamos". A cultura nos ensina como uma boa pessoa deve se comportar, e é assim que nos comportamos. E esperamos pela recompensa prometida: felicidade, saúde, prosperidade, amor verdadeiro, autoestima inabalável. Mas a conta não fecha. Mesmo depois de nos esforçarmos tanto para *fazer* o bem, não conseguimos nos *sentir* bem. Confusos, podemos achar que não estamos fazendo o suficiente, ou que estamos fazendo do jeito errado. Porém, quanto mais nos exaurimos nessa busca pelo bem-estar, pior nos sentimos.

Já trabalhei com gente que estava tão perdida na floresta escura que nem se lembrava de mais nada. Quando me procuraram, essas pessoas estavam em um estado de desorientação extrema. Como Jim, o médico que começou a sentir uma repulsa cada vez maior de tocar nas pessoas, até chegar ao ponto de ser obrigado a fechar seu consultório. Ou Evelyn, uma editora de revista que, apesar de devorar livros e mais livros em casa, aos poucos foi perdendo a energia até para acompanhar o raciocínio de um simples parágrafo no trabalho. Fran, uma mãe dedicada de quatro filhos, começou a esquecer tantos compromissos sociais e eventos escolares das crianças que a família toda passou a viver como um bando de cavalos assustados — sempre ansiosos e pisando na ponta dos cascos. Nenhuma dessas pessoas sofria de alguma doença mental, estavam simplesmente vagando por um ambiente nebuloso.

Eu reconheço esse terreno traiçoeiro. E muito bem, na verdade. Passei tanto tempo na floresta escura do erro que poderia até ter montado uma barraquinha de cachorro--quente em algum lugar por lá. Desde a infância, minha diretriz geral para a vida era: *Faça o que for preciso para conquistar aprovação*. Criada em uma família de mórmons, eu obedecia a todas as regras da minha religião e me esforçava muito na escola. Então fui para Harvard, um lugar tão diferente da cultura da minha infância que foi como se eu tivesse me mudado para Plutão. Dei um jeito de fazer com que todos com quem conversava presumissem que eu concordava com eles, me passando por uma mórmon devota em casa e uma ateia racionalista na universidade.

A estratégia funcionou perfeitamente (aceitação garantida em todos os lugares!), a não ser por um detalhe: algum tempo depois, eu não conseguia mais me mover. Fisicamente. Na idade avançada de dezoito anos, desenvolvi uma dor misteriosa e excruciante em todos os tecidos moles do corpo. Não conseguia me concentrar. Comecei a me entupir de comida. Eu me sentia descontrolada, destruída e à beira do suicídio. Precisei interromper os estudos por um ano, o que me deixou ainda mais focada na minha completa deterioração física e emocional. Pois é, eu era a alegria da casa.

Analisando essa experiência hoje, e também as histórias de tantos dos meus clientes, me sinto muito grata por todo esse desespero e confusão mental. Esses sentimentos eram um indício de que meus sistemas internos de orientação estavam funcionando à perfeição, mostrando o sinal de "DESVIO DE ROTA!" com a maior clareza possível. Apesar das nossas boas intenções, acabamos perdendo o caminho da integridade. Como resultado, o sofrimento toma conta do nosso corpo e do nosso coração, o que nos obriga a concentrar toda a nossa atenção em solucionar o problema.

SÍNDROME DA FLORESTA ESCURA DO ERRO

Provavelmente houve ocasiões em que você se afastou da sua verdade. A princípio, o sofrimento pode ter sido tão leve que nem foi notado. Mas não é possível ficar perambulando longe da integridade por tempo indeterminado, porque as coisas pioram cada vez mais à medida que seguimos na direção errada. Em algum momento, se não fizermos uma correção de rumo, começamos a apresentar um conjunto de sintomas característicos. Você pode tê-los sentido no passado. Ou pode estar sentindo-os agora mesmo.

Eu chamo esse conjunto de sintomas de "síndrome da floresta escura do erro". Repetindo, isso não é uma coisa ruim. É a maneira como nossos instintos nos motivam a recuperar nossa integridade. É a verdade vindo nos libertar. Mas isso também não significa que seja divertido. No restante deste capítulo, vou descrever os sintomas dessa síndrome. Enquanto lê, você pode verificar se está sentindo algum deles.

SINTOMA Nº I: FALTA DE SENSO DE PROPÓSITO

O motivo mais comum para as pessoas me contratarem como coach é o desespero para encontrar um senso de propósito. Poucas delas sentem vontade de morrer, mas várias me contam que não têm muitos motivos para viver. Suas queixas ecoam o lamento bíblico em Eclesiastes: "Examinei todas as obras que se fazem debaixo do sol. Pois bem, tudo é vaidade e correr atrás do vento". Em outras palavras: "A vida é *difícil*. Todo mundo vai *morrer*. E *aí?*". Sem um senso de propósito genuíno, é difícil sentir que a dureza diária da existência humana vale a pena.

Na cultura ocidental moderna, a maioria de nós acha que pode encontrar um senso de propósito buscando realizações. Que tipo de realizações, exatamente? Isso depende da maneira como as pessoas ao nosso redor definem o que tem "valor".

Meu trabalho se assemelha a um desfile das diversas coisas que as diferentes culturas dizem para as pessoas valorizarem. Certa vez fui coach de uma mulher para quem uma vida com propósito se resumia a mover processos judiciais contra um monte de gente e usar quilos de joias para cima e para baixo, até no banheiro. O cliente seguinte estava igualmente convencido de que uma vida com propósito envolvia morar em uma cabana isolada no meio do mato, usando folhas de árvore como papel higiênico. Tem gente que acha que ter um propósito é conseguir um cargo alto numa empresa. Outros tentam ser astros do cinema, salvar as florestas tropicais ou viralizar na internet com vídeos de hamsters.

Qualquer uma dessas ambições pode ser de fato seu verdadeiro propósito. Nesse caso, você vai sentir um impulso poderoso de seguir nesse rumo. Vai considerar cada passo da jornada fascinante e recompensador, e como resultado vai se dar bem fazendo isso. Mas se você for atrás de uma coisa só porque os *outros* consideram aquilo "um propósito útil", prepare-se para se perder na neblina. Você vai enfrentar fracassos retumbantes. Vai deixar de se dar bem com as pessoas. Não vai ter energia suficiente para fazer a escalada até o sucesso — aliás, mal vai ter ânimo para lavar os cabelos.

Talvez você esteja pensando: "Ora, é claro que eu estou me sentindo mal... nunca consigo o que quero!".

Nesse caso, eu gostaria que você pudesse conhecer certas pessoas que conquistaram as maiores realizações idealizadas pela nossa sociedade, apenas para perceber que, como uma mulher me falou: "A gente nunca *chega lá*. Pensei que existisse uma posição neste mundo que faria com que eu me sentisse bem, mas quando estava nessa posição, não encontrei nada que me fizesse feliz. Parecia tudo uma coisa sem propósito".

"Certo, eu ganhei a medalha de ouro nas Olimpíadas", me contaram certa vez. "E, quando desci do pódio, a única coisa que consegui pensar foi: 'Que diabos eu faço agora?'. Foi horrível, absolutamente assustador. Foi como morrer — a pior sensação que já experimentei." Em outra ocasião, eu ouvi o seguinte de uma pessoa que dedicava todos os seus esforços a escrever livros: "Depois de passar a vida inteira tentando, finalmente cheguei ao primeiro lugar na lista de mais vendidos do *New York Times*. Isso me deixou muito feliz... por uns dez minutos".

A falta de senso de propósito não desaparece com realizações culturalmente definidas. Continua sendo uma força incômoda e persistente, um mosquito que não para de zumbir na nossa orelha enquanto não começarmos a ir atrás dos objetivos que nos satisfazem de verdade — ou, em outras palavras, seguir o caminho da integridade. E se o incômodo da falta de propósito não bastar para nos tirar do piloto automático, nosso subconsciente vai começar a pegar mais pesado. Vai mobilizar a megafauna, as feras selvagens que chamamos de estados de humor.

SINTOMA Nº 2: SOFRIMENTO EMOCIONAL

Como se estar perdido não fosse ruim o bastante, feras carnívoras passam a atacar Dante na floresta escura do erro. A primeira é um leopardo com um apetite insaciável. Em seguida vem um leão tão apavorante que segundo Dante "o ar estremecia em sua presença". Então ele vê uma loba, que "me perturbou de tal modo com o pavor que sua visão me provocava que me fez perder a esperança". Desamparo, pânico, depressão. Esses são alguns estados emocionais que podem atacar você na floresta escura do erro.

Quando perco de vista minha integridade, os monstros das alterações de humor se apresentam quase imediatamente. Basta um passo para longe da minha verdade e já me sinto mesquinha, apreensiva e apática. Caso não corrija minha rota, esses sentimentos logo evoluem para carência, terror e desespero. Graças aos céus! Sem esses ataques ferozes, eu poderia ainda estar perseguindo os mesmos ideais contraditórios que me deixaram sem chão aos dezoito anos de idade.

Sempre que você perde a integridade, sua própria variedade de oscilações de humor vem à tona, a depender do seu temperamento. Você pode ter uma tendência a ansiedade e depressão, como eu. Ou pode sentir uma hostilidade sempre presente, que deixa você a ponto de atacar seus colegas de trabalho, familiares ou vizinhos. Você pode ter ataques de pânico, principalmente em ocasiões especiais (um encontro romântico, uma audiência judicial), quando tudo que mais queria era parecer confiante e sob controle.

Sejam quais forem seus sentimentos negativos frequentes ou constantes, tente pensar neles como as feras que atacaram Dante, cuja função é tornar sua vida insuportável quando você se desvia do rumo. Se essas sensações não se dissiparem mesmo quando você estiver tomando medicamentos e fazendo terapia, pode ter certeza de que o que está faltando na sua vida é integridade. Quanto antes você reconhecer isso, tanto melhor, pois o incômodo de permanecer na floresta escura do erro pode acabar se manifestando fisicamente no seu corpo.

SINTOMA Nº 3: DETERIORAÇÃO FÍSICA

Acredito que me vi debilitada por problemas de saúde dos dezoito aos trinta e poucos anos de idade porque meu corpo estava tentando me ajudar a sair da floresta escura do erro. Quando isso enfim aconteceu, os sintomas físicos desapareceram. Nada mais foi capaz de me ajudar.

Claro que pessoas vivendo em total integridade também podem ter uma saúde frágil. O funcionamento do nosso corpo pode ser afetado por diferentes fatores. Mas, pelo que eu pude testemunhar, é raro que alguém internamente dividido *não* desenvolva algum tipo de problema de saúde. Quando as pessoas vêm me consultar, estão sofrendo de todos os tipos de incômodos físicos, de dores de cabeça a doenças terminais. Elas quase nunca veem uma relação entre sua condição clínica e a falta de integridade. Para a maioria, isso pareceria — para usar um termo bem científico — uma piração total.

E por falar em ciência, pesquisas evidenciam todo tipo de ligações entre viver em harmonia com sua verdade pessoal e a manutenção de uma boa saúde. Existe inclusive um campo da medicina, a psiconeuroimunologia, que se concentra nas formas como o estresse psicológico — por exemplo, aquele gerado por viver uma mentira ou guardar muitos segredos — contribuem para o mal-estar físico. Há estudos que relacionam mentiras e segredos com problemas de taquicardia e pressão alta, nível elevado de hormônios liberados pelo estresse, resistência imunológica baixa e taxas elevadas de colesterol ruim e glicose no sangue. Quanto mais relevante o fato que está sendo escondido, pior o efeito sobre a saúde.

Por exemplo, em um estudo com homossexuais HIV-positivos do sexo masculino, os pesquisadores descobriram que, quanto menos assumidos eram os pacientes em relação à sua sexualidade, mais depressa a doença progredia. Havia uma relação dose-resposta entre o nível de sigilo e o sistema imunológico — em outras palavras, quanto maior o segredo, maiores as taxas de adoecimento e morte. A política do "não pergunte, não conte" parece inofensiva, mas até mesmo uma separação tácita da nossa verdadeira identidade pode, literalmente, acelerar a morte.

Repetindo, existe, *sim*, toda uma variedade de problemas físicos que afetam pessoas totalmente íntegras. Todo mundo morre, e há dores físicas que não têm nada a ver com esconder segredos, contar mentiras ou se afastar da própria verdade. Mesmo assim, toda vez que fazemos escolhas ou mantemos aparências que não estão alinhadas com a nossa integridade, nos tornamos mais vulneráveis a problemas físicos, de dores de coluna a pneumonia. Em casos aparentemente inexplicáveis de doença, fraqueza ou propensão a acidentes, o nosso corpo pode estar tentando dizer que estamos perdidos na floresta escura.

A minha doença, inclusive, desafiava todos os diagnósticos médicos. Quando comecei a buscar minha verdade e retomar minha integridade, no entanto, todos os sintomas supostamente "incuráveis" começaram a desaparecer. Eu já vi coisas similares acontecerem com muitos dos meus clientes. Quando encontrar sua integridade, existe uma grande chance de que isso aconteça com você.

SINTOMA Nº 4: FRACASSOS RECORRENTES EM RELACIONAMENTOS

A lógica aqui é bem simples: se estiver fora do seu verdadeiro rumo, você não vai encontrar seus verdadeiros semelhantes. Vai acabar em lugares de que não gosta, aprendendo a fazer coisas que não trazem satisfação, adotando valores e costumes que parecem equivocados. As pessoas que você encontrar ao longo do caminho ou vão amar essas coisas de verdade, ou também estarão fingindo. De qualquer forma, sua conexão com essas pessoas vai ser artificial. Sua personalidade fajuta vai conhecer outras personalidades (talvez igualmente fajutas), resultando apenas em relacionamentos fajutos. Eu nunca vou me esquecer do que ouvi de uma celebridade, uma pessoa rica e linda, depois de comparecer a mais uma festa cheia de glamour: "Não aguento mais a minha própria hipocrisia".

Se você sofre de uma sensação persistente de solidão e falta de conexão com os outros, é quase certo que (de forma involuntária) tenha perdido sua integridade. Isso se agrava ainda mais quando você acaba tendo que conviver com gente que não suporta. Quando os seres humanos se encontram na floresta escura do erro, estão todos no piloto automático, e as amizades que criam tendem a ser superficiais ou tóxicas, ou ambas as coisas. Essas "amizades", "relações amorosas" e até vínculos familiares são repletos de desentendimentos, mágoas e exploração mútua. No longo prazo, essas bases frágeis tendem a desmoronar, deixando para trás apenas dissabores.

Se a sua vida em família, suas amizades e relações românticas são marcadas por uma sensação constante de exaustão ou traição, isso significa que seus laços provavelmente estão sendo formados na floresta escura do erro. É impossível encontrar uma rota para a felicidade nos vinculando a pessoas que estão tão perdidas quanto nós. Para encontrar o amor verdadeiro — ou qualquer coisa verdadeira —, é preciso percorrer o caminho da integridade. Ninguém pode encontrá-lo, e muito menos proporcioná-lo, para você. Mas, sejam quais forem as circunstâncias, é sempre possível encontrá-lo e segui-lo por conta própria.

SINTOMA Nº 5: FRACASSOS RECORRENTES
NA VIDA PROFISSIONAL

Seu verdadeiro eu tem um enorme interesse no trabalho que é a sua real vocação — mas não está nem aí para o resto. Caso escolha uma carreira que afasta você do seu verdadeiro eu, seu talento e entusiasmo vão deixá-lo na mão como um estagiário desmotivado. Cada tarefa passa a ser tão agradável quanto ingerir veneno, provocando uma reação física similar. Você provavelmente vai sofrer uma sequência de infortúnios e azares no trabalho (que na verdade são uma *sorte*, já que seu verdadeiro eu está impedindo você de se aprofundar ainda mais na floresta escura do erro, mas não é assim que vai parecer quando estiver acontecendo).

Já fui coach de dezenas de pessoas que foram para a área da engenharia porque adoravam inventar coisas, ou para a área acadêmica porque adoravam aprender, ou para o jornalismo porque adoravam escrever, e que depois acabaram promovidas a cargos administrativos ou de chefia — coisas que detestavam. A partir desse momento, desprovidas de sua integridade por serem obrigadas a fazer coisas que não queriam, perderam todo o brilhantismo.

Por exemplo, um escritor incrível que vou chamar aqui de Edgar se destacou no mercado editorial e se tornou editor-chefe de uma revista importante. A partir daí começou a beber cada vez mais, e de forma mais aberta. Certa manhã, quando o visitei em seu escritório, fiquei abismada ao vê-lo se servir do vinho que havia posicionado de forma estratégica na mesa. Ele acabou desempregado em menos de um ano.

Outra cliente, Chloe, amava seu trabalho de guarda florestal. Entrou na política achando que assim poderia ajudar a proteger o meio ambiente. Depois de ser eleita vereadora, Chloe acabou criando o hábito bizarro de cochilar durante as sessões. Tipo, *todas* as sessões. Embora ela estivesse bastante descansada, o novo trabalho se tornou uma fonte permanente de vergonha. As pessoas começaram a comentar. Chloe não se candidatou à reeleição.

Nossa cultura define o "sucesso" com base na ascensão dentro de estruturas burocráticas, por isso essas pessoas não entendiam como tinham deixado de ser altamente produtivas e se tornado fiascos profissionais. Mas, do meu ponto de vista, esses fracassos "inexplicáveis" tinham um motivo óbvio: Edgar adorava literatura, e não ser editor de revista. Chloe amava circular sozinha pela natureza, e não ficar sentada em uma sala junto com outras pessoas. Ambos acabaram divididos por fazerem coisas que, em um nível mais profundo, sabiam que detestavam.

Existem infinitas maneiras de ganhar a vida. Em certo sentido — um sentido mais pessoal e instintivo —, você sabe a qual delas se adapta melhor. É possível perceber de imediato quando um trabalho exige que você deixe de lado seus desejos mais genuínos. Sua consciência de como seria uma trajetória profissional mais verdadeira pode estar enterrada sob camadas de falsas crenças assimiladas através da cultura. Mas ainda está lá, como uma flor tentando crescer no meio do asfalto. Se continuar resistindo aos seus impulsos mais autênticos, pouco a pouco vai perceber que as atividades diárias que executa para garantir seu sustento estão transformando você em um zumbi.

SINTOMA Nº 6: MAUS HÁBITOS PERSISTENTES

Como você pode ver, a floresta escura do erro, *comment se dit*, é uma merda. Portanto, não é nenhuma surpresa que, quando estamos lá, com frequência tentamos encontrar alguma coisa para aliviar a dor. Eu sou uma grande defensora da ideia de que a química pode nos ajudar a viver melhor, e vou apoiar você caso decida tomar medicamentos comprovadamente úteis sob supervisão médica. No entanto, muitos dos que perambulam pela floresta escura vão um pouco — ou muito — além da ajuda dos psicofármacos. Procuramos o tempo todo por algo que altere nosso humor de uma forma um pouco mais... potente. Um pouco mais de cerveja, um pouco mais de nicotina, um pouco mais de cocaína, um pouco mais de todas as alternativas anteriores.

O atordoamento químico resultante disso pode acabar nos levando para muito, muito, *muito* longe do nosso verdadeiro caminho. Já fui coach de pessoas que se dopavam totalmente enquanto vagavam pela floresta escura do erro, inclusive um homem que tomava mais de duzentos comprimidos de oxicodona por dia. Segundo ele, era "quase o suficiente".

Quando estamos nos sentindo irremediavelmente perdidos, afligidos pela falta de propósito, abalados por estados de humor negativos e presos a empregos ruins, qualquer coisa que estimule os centros de prazer do cérebro pode se tornar um vício. Além da dupla dinâmica álcool e drogas, alguns dos vícios mais comuns são jogatina, sexo, dramas amorosos intensos, consumismo desenfreado, compulsão alimentar e uso ininterrupto da internet, sem parar nem para dormir, comer ou ir ao banheiro. Eu mesma me notabilizei por passar horas resolvendo problemas que existiam apenas como pixels de luz colorida no meu celular. (Mas, em minha defesa, aqueles doces todos não iam desaparecer sozinhos da tela se eu não os organizasse em fileirinhas.)

Se for incapaz de interromper determinada atividade, se estiver gastando o dinheiro do aluguel com isso, escondendo o que faz das outras pessoas e sentindo que essa obsessão está consumindo você pouco a pouco, seu primeiro passo na direção da integridade — e um dos mais importantes — pode ser reconhecer o vício. A partir daí, você pode começar a recobrar sua integridade, se não com os métodos citados neste livro, pelo menos com alguma forma de tratamento. Seja como for, sem sair da floresta escura do erro, você vai perceber que é quase impossível abandonar seus maus hábitos. E, com o tempo, eles podem acabar destruindo você.

Os problemas descritos aqui não são os únicos sintomas da perda de integridade, mas, pelo que pude observar a partir da minha experiência, são os mais comuns. Eles revelam em que pontos estamos em negação e desalinhados com nossas verdadeiras percepções, nossos desejos e nossa sabedoria instintiva. A seguir, um pequeno teste para verificar se você não acabou se perdendo um pouco (ou muito) na floresta escura do erro.

EXERCÍCIO

DIAGNÓSTICO DA SÍNDROME DA FLORESTA ESCURA DO ERRO

Responda às perguntas abaixo com a maior sinceridade possível. Caso se pegue mentindo aqui e ali para melhorar sua imagem e mostrar que sua vida está sob controle, muita atenção. Isso significa que você: (1) está distante da sua integridade e (2) se recusa a admitir isso, até em um teste que ninguém mais precisa ver. Respire fundo e diga a verdade.

Enquanto faz esta avaliação, perceba que as opções "VERDADEIRO" e "FALSO" não aparecem sempre na mesma coluna. Certifique-se de que está marcando a resposta certa para cada afirmação.

Circule a opção "verdadeiro" ou "falso" na medida em que reflitam com mais precisão sua resposta a cada afirmação	Coluna 1	Coluna 2
1. Em geral, eu vejo as pessoas como boas e amáveis.	Verdadeiro	Falso
2. Às vezes sinto que minhas atividades diárias não têm sentido.	Falso	Verdadeiro
3. Eu adoro a companhia dos meus amigos e entes queridos.	Verdadeiro	Falso

4. Meu trabalho (inclusive o trabalho doméstico) é um fardo pesado para mim.	Falso	Verdadeiro
5. Eu sinto meu propósito sendo cumprido e um senso de realização mesmo nos dias mais comuns.	Verdadeiro	Falso
6. Tenho dificuldade de manter meus relacionamentos amorosos.	Falso	Verdadeiro
7. Tenho infecções frequentes (gripes, resfriados etc.), mesmo quando as pessoas ao meu redor não estão doentes.	Falso	Verdadeiro
8. Sinto um contentamento interno que me serve como ponto de apoio o tempo todo.	Verdadeiro	Falso
9. Consigo ganhar a vida fazendo uma coisa que eu amo.	Verdadeiro	Falso
10. Sinto que ninguém me enxerga nem me entende de verdade.	Falso	Verdadeiro
11. Acredito que a minha presença está mudando o mundo para melhor, em maior ou menor medida.	Verdadeiro	Falso
12. A raiva e a desconfiança com frequência afetam meus relacionamentos.	Falso	Verdadeiro
13. Eu não preciso de substâncias que alterem meu estado de humor nem de atividades empolgantes para me sentir bem.	Verdadeiro	Falso
14. As outras pessoas parecem estar conseguindo grandes realizações, mas eu não consigo chegar lá.	Falso	Verdadeiro
15. Tenho "amigos" de cuja companhia na verdade não gosto.	Falso	Verdadeiro

16. Meu sono é profundo e revigorante quase todas as noites.	Verdadeiro	Falso
17. Quase sempre posso ter a certeza de que os meus entes queridos me entenderão.	Verdadeiro	Falso
18. Apesar de coisas assustadoras acontecerem de vez em quando, em termos gerais eu me sinto em segurança.	Verdadeiro	Falso
19. Sinto dores, incômodos e sintomas de fadiga que limitam minhas atividades.	Falso	Verdadeiro
20. Eu vivo me irritando com qualquer um que esteja por perto.	Falso	Verdadeiro
21. Adoro meu trabalho e mal posso esperar para começar todos os dias.	Verdadeiro	Falso
22. Muitas vezes minha preocupação é tanta que não consigo dormir bem.	Falso	Verdadeiro
23. Minha vida é repleta de amor e companheirismo.	Verdadeiro	Falso
24. Eu não acho que meu trabalho contribua de forma significativa para o mundo.	Falso	Verdadeiro
25. Mesmo quando as pessoas ao meu redor adoecem, em geral eu continuo saudável.	Verdadeiro	Falso
26. Muitas vezes experimento uma sensação difusa de tristeza ou desespero.	Falso	Verdadeiro
27. Acredito que, em sua essência, todas as pessoas são boas.	Verdadeiro	Falso
28. Sinto muita raiva, mesmo quando não tem ninguém por perto.	Falso	Verdadeiro

Pontuação

Conte as palavras que você circulou na coluna 1 (a da esquerda).

Escreva o total aqui: _____

Se o número for:

22-28

Você vive em uma condição incomum de integridade. Talvez tenha passado algum tempo na floresta escura do erro em algum momento da vida, mas conhece o caminho de volta. Este livro pode ser um bom lembrete.

15-21

Sua vida é muito mais feliz que a da maioria das pessoas, mas pode haver uma ou outra área em que ainda existe uma separação do seu verdadeiro eu. O caminho da integridade vai resolver isso.

8-14

Você anda passando um bom tempo na floresta escura do erro. Por favor, lembre-se de que isso não é culpa sua. Mesmo assim, apenas a recuperação da sua integridade impedirá que as situações mais preocupantes se agravem.

0-7

A desorientação e a confusão mental podem até parecer "normais" para você, considerando o tempo que passa perambulando pela floresta escura do erro. Este livro pode ajudar você a ter uma paz e uma alegria que não sente há muito tempo — ou talvez nunca tenha experimentado. Caso você não comece a buscar o caminho da integridade em breve, as coisas só vão piorar.

O QUE FAZER AO IDENTIFICAR SEUS SINTOMAS DA SÍNDROME DA FLORESTA ESCURA DO ERRO

Se a sua pontuação nesse quiz foi menor do que você gostaria, não entre em pânico. Isso não significa que você é uma pessoa má, ou que fez algo de errado. É só uma questão de ter perdido o rumo. Por definição, isso significa que você não sabe para onde ir nem o que fazer a seguir. Felizmente, posso indicar um próximo passo infalível, que vai colocar você no caminho da integridade. Isso nunca falhou comigo nem com nenhum dos meus clientes. E é bem simples: basta admitir o quanto você se perdeu.

Eu dei esse passo por acaso aos dezoito anos, quando estava deprimida e cheia de dores, esmagada entre duas culturas incompatíveis sem me dar conta disso. À medida que os meses se passaram e eu fui pouco a pouco investigando minha infelicidade até a raiz, cheguei à conclusão fundamental de que aquilo não parecia ter nada a ver com uma doença física, nem mesmo com a depressão: eu não fazia ideia do que era verdadeiro ou não. Essa percepção, por mais sutil e discreta que tenha sido, teve um estranho poder regenerador. Anos depois, quando passei a atuar como coach, vi centenas de outras pessoas sem senso de propósito, ansiosas, furiosas, desesperadas, doentes, solitárias ou viciadas aceitarem a verdade de que "eu me perdi completamente" como se abraçassem um familiar querido.

Isso não agrada muito ao ego, que quer sempre se sentir validado e no controle. Mas o verdadeiro eu relaxa quando saímos do piloto automático e avaliamos com sinceridade nossa situação — mesmo quando, como no caso de Dante, abrimos os olhos e nos vemos em um lugar assustador. Nosso eu não fragmentado se identifica com as verdades mais elementares que podemos afirmar: "Eu não gosto deste lugar", "Não sei como vim parar aqui", "Estou com medo".

EXERCÍCIO

ENCONTRAR A INTEGRIDADE NA FLORESTA ESCURA

Este é um exercício simples para colocar você no caminho de integridade, por mais que possa ter se perdido. Logo abaixo, temos uma lista de afirmações bastante simples. A sua tarefa é ler cada uma em voz alta. Você pode murmurá-las em um lugar onde tenha privacidade, proclamá-las para uma pessoa amiga, gritá-las ao telefone quando uma ligação de telemarketing interromper suas atividades do dia. E, apenas por um momento, enquanto diz cada frase, precisa aceitá-la como verdade.

E a parte mais importante é esta: ao ler cada frase, observe o que acontece dentro de você. Você pode sentir seu orgulho ferido, sua autocrítica pode tentar se proteger como um gato assustado. Mas, por outro lado, veja se o seu corpo não relaxa um pouco, apesar da aparente negatividade de cada afirmação. Você começou a respirar mais profundamente? Parece que algo está se apaziguando dentro de você, nas suas entranhas, no seu coração, na sua cabeça? Simplesmente preste atenção. Não se preocupe com o que vem a seguir. Certo, vamos lá.

Minha vida não é perfeita.
Eu não estou gostando da maneira como as coisas estão.

> Eu não me sinto bem.
>
> Estou triste.
>
> Estou com raiva.
>
> Estou com medo.
>
> Não estou em paz.
>
> Não consigo encontrar as pessoas certas para mim.
>
> Não sei direito para onde ir.
>
> Não sei o que fazer.
>
> Preciso de ajuda.

Se você sentiu alguma coisa se apaziguar em termos físicos e emocionais quando leu uma ou mais dessas afirmações, não ignore o que aconteceu. Esse pequeno alívio é a sua reação instintiva ao ouvir — e principalmente falar — a verdade. Se você conseguiu se sentir assim, então tem motivos para se orgulhar. As coisas não estão perfeitas, mas você abriu os olhos para esse fato, o que é *imprescindível*. Você está se reconectando com partes suas que estavam distantes e isoladas. Muito bem. Esse é o primeiro passo no caminho da integridade.

2. O desespero pelo sucesso

Minha amiga Sonja uma vez elaborou um conselho bem útil para homens que queriam melhorar seu desempenho na cama. "Eu tenho uma dica", ela falou. "Se o que você está fazendo não está funcionando, *não faça com mais força*."

Isso se aplica a qualquer aspecto da vida, mas a maioria de nós parece ignorar esse fato. Nosso pressuposto cultural é que continuar insistindo, e imprimir mais força é o jeito certo de superar a confusão mental e encontrar a felicidade. Com um pouco mais de esforço e confiança, poderíamos nos desvencilhar do sofrimento e viver uma vida fabulosa. A maioria dos meus clientes, depois de admitir que sua vida não está indo muito bem, tenta resolver o problema fazendo o mesmo de sempre, só que com mais empenho. Eles tentam trabalhar melhor, projetar uma imagem melhor, amar melhor, comer melhor, *simplesmente melhorar, ora!*

Isso equivale a acordar atrás do volante de um carro, perceber que saiu da estrada e resolver pisar fundo no acelerador — uma atitude que pode transformar uma situação já problemática em um grande risco. Quando percebemos que desviamos da nossa rota, a melhor coisa a fazer é diminuir a velocidade, ou até meter o pé no freio. Em seguida devemos avaliar a nossa condição e encontrar uma forma de voltar ao caminho mais seguro — um processo que você começou ao responder o quiz e ao fazer o exercício do capítulo anterior. Caso tenha encontrado áreas obscuras na sua vida, pode ter concluído que precisa se esforçar mais, que precisa melhorar. Isso quase certamente não vai ajudar em nada.

Veja bem: o problema não é a falta de esforço, mas colocar esse esforço em coisas que não funcionam para você. Seus objetivos e motivações não estão em harmonia com a sua verdade mais profunda nem partindo de suas inclinações naturais. Estão vindo das duas forças que nos motivam para longe do rumo certo: o trauma e a socialização.

Quando me refiro a "trauma", não estou falando de acontecimentos trágicos como uma guerra ou abuso sexual na infância. Pode ser qualquer experiência dolorosa que faz com que nos sintamos indefesos e sem capacidade de reação. Sofrer humilhações por parte dos pais ou colegas de escola pode ser traumático — assim como um revés financeiro, um desentendimento sério ou a perda de um bicho de estimação. Muitas vezes, nossa reação a esses acontecimentos é mudar nossa conduta para que a experiência não se repita. Por exemplo, diante de uma decepção amorosa ou de um fracasso profissional, às vezes prometemos a nós mesmos que nunca mais iremos nos apaixonar ou que passaremos a desconfiar sempre de nossos sonhos.

Nossa forma de lidar com o trauma é determinada pela socialização. Como não sabemos o que fazer, agimos da única maneira que conhecemos. Engolimos em seco e seguimos em frente, fazemos escândalo para chamar atenção de nossos entes queridos ou nos deixamos abalar e ficamos na fossa. Repetimos o mesmo padrão inúmeras vezes, mesmo quando isso não ajuda em nada. Quando percebemos que não está dando certo, simplesmente redobramos os esforços.

O PROBLEMA DO "SUCESSO"

Dante usou uma metáfora bastante vívida para tratar disso n'*A divina comédia*. Logo depois de perceber que está perdido na floresta escura do erro, o poeta vê uma colina se elevar daquele terreno desolado, banhada pelo sol da manhã. É tão bela e reluzente que Dante se refere a ela como *dilettoso monte*, expressão que pode ser traduzida como "Monte Deleitoso". Parece o caminho perfeito para sair da floresta escura, então, apesar de estar exausto, Dante decide escalá-lo... e não consegue. Aparecem todas aquelas feras assustadoras — lembra-se delas? Os animais selvagens deixam nosso herói assustado e deprimido, obrigando-o a voltar para as terras baixas.

Eu vejo o Monte Deleitoso como um símbolo de todas as formas de "melhorar" que aprendemos no contexto cultural. Para a maioria das pessoas, isso envolve dinheiro: pilhas e mais pilhas de dinheiro. A esse substrato dourado elementar podem ser acrescentadas camadas de beleza física deslumbrante, brilhantismo intelectual, perfeição artística, romances de contos de fadas ou todas as alternativas anteriores. "Isso! Isso mesmo!", nós pensamos. "Ganhar um prêmio Nobel! Levar *todas* as categorias do Oscar! Juntar o suficiente para sustentar três gerações! *Isso* vai tornar tudo melhor!"

O problema dos nossos Montes Deleitosos é que eles ainda são parte da floresta escura do erro que nos faz infelizes. Tentar escalar a montanha para "melhorar" muitas vezes envolve um esforço exaustivo quando já estamos esgotados. Com isso, claro, vêm as temíveis reações emocionais — a ansiedade, a depressão e a raiva que nos atingem justamente quando parece que estamos fazendo algum progresso. Elas arruínam nossos esforços, enfraquecem nossa determinação e nos levam de volta às profundezas da floresta escura.

Eu já me peguei começando a escalar minhas versões pessoais do Monte Deleitoso diversas vezes. Mesmo quando conseguia alcançar os acampamentos ao longo da escalada, isso nunca me satisfazia por mais que alguns poucos dias. Como mencionei antes, já fui coach de pessoas que pareciam ter se instalado bem perto do topo do Monte Deleitoso, mas nenhuma delas obteve um contentamento duradouro. Como somos doutrinados a acreditar que "sucesso" equivale a felicidade, vale a pena reforçar esse ponto.

Eu me lembro do telefonema que recebi, tarde da noite, de um famoso empreendedor que vou chamar aqui de Keith, cuja empresa havia acabado de abrir capital na bolsa de valores. Keith tinha faturado mais de 200 milhões de dólares naquele dia. Ele me ligou da festa de comemoração, depois de engolir algumas doses de uísque envelhecido cinquenta anos e um punhado de comprimidos que as pessoas tomam para se divertir. Uma banda de rock famosa tocava ao fundo, então eu mal conseguia ouvi-lo.

"QUER SABER DE UMA COISA?", ele gritou ao telefone. "ISSO NÃO É O SUFICIENTE! EU PENSEI QUE FOSSE FICAR SATISFEITO, MAS NÃO ESTOU! QUANDO É QUE EU VOU ME SENTIR SATISFEITO, P*RRA?"

Era uma pergunta retórica. Mesmo se eu tentasse responder, Keith não ouviria nada com a banda tocando na orelha e as premissas culturais martelando na cabeça. Em nossas conversas, tínhamos chegado diversas vezes à conclusão de que os momentos que o faziam mais feliz eram os mais simples, como caminhar ao ar livre. Mas Keith realmente acreditava que, se parasse de perder seu tempo com isso e se concentrasse em ficar ainda mais rico, enfim encontraria alguma satisfação. Espero que isso tenha acontecido no fim das contas, mas tenho lá minhas dúvidas.

O QUE SOMOS ENSINADOS A QUERER

No cerne do desejo de escalar o Monte Deleitoso está aquilo que os psicólogos chamam de "teoria da comparação social" — a tendência de medir nosso bem-estar não pela forma como nos sentimos, mas comparando nossa vida com a de outras pessoas. Um comportamento nascido na floresta escura do erro e que tem uma abrangência quase universal é acreditar que a felicidade vai chegar quando estivermos *acima* dos outros em algum tipo de escala social. E, como essa crença é moldada pela cultura, não pela natureza, as pessoas estão dispostas a fazer as coisas mais estranhas para escalar o Monte Deleitoso.

Por exemplo, na antiga tradição chinesa, para subir na pirâmide social as mulheres precisavam ter pés minúsculos. Gerações de meninas e moças tiveram seus pés amarrados e esmagados, provocando deformações físicas debilitantes, com a proposta de se tornarem *melhores*. Na Inglaterra vitoriana, as mulheres usavam tecidos tingidos com arsênico, que causavam ulcerações na pele e eram altamente inflamáveis — um pequeno preço a ser pago para *melhorar* a aparência e seguir a última moda! Na nossa sociedade, as pessoas quase se matam para *melhorar* aprendendo a decorar os mais lindos bolos, ou criando poodles do pedigree mais puro, ou batendo com um taco numa bolinha bem pequena para que ela caia num buraco bem pequeno.

Não vemos animais selvagens investindo energia em atividades tão peculiares. Alguns bichos competem por alimento, território e parceiros para cópula. Muitos gostam de brincar e parecem desfrutar de suas vitórias nessas brincadeiras. Mas não arrancam os próprios pelos e penas se não conseguem um bilhão de vezes mais coelhos mortos ou sementes do que os outros coiotes ou passarinhos. O Monte Deleitoso se apoia sobre a característica exclusivamente humana de atribuir valor de "realizações" a coisas aleatórias. É uma questão de cultura, não de natureza.

Seu verdadeiro eu, por outro lado, é natureza pura. Não está nem aí para quem se deu melhor, ou mesmo para o fato de alguém estar se dando bem. Medalhas olímpicas e prêmios Pulitzer só são cobiçados por causa do verniz cultural. Sua verdadeira natureza gosta das coisas pela capacidade genuína que elas têm de produzir um deleite real e imediato — brincadeiras, amizades, contato pele com pele, luz do sol, água, risos, cheiro de mato, a tranquilidade de um sono profundo. A seguir temos um pequeno exercício mental que pode ajudar você a sentir a diferença entre um impulso que tem origem na cultura e um que vem da natureza.

EXERCÍCIO

CULTURA OU NATUREZA?

Primeiro, vamos pensar na última vez que algum tipo de publicidade realmente atraiu você. Pode ter sido um comercial de televisão, um anúncio numa rede social ou um produto exibido numa vitrine. Por ter chamado sua atenção, você pode ter sentido um desejo intenso de ter aquela coisa. De repente, você passou a querer — querer de verdade — o modelo mais recente de celular, ou o carro do ano, ou uma roupa que parecia mais bacana do que qualquer outra. Anote aqui a coisa que você quis comprar.

O anúncio me fez querer:

_____

_____

Imagine por um instante que você tenha essa coisa. Repare em como seu corpo reage a esse pensamento. Talvez você sinta uma necessidade de possuir esse produto. Talvez sinta surgir uma esperança, ou uma amargura pela convicção de que nunca vai ter esse objeto incrível. Da melhor maneira que puder, descreva as sensações que experimenta ao deixar correr solto seu desejo por esse produto. O que você sente, em termos físicos e emocionais, ao imaginar que pode comprá-lo?

Quando imagino que tenho o que o anúncio me fez querer, experimento as seguintes sensações:

Fisicamente, eu senti:

_____

_____

Emocionalmente, eu senti:

_____

_____

Agora faça um esforço para se desvencilhar desses pensamentos. Um esforço físico mesmo. (Balance a cabeça, as mãos ou o corpo todo, como os animais fazem quando saem da água, para ajudar a afastar essas sensações da sua mente.) Esqueça a imagem criada pela publicidade. Preste atenção se isso é difícil de fazer, se você sente um impulso muito forte de adquirir esse produto, ou no mínimo de admirá-lo por mais tempo. Quando sentir que o desejo diminuiu a ponto de você conseguir se concentrar no momento presente, responda à seguinte pergunta:

Em seus momentos de silêncio e reflexão — digamos, de noite na cama —, o que você deseja? Não apenas um querer, mas um *anseio*. Escreva a primeira coisa que lhe vier à mente.

Uma coisa que eu desejo em momentos de tranquilidade:

_____

_____

Permita que esse desejo cresça. Imagine vividamente que ele se realiza. Como essa imagem afeta seu corpo e suas emoções? Anote isso também.

Quando imagino que consigo aquilo que desejo em momentos de silêncio e reflexão, experimento as seguintes sensações:

Fisicamente, eu senti:

_____

_____

Emocionalmente, eu senti:

_____

_____

> É possível notar alguma diferença? O que exatamente você vai sentir é uma coisa individual, mas a maioria das pessoas costuma experimentar sensações bem diferentes quando a motivação vem da publicidade e não de desejos espontâneos.

O que vem agora é importante: a depender do quanto você se distanciou do seu verdadeiro eu, vai perceber em que medida suas vontades são diferentes dos seus anseios.

Quando não nos deixamos distrair pela cultura, tentamos satisfazer diretamente nossos anseios naturais. Ao desperdiçar tempo desejando coisas que fomos ensinados a querer, perdemos todo o contato com nossas motivações pessoais e corremos o risco de passar a vida buscando recompensas que nunca vão nos satisfazer de verdade.

Já usei esse exercício com muitos clientes. Suas vontades são tão variadas quanto seu condicionamento social. Eles querem diferentes tipos de roupas, casas, experiências e relacionamentos. Mas todos *anseiam* por um conjunto mais restrito de coisas que são notavelmente parecidas, mesmo para pessoas de culturas bastante distintas. Entre elas estão paz, liberdade, amor, conforto e senso de pertencimento.

O que eu percebi foi que, se você passar a vida tentando realizar objetivos culturalmente induzidos (escalar o Monte Deleitoso), pode até conseguir o que quer, mas não vai ter aquilo que anseia. Caso decida deixar para trás o Monte Deleitoso, talvez não consiga o que quer em termos de desejos incutidos pelo seu meio social. Só que isso não vai fazer diferença, porque seu mundo interior vai estar preenchido — em uma boa medida, calcada, sacudida, transbordante, como diz a Bíblia — pelas coisas que você anseia.

E a melhor maneira de superar o Monte Deleitoso é: não se deixe levar pela pressão de tentar escalá-lo.

A PRESSÃO CULTURAL

Os Montes Deleitosos se erguem das florestas escuras apenas quando um grupo de pessoas compartilha valores comuns. Por exemplo, nos Estados Unidos hoje, transformar os pés da própria filha em minúsculos "pés de lótus" (como eram conhecidos na China) pode não levar ninguém ao topo da pirâmide social; no máximo pode colocar essa pessoa no radar do serviço de proteção ao menor. E suas "curtidas" no Facebook também não vão chegar às alturas se você passar a usar roupas inflamáveis tingidas com arsênico. O seu grupo precisa concordar que as realizações do Monte Deleitoso em questão são desejáveis, já que para a realidade da natureza — inclusive a da sua própria natureza — elas não significam nada.

Os seres humanos são tão sintonizados com valores culturais que, quando começamos a escalar um Monte Deleitoso, podemos nos tornar totalmente cegos aos nossos verdadeiros desejos. Não temos como *perder* nossa verdadeira natureza, já que está registrada no DNA, mas podemos nos afastar dela para nos tornarmos melhores nos diversos jogos culturais em que nos envolvemos. Minha amiga Rayya, que foi usuária de drogas e durante anos viveu nas ruas, chamava isso de "dar seus pulos". Foi o que ela fez por décadas para conseguir as drogas ou o dinheiro para comprá-las. Um bom tempo depois de ficar limpa, ela me contou: "Ainda consigo entrar num lugar e ver na cara das pessoas os pulos que cada uma está dando. Porque na prática todo mundo está sempre dando seus pulos para conseguir o que quer".

De acordo com a pesquisa que fiz, essa expressão pode ter uma gama bem ampla de significados. Aqui temos alguns:

1. Ter a coragem, a confiança e a determinação necessárias para arrumar um jeito de conseguir as oportunidades que quer para sua vida.

2. Agir de forma a fazer com que as coisas aconteçam mais depressa.

3. Coagir ou pressionar alguém a tomar certa atitude ou fazer determinada escolha.

4. Conduzir-se de maneira contrária à própria noção de retidão e honestidade para conseguir algo.

5. Obter algo de forma ilícita; enganar; lograr.

Uma única expressão é capaz de encapsular um retrato da cultura ocidental moderna. Nossa definição de "sucesso" é um enorme incentivo para que todos "deem seus pulos". Precisamos nos elevar acima dos outros, e isso implica: 1) mostrar confiança e determinação, 2) apressar as coisas, 3) pressionar os outros a fazer o que queremos, 4) abrir mão dos nossos princípios, e 5) enganar e lograr. É assim que se escala o Monte Deleitoso, meus amigos.

Esse modo de viver é eficientíssimo para conseguir *coisas*: terras, ouro, alimento, moradia. E funciona tão bem que as pessoas que agem assim conseguiram colonizar o planeta inteiro. No processo, eles (nós) incutiram esse valor em todos aqueles que não foram simplesmente mortos. Portanto, é quase certo que pelo menos uma parte do seu treinamento social — se não todo — venha desse tipo de tradição cultural. É provável que em algum nível profundo e jamais exprimido você também ache que, para conseguir uma posição melhor na vida, precisa dar seus pulos.

Qualquer coisa que você faça com a única intenção de influenciar os outros, e não de mostrar sua verdadeira natureza, é parte dessa cultura. Flertar com as pessoas para fazer com que se sintam especiais. Assumir uma expressão solene na igreja, fazendo questão de se mostrar uma pessoa de fé. Disfarçar sua inteligência para que os outros não se sintam intimidados. Usar um vocabulário rebuscado demais. Vestir certas roupas porque transmitem uma imagem profissional, ou sexy, ou descolada, ou de riqueza, ou de boa forma física, ou de não conformismo, ou de recato — tudo isso são formas de ceder à pressão cultural para obter algum tipo de sucesso.

Veja bem, isso não significa que você não presta. Só quer dizer que você é uma pessoa socializada, que coopera às mil maravilhas com sua cultura. Mas também significa que você se afastou da sua verdadeira natureza. De diversas e pequenas maneiras, e de outras nem tão pequenas assim, você ignora seus anseios naturais em nome de coisas que aprendeu a querer por pressão cultural. Aqui temos um pequeno exercício mental para ajudar você a perceber isso de forma mais clara.

EXERCÍCIO

SENTIR A DIFERENÇA

Pense em três coisas que você tenha feito na semana passada. Podem ser coisas bem simples, como escovar os dentes, muito relevantes, como roubar um banco, ou coisas de importância menor, como preparar uma refeição ou dar banho em um bicho de estimação. Escolha algo que, analisando agora, pareça relativamente agradável.

Agora tente relembrar de forma vívida e meticulosa como se sentiu ao realizar essa tarefa. Você sentiu empolgação ou deleite quando pensou em fazê-la? Quando começou, você gostou de verdade? Quando terminou, sentiu satisfação por ter passado por todo aquele processo? Escreva a respeito:

_____

_____

_____

Agora lembre-se de alguma coisa que você tenha feito na semana passada que não lhe agradou. Como se sentiu, em termos físicos e emocionais, enquanto se preparava para realizar essa tarefa? Que sensação teve enquanto a executava: depressão, cansaço, confusão, irritação, distração?

_____

_____

_____

Tente relembrar alternadamente as duas sensações. Mesmo se a discrepância não for muito grande, analise com atenção. Essa é a diferença entre fazer alguma coisa relacionada à sua integridade e fazer alguma coisa para atender a uma pressão social.

O QUE SOMOS ENSINADOS A IGNORAR

Considerando as mesmas duas atividades usadas no exercício anterior, perceba que só havia uma justificativa para a coisa mais desagradável: em algum nível, *você achava que precisava fazer aquilo*. Talvez tenha feito por medo, por temer as consequências de não fazê-las. Ou talvez para agradar alguém. Talvez você tenha um conjunto de regras culturais embrenhadas de tal maneira no seu cérebro que nem imaginou ser possível se desvencilhar de uma tarefa de que não gosta.

Não estou afirmando aqui que todas as convenções sociais sejam ruins. Não acho que integridade signifique abandonar as normas culturais e sair sem roupa por aí, roubando comida e agarrando pessoas desconhecidas que consideramos atraentes. Só quero que você perceba com absoluta clareza a diferença entre o comportamento do seu verdadeiro eu e do seu falso eu, entre a alegria pessoal e a pressão cultural.

Esse é o seu segundo passo no caminho da integridade, um prelúdio para alinhar seus pensamentos e atos com a sua verdade. *Basta reconhecer quando faz alguma coisa por exigência cultural e quando realiza uma ação inspirada por sua verdadeira natureza.* A esta altura, ainda não é necessário tomar nenhuma outra providência.

NADA É UMA VERDADE ABSOLUTA

O que fiz quando entrei em colapso aos dezoito anos foi o seguinte: como percebi que minha confusão vinha de não saber o que era verdade, me propus a responder à pergunta *O que é a verdade?* com a ferocidade de um tigre faminto em sua caçada. Sentada na minha cama, li várias das grandes obras de filósofos ocidentais, começando pelos pré-socráticos e seguindo em ordem cronológica, passando por dezenas de livros inacreditavelmente chatos. Muitos só me deixaram mais deprimida, porque os autores muitas vezes faziam questão de afirmar que as mulheres são um bando de pecadoras imbecis e descerebradas (não estou fazendo uma citação literal aqui, veja bem).

Depois de vários meses, por fim cheguei à chatíssima obra-prima de Immanuel Kant, *Crítica da razão pura*. Foi um livro me deixou entediada até os ossos — e mudou para sempre a minha vida. Kant acreditava que todas as experiências são criações da nossa mente, inclusive o espaço e o tempo. Pode até haver uma realidade por aí, mas só conseguimos percebê-la através do filtro da nossa subjetividade, o que significa que *ninguém nunca foi capaz de saber o que é absolutamente verdadeiro*. O raciocínio de Kant fez sentido para mim, apesar de seu caráter paradoxal: é uma verdade absoluta que não existem verdades absolutas, inclusive essa própria afirmação.

Para mim, foi como escapar de uma caverna fria e escura. Havia uma forma de lidar com todas as minhas crenças culturais. Os mórmons poderiam ter razão sobre a natureza do universo, mas também poderiam estar errados. O pessoal bacana de Harvard poderia estar certo — ou errado — em sua definição completamente oposta da realidade. Quem poderia ter certeza? Eu não. Ufa! Que alívio! Como todo mundo estava sujeito à mesma incerteza, eu poderia me dar bem com todos sem precisar ter uma crença absoluta em ninguém.

Isso se mostrou uma excelente estratégia para escalar o Monte Deleitoso. Eu me casei com outro mórmon que também era formado em Harvard. Juntos, corremos atrás de todos os diplomas que poderíamos obter e permanecemos membros exemplares da Igreja de Jesus Cristo dos Santos dos Últimos Dias. Fui mãe pela primeira vez e comecei meu doutorado logo em seguida, como uma pioneira que paria um pequeno desbravador enquanto arava os campos. Eu estava enganando *todo mundo* — inclusive a mim mesma — enquanto dava os meus pulos.

Mas os sintomas da floresta escura do erro continuavam. Eu me sentia vazia e ansiosa, viciada em trabalho. Meu corpo exausto ainda era atacado pela insônia, pelas dores e pelas doenças. Eu havia descoberto parte da minha verdadeira natureza, aquela que adorava aprender e amava minha família. Porém, a imensa maioria dos meus atos eram respostas à pressão cultural. Já tinha chegado à metade do Monte Deleitoso num ritmo acelerado de escalada, em direção a algo que não me faria feliz de verdade.

EXERCÍCIO

COMO DETECTAR A PRESSÃO CULTURAL

Se você descobriu que algumas das coisas que faz todos os dias são uma imposição da sua cultura, não da sua verdadeira natureza, então está dando seus pulos para escalar sua própria versão do Monte Deleitoso. Vamos ser radicalmente sinceros sobre isso? Então responda a cada uma das seguintes perguntas, parando para pensar um pouco depois de ler cada uma até sentir que chegou à verdadeira resposta. (Mais uma vez, você não precisa fazer nada a não ser reconhecer interiormente sua real situação. Apenas perceba a diferença entre as coisas que você ama de verdade e aquelas que faz por outros motivos.)

- Você convive com pessoas de cuja companhia na verdade não gosta? Quem são elas?

  _____

  _____

  _____

- Você costuma se obrigar a fazer uma coisa (ou várias) que na verdade não queria? Faça uma lista:

  _____

  _____

  _____

- Existem coisas que você faz só por *medo* de deixar alguém incomodado ou de parecer menor aos olhos dos outros? Que coisas são essas?

  _____

  _____

  _____

- Existem momentos no seu dia a dia em que você tem o hábito de fingir maior alegria ou interesse do que de fato está sentindo? Em que áreas da sua vida (relacionamentos, trabalho, locais de convívio) essa tendência se manifesta?

  _____

  _____

  _____

- Você costuma dizer coisas que sabe que não são verdadeiras, ou que não refletem suas reais opiniões e sensações? Que coisas são essas?

  _____

  _____

  _____

Releia tudo o que escreveu no exercício e você vai ver um conjunto de situações em que a sua integridade está sendo deixada de lado em nome da imposição social. Você não fez nada de errado, e a esta altura não é necessário tomar nenhuma providência a respeito do assunto. Apenas perceba quanto tempo da sua vida é ocupado por pressões culturais. Muitas vezes meus clientes se sentem um tanto desconcertados, e até ofendidos, com esse exercício. As coisas desagradáveis que se forçam a fazer, as áreas de sua vida em que mentem sobre os próprios sentimentos, as ocasiões em que cedem à vergonha ou ameaça de punição são os aspectos de seu comportamento que eles costumam considerar mais virtuosos. Se você é uma mãe em tempo integral que nunca gostou muito de crianças, um bombeiro que prefere um trabalho intelectual em ambientes silenciosos ou um soldado que detesta rotina, talvez tenha orgulho de ter se esforçado para contrariar sua natureza e fazer aquilo que sua cultura valoriza. E então venho eu dizer que seu esforço admirável é um distanciamento da sua integridade?

Como assim?

Calma, respire fundo. Não estou dizendo que seus esforços para cumprir os parâmetros culturais estipulados sejam uma coisa ruim. Muito pelo contrário. Você está fazendo um trabalho hercúleo para viver de acordo com os padrões que acredita serem certos e benéficos. Eu admiro muito isso. É preciso ter muita disciplina para contrariar a própria natureza. Se eu repreendesse você pelo seu esforço, só estaria administrando uma dose extra de socialização punitiva. Não estou condenando você, longe disso. Mas quero que perceba uma coisa:

Você detesta contrariar sua verdadeira natureza para ceder à pressão da cultura.

Lembre-se de que ainda não é preciso mudar nada. Você pode continuar vivendo como sempre viveu. Continue dando seus pulos. Dê tantos pulos quanto puder. A única mudança neste estágio do caminho da integridade é admitir — e apenas para você — que alguns dos seus atos têm como objetivo impressionar ou atender às expectativas de outras pessoas. Não são gestos espontâneos, e não estão em harmonia com a sua verdade. Mas a esta altura você não precisa de uma revolução. Precisa de um guia. E, como manda o destino, é exatamente isso o que você vai encontrar a seguir no caminho da integridade.

3. Encontrando seu guia

Enquanto foge pelas encostas do Monte Deleitoso, Dante vê uma figura humana caminhando pela floresta escura. Ele a chama, desesperadamente precisando de ajuda, mas apreensivo por achar que aquela pessoa pode não ser... qual é a palavra? Ah, sim: alguém vivo. E, de fato, é um fantasma. Mas o melhor fantasma possível: Publius Vergilius Maro, mais conhecido como Virgílio. Sim, o sujeito está morto há séculos, mas, olhando pelo lado positivo, é o poeta favorito de Dante.

Depois de se apresentar, Virgílio pergunta por que Dante não está escalando o Monte Deleitoso, junto com todo mundo. Quando Dante conta que o leopardo sedento de sangue o perseguiu, Virgílio parece compreender a situação de imediato. Ele avisa que Dante vai precisar seguir por outra rota para sair da floresta escura do erro. Depois se oferece para ser seu companheiro de viagem e seu guia, e complementa dizendo que foi mandado para ajudar Dante em sua jornada.

COMO O GUIA APARECE

Isso tudo não passa de fantasia para você, certo? Em seu momento mais difícil, no meio do nada, Dante *por acaso* cruzou com o fantasma do seu escritor favorito, que *por acaso* sabia exatamente para onde ele precisava ir e *por acaso* tinha tempo livre e disposição para acompanhá-lo. Que bom se no mundo real também fosse assim, certo?

Bem, na verdade é, sim.

Eu já vi esse tipo de pequeno milagre acontecer um monte de vezes, na minha vida e na de meus clientes. Quando um guia se torna necessário para progredir, alguém ou alguma coisa aparece para ajudar.

Na verdade, Dante Alighieri já "conhecia" Virgílio por ser um leitor de sua poesia. A leitura foi a forma como conheci a maior parte dos meus guias, e meus clientes com frequência relatam que, quando se sentem mais perdidos, o livro perfeito parece "cair da prateleira" e chamar sua atenção. Às vezes conhecemos nossos guias porque alguém vê que precisamos de ajuda e nos incentiva a fazer terapia, desintoxicação, ioga, ou nos leva para algum ambiente onde podemos conhecer pessoas de grande sabedoria. Outras vezes, podemos ouvir um podcast ou uma palestra on-line e desenvolver um fascínio por aquela pessoa que está falando.

Joseph Campbell, um famoso professor de mitologia comparada, percebeu que em lendas de todo o mundo algum tipo de mentor aparece logo depois de o herói aceitar o chamado para uma aventura. A jornada pelo caminho da integridade é uma situação similar. Em geral, conhecemos nossos guias depois de percebermos que estamos vagando pela floresta escura do erro, depois de tentarmos e não conseguirmos sair de lá escalando o Monte Deleitoso, quando estamos sendo acossados pelas feras selvagens que são os nossos sentimentos negativos.

A essa altura, nossas chances de encontrar por conta própria a rota que nos conduz de volta à integridade são mínimas. Afinal, perdemos o rumo por causa de ideias e comportamentos que assimilamos desde o berço. A maioria desses erros se esconde em nossos pontos cegos psicológicos. Sem o auxílio de um observador externo, podemos nunca os ver, por mais sincero que seja o nosso esforço. Mas alguém com uma perspectiva diferente pode detectar o que estamos deixando de perceber e nos ajudar a corrigir isso. Portanto, estamos destinados a encontrar um tipo bem específico de mentor: um *psicopompo*, ou "guia para a alma".

Antes de prosseguir, preciso tratar de uma questão absolutamente crucial: nenhum tipo de orientação externa vai responder a todos os seus problemas. O papel dos guias para a alma é fundamental, mas limitado. Eles oferecem as respostas necessárias para nos ajudar a encontrar a sabedoria existente em nossa própria consciência. No fim das contas (alerta de spoiler), Virgílio não é capaz de conduzir Dante ao paraíso. Ninguém pode nos conceder integridade: a nossa verdade é algo que podemos e devemos aprender a descobrir por nós mesmos. O papel do guia para a alma é simplesmente o de nos colocar em contato com a nossa capacidade inata de perceber a verdade.

Dito isso, quando ainda estamos vagando pela floresta escura do erro, cientes de que estamos perdidos, mas sem saber como nos orientar, contar com o auxílio de um guia é essencial. Portanto, fique alerta para a presença de qualquer um que possa oferecer ajuda ou orientação. Seu guia pode não ser o que você está esperando.

COMO RECONHECER UM GUIA PARA A ALMA

Os guias para a alma nem sempre se encaixam em nossas imagens preconcebidas. Alguns são de fato professores, como o personagem de Robin Williams em *A sociedade dos poetas mortos*, que empregava métodos incomuns para abrir a mente, o coração e a alma dos alunos. Mas, como mencionei, seu guia pode aparecer na forma de um livro, uma música, um animal. Ou até de uma experiência intensa, uma fase em que as circunstâncias obrigam você a aprender uma porção de coisas, e bem depressa.

Você já pode ter tido uma ou mais dessas fases estranhamente educativas na sua vida. Todos já vimos situações como essa dramatizadas no cinema: o preconceituoso que tem a vida salva pelas pessoas que despreza; a socialite obcecada por dinheiro que perde tudo em um esquema de pirâmide na mesma semana em que sua mansão pega fogo; o médico narcisista que desenvolve a doença que trata e é obrigado a ver as coisas do ponto de vista do paciente. Quando esse tipo de coisa acontece conosco, podemos sentir que estamos sendo ensinados por um tipo sutil e poderoso de energia, muito além do nosso controle. Qualquer força capaz de produzir situações como essa serve como um guia magistral para a alma.

A maior parte dos nossos guias, porém, são seres humanos. Em geral, os mais inesperados. Encontrar o seu não vai ser como desfrutar da companhia de uma babá carinhosa ou de um professor velhinho e cheio de sabedoria. Quando nos deparamos pela primeira vez com nossos verdadeiros guias para a alma, eles muitas vezes parecem peculiares, irritantes, incompreensíveis ou simplesmente esquisitos mesmo. Vou apresentar aqui algumas regras para identificá-los. Mas, antes disso, preciso explicar o que um guia para a alma *não* é, para que você não se deixe levar por um psico-pompo de araque.

Existe muita gente interessada em ditar exatamente o que você deve ser, fazer e pensar: especialistas em determinados assuntos, figuras de autoridade, parentes intrometidos, amigos que encontraram uma nova religião ou desconhecidos que despejam opiniões na internet. Quando você encontrar uma pessoa desse tipo, tome cuidado. Qualquer um que tente impor seus conselhos provavelmente não é um guia para a alma dos mais qualificados.

Outras pessoas podem se dizer capazes de levar você ao topo do Monte Deleitoso, prometendo beleza, riqueza e fama em troca de devoção absoluta e/ou grandes quantias de dinheiro. Essas também quase nunca são guias legítimos para a alma. Se o seu coração *anseia* seguir alguém assim, vá em frente. Mas cuidado com os desejos que podem surgir quando nos sujeitamos ao discurso publicitário. Um guia para a alma autêntico vai chamar sua atenção de uma forma que motive você internamente, e não exercendo o tipo de atração gerada por um marketing eficaz (caso precise rever esse ponto, repita o exercício do capítulo 2).

Hoje em dia, algumas pessoas espiritualizadas têm usado o termo *guia para a alma* para descrever indivíduos que não suportam. "Ela é a minha maior guia espiritual", dizem sobre a colega de trabalho que tem uma risada escandalosa, ou sobre o enteado que rouba seu cartão de crédito para contratar serviços de profissionais do sexo. "Ele é o Buda que apareceu no meu caminho." O perigo nesse caso é acabar em um relacionamento cuja dinâmica não é nada saudável. Um autêntico guia para a alma pode nos deixar perplexos ou incomodados, mas costuma ser uma pessoa fascinante, e não repulsiva ou insuportável.

Depois de esclarecer tudo isso, eu posso explicar o que *realmente* entendo como um "guia para a alma".

GUIAS PARA A ALMA CAPTURAM NOSSA ATENÇÃO

Quando conhecemos um verdadeiro guia, esse encontro chega a ser quase assustador. Nossa atenção se fixa totalmente naquela pessoa ou coisa que apareceu para nos ensinar. Eu chamo isso de "efeito R2-D2", por causa daquele pequeno droide da série *Star Wars*. Da perspectiva de seu amigo C-3PO, estava tudo dentro da normalidade até o momento em que R2-D2 cruza o caminho da princesa Leia no primeiro filme e, em seguida, abandona seu companheiro. Sem que C-3PO soubesse, Leia havia incumbido o pequeno droide com uma missão, que se torna mais importante do que qualquer outra coisa para ele.

Às vezes nossa mente parece sofrer uma mudança de rumo inesperada como essa. Podemos nos pegar pensando em alguém com quem trocamos algumas poucas palavras durante um jantar, ou num velho amigo que não vemos há anos, ou num desconhecido cujo nome é citado em conversas com três pessoas diferentes. Não sabemos por que esses indivíduos monopolizam nossa atenção, mas não conseguimos parar de pensar neles. Podemos até experimentar a sensação desconcertante de que eles se infiltraram na nossa mente. Podemos nos pegar discutindo com eles, ou nos explicando para eles, e nos perguntamos por que valorizamos tanto sua opinião.

GUIAS PARA A ALMA SURGEM EM UM PASSE DE MÁGICA

Na dinâmica da jornada heroica explicada por Joseph Campbell, o encontro do herói com o guia ocorre por destino, magia ou providência divina. Quando conhecemos alguém que cumpre esse papel na nossa vida, na maioria das vezes uma série de coincidências ou um acontecimento providencial cumpre o papel de unir orientador e pupilo. Esse tipo de magia é uma validação do efeito R2-D2, um sinal de que estávamos destinados a cruzar o caminho daquele guia específico.

Por exemplo, minha cliente Michelle certa vez ganhou de presente um livro de autoajuda de uma amiga, encontrou outra cópia esquecida em um banco de parque e conheceu a pessoa que o escreveu em uma noite de autógrafos naquela mesma semana. Esse livro, em suas próprias palavras, era exatamente do que ela estava precisando.

Uma outra cliente, Erin, conheceu um compatriota norte-americano em um café durante suas férias em Paris. Mais tarde ela me falou: "Eu não fui à França para conhecer outros americanos, mas por algum motivo não conseguia parar de conversar com ele". O novo conhecido de Erin, um psicólogo especializado em traumas, por acaso morava a dez minutos de carro da casa dela em Cleveland. Erin havia sofrido uma tentativa de estupro na época da faculdade. Depois de voltar das férias, ela fez algumas sessões com seu novo amigo, que aliviaram o sofrimento causado por esse evento traumático.

Michael, mais um cliente meu, era garçom em um restaurante e, por alguma razão, teve a ideia de trocar de lugar com um colega e atender mesas diferentes em determinada noite. Em seguida, chegou para jantar um grupo em que estava um velho amigo de seu pai. Eles começaram uma conversa que terminou com o homem oferecendo a Michael um novo emprego, no qual atuou como seu mentor até que ele aprendesse tudo o que era necessário para ser bem-sucedido sozinho.

Essas histórias podem levar você a pensar que não precisa procurar nada, que o guia perfeito vai bater na porta da sua casa e oferecer a salvação sem que seja preciso levantar a bunda do sofá. Pode acontecer — eu já vi coisas até mais estranhas —, mas provavelmente não vai rolar. Como dizem por aí, o professor aparece quando o aluno está pronto. E nós nos preparamos admitindo que estamos perdidos e nos comprometendo a seguir o caminho da integridade. Um guia vai aparecer mais cedo ou mais tarde, em geral das formas mais inesperadas. O passe de mágica, se e quando acontecer, é só a cereja do bolo.

GUIAS PARA A ALMA AGEM POR AMOR VERDADEIRO

Quando ouvimos a expressão "guia para a alma", a princípio imaginamos uma presença tranquilizadora e reconfortante, alguém que canta para embalar nosso sono e nos protege enquanto dormimos. Mas a verdadeira função desse guia é nos *acordar* quando estamos perambulando no piloto automático pela floresta escura do erro. Isso pode envolver chacoalhões, sobressaltos e desafios a nossas crenças mais enraizadas. Nas tradições asiáticas, os guias espirituais costumam jogar água fria na cara dos discípulos ou bater neles com varas de bambu.

Pode demorar anos para percebermos — muitas vezes em retrospectiva — que esse comportamento é motivado por um amor profundo. Muitos usam a palavra *amor* para descrever o tipo de atração que as aranhas sentem pelas moscas. As aranhas de fato amam as moscas (seu sabor, sua textura). Essas pessoas expressam seu amor enredando todas as moscas que conseguirem em suas teias e as mantendo por perto enquanto sugam sua força vital pouco a pouco. Já tive muitos clientes que eram tratados assim por pais, amigos ou amantes. Eu chamo isso de "amor de aranha", embora obviamente não seja amor de verdade — é uma relação predatória entre caçador e presa. Os guias para a alma jamais agem assim. O amor genuíno não deseja ver ninguém capturado e imobilizado, muito menos perdido na floresta escura do erro. Quem realmente nos ama quer sempre — sempre, sempre, sempre — nos libertar.

É por isso que nossos verdadeiros guias não nos mantêm no conforto das nossas ilusões. Em vez disso, sacodem nossas jaulas, nos deixam incomodados, confiscam nossos sedativos. Quando alguém que nos atrai contraria nossos padrões de pensamento, podemos reagir de forma petulante ou nos sentirmos mal-amados, como uma criança cujos pais se recusam a deixar que ela se entupa de doces em vez de jantar. Porém, preste um pouco mais de atenção. Se for libertador, um comportamento que parece ríspido ou até cruel talvez seja, na verdade, a mais pura forma de amor que alguém pode oferecer a você.

GUIAS PARA A ALMA NÃO COMPARTILHAM DOS NOSSOS VALORES CULTURAIS

Como é? Não compartilham dos nossos valores? Nós não deveríamos procurar ajuda de pessoas que *fortaleçam* nossos valores?

Não quando estamos na floresta escura do erro.

Lembre-se de que os sistemas culturais de valor desempenham um papel fundamental para nos afastar do nosso verdadeiro rumo e nos encaminhar para as diferentes versões do Monte Deleitoso. Quando seguimos esses valores culturais, nos exaurimos perseguindo coisas que nunca vão nos fazer felizes de verdade. Para nos impedirem de cometer tais erros, os guias para a alma precisam ser livres dessa forma específica de ilusão cultural.

Por isso, os verdadeiros guias para a alma são a encarnação da "contracultura". Alguns são apenas imprevisíveis, enquanto outros recusam a cultura como um todo, agindo obstinadamente de acordo com a própria consciência, como João Batista antes de conhecer Jesus (ou o próprio Jesus, com sua recusa de apedrejar pecadores). Os guias para a alma muitas vezes dizem e fazem coisas que não são ditas nem feitas em nossos círculos sociais — ou em qualquer outro. Seu jeito de ser, suas reações e seus conselhos podem ser diferentes de tudo a que estamos acostumados.

Esses guias mais contestadores são muito valorizados em diversas tradições. O povo Lakota tem palhaços sagrados que desafiam a convenção social cavalgando de costas, andando seminus no inverno e sendo grosseiros com as pessoas nos piores momentos possíveis. Na Europa medieval, os bobos da corte tinham autorização para insultar qualquer um, inclusive o rei. Os guias para a alma que contrariam as convenções e se divertem com isso nos ajudam a não nos perdermos em nossas funções sociais e a não nos levarmos muito a sério.

Obviamente, nem todo mundo que é esquisito, grosseiro ou antissocial é um autêntico guia para a alma. Esses guias encarnam a contracultura em um sentido bastante específico: eles desafiam nossas suposições preconcebidas e nos forçam a ver as coisas de outros pontos de vista. O comportamento bizarro por si só, no entanto, não desperta todo esse fascínio nem vai expandir sua mente.

Percebi a diferença entre confusão cultural e orientação para a alma depois da minha crise adolescente e do ano que passei lendo filosofia. Ainda curiosa quanto a antigas tradições de sabedoria, li diversos livros tidos como guias para a alma. Ouvi dizer que ler a escritura mórmon talvez fosse o caminho mais importante para uma vida feliz. Eu segui essas regras, mas nunca me senti libertada num sentido mais profundo por esses livros. Mais tarde, comecei a estudar chinês e a ler coisas que não faziam o menor sentido para a minha mentalidade de norte-americana. Eis um exemplo, retirado do meu lido favorito, o *Tao te Ching*, escrito por volta do ano 2500 a.C.: "Todos os rios fluem para o mar porque o mar está abaixo deles. A humildade é o que lhe dá seu poder".

Essa é uma maneira de pensar que não se encaixa nem um pouco na cultura ocidental. À primeira vista, pode parecer um pouco diferente para você, um pouco estranha. Mas veja se não provoca uma reflexão. Se não fica batendo na porta da sua mente, pedindo para entrar. É assim que a verdadeira orientação para a alma nos afeta. Pode causar estranhamento, mas não é só uma coisa bizarra. É uma coisa *potente*, como um desinfetante concentrado. Desafia nossas suposições preconcebidas, mas de tal forma que exerce uma atração toda especial.

GUIAS PARA A ALMA NÃO ESTÃO NEM AÍ PARA AS NOSSAS PRESSÕES CULTURAIS

Como não compartilham da nossa cultura, os verdadeiros guias para a alma não estão nem um pouco preocupados em ceder a suas pressões. Não ficam encantados quando somos gentis nem impressionados com o domínio do linguajar das ruas, não se solidarizam quando nos fazemos de vítimas nem se admiram com nossa riqueza ou status. Se você der um presente caríssimo para um desses guias, eles podem agradecer e imediatamente repassar o precioso objeto a alguém que sequer conhecem (isso inclusive aconteceu comigo uma vez). Não existe bajulação, manipulação ou chilique capaz de desviá-los um milímetro que seja de seus verdadeiros caminhos.

Isso pode ser frustrante para o ego, mas é necessário para a libertação. Eu tive uma cliente que vou chamar aqui de Olivia, uma pianista clássica. Seu professor de música a deixou deprimida por desmerecer todas as suas habilidades impressionantes e dar conselhos que ela considerava impossíveis de seguir.

"Ele nunca parece aprovar nada do que eu faço", ela me contou. "Nunca me elogia, só me escuta tocando e diz coisas do tipo: 'Agora toque como se você não tivesse um passado'. Que diabos isso quer dizer? Eu tenho que ficar imóvel na frente do piano, fingindo que nem estou lá?"

Apesar da frustração, Olivia se sentia bastante intrigada em relação ao professor, e continuou a trabalhar com ele. Certo dia, ele passou tantas instruções complicadas em sequência que, quando começou a tocar, ela já havia esquecido tudo.

"Não foi que a minha mente ficou em branco", Olivia contou. "Ela na verdade pareceu ter *desaparecido*." Nesse momento, ela deixou de se sentir uma entidade separada da música.

"Parei de tentar impressioná-lo", ela disse. "Eu me tornei aqueles sons que eram evocados pelos meus dedos. Foi tão lindo que fiquei com lágrimas nos olhos, e quando olhei para o meu professor vi que ele também estava. Não havia necessidade de dizer nada. Foi... perfeito."

GUIAS PARA A ALMA NOS AJUDAM A PENSAR O IMPENSÁVEL

Além de não se deixarem levar pelas nossas pressões culturais, eles podem inclusive *mencionar o fato de que estamos nos esforçando para atendê-las*. Em vez de elogiar nossa roupa de grife ou nossas tiradas engraçadinhas, podem comentar que estamos só tentando impressioná-los. Quando encobrimos nosso desespero existencial com brincadeiras, eles talvez não riam e ainda perguntem por que estamos tentando parecer felizes quando na verdade estamos tristes.

Pois é, eu sei! Que horror!

É uma violação daquilo que a psiquiatra Alice Miller define como a regra fundamental de todas as culturas: NUNCA MENCIONE AS REGRAS. Em outras palavras, nunca cite de forma articulada o código tácito que todos fomos treinados a seguir. Apesar de estar na cara para todo mundo que o rei está nu, não diga que as pessoas estão fingindo que ele está vestido só porque estão com medo. Nunca diga: "A mamãe exagera nos calmantes", mas, acima de tudo, nunca mencione a regra tácita da família de não tocar no assunto desse mau hábito da mamãe. Simplesmente minta quando quiserem que você minta, sem precisar dizer que todos têm plena ciência de que aquilo é uma mentira. Os guias para a alma tendem a ignorar essa regra e cometer a barbaridade de falar de forma aberta e honesta sobre o que está acontecendo de verdade.

GUIAS PARA A ALMA SABEM QUANDO PARAR

"Quando encontrares um Buda no teu caminho, mata-o." Esse ditado, atribuído ao mestre zen Linji, não significa que você deva sair perseguindo monges com uma motosserra. Quer dizer que, quando encontrar um guia para a alma autêntico, você pode sentir a tentação de se agarrar aos seus ensinamentos e não largar mais. O problema é que a realidade é vasta e complexa demais para ser representada por completo por uma única pessoa, um único conjunto de ideias ou até mesmo por todas as pessoas e ideias do mundo combinadas.

A ideia de "matar o Buda" tem a ver com aprender tudo o que puder com determinado guia, até começar a transcender seus ensinamentos. Então você pode usar as verdades que absorveu e as falsidades que identificou para seguir em frente.

Todo guia para a alma genuíno vai lhe dizer isso, mostrando o tempo todo que é o seu próprio discernimento que deve ter a última palavra em relação às suas crenças. Um dos meus sábios indianos favoritos, Nisargadatta Maharaj, colocou a questão da seguinte maneira: "O guia exterior é apenas um ponto de passagem no caminho. É seu guia interior que vai conduzir você até a meta final, pois ele [ou ela] *é* a meta final".

ENCONTRANDO SEU GUIA INTERIOR

Agora que já dei algumas dicas sobre como reconhecer um guia para a alma capaz de oferecer ajuda exterior, gostaria de falar mais sobre o guia interior, aquele que é a *sua* meta final. Esse guia principal está com você desde o nascimento, e vai continuar disponível até o seu último suspiro (e, quem sabe, talvez até depois). Não se esqueça de que, quando escreveu *A divina comédia*, Dante criou o fantasma de Virgílio na própria imaginação. Seu verdadeiro guia era uma parte de si mesmo que ele projetou naquela figura ficcional. Nenhuma orientação externa vai ser tão precisa quanto a do guia interior que existe na sua alma, e ninguém é capaz de ser uma presença tão constante.

O guia interior tem muitos nomes, mas nenhum expressa de fato a essência dessa sabedoria que temos dentro de nós. Quando as tradições espirituais tentam descrevê-la, acabam gerando uma boa dose de confusão semântica. Isso acontece porque se trata de uma tentativa de descrever algo indescritível. As tradições espirituais criaram todo um léxico de termos para rotular o guia interior, a sabedoria que mora no fundo do nosso ser, a essência do que somos de verdade, intrinsecamente.

Neste livro, venho me referindo ao seu guia interior principalmente como sua integridade. Mas também já usei termos como *verdadeiro eu*, *verdadeira natureza* e *eu essencial*. Em outro livro, chamei-o de *meta-eu*, que significa, "além do eu", em oposição ao eu de carne e osso, composto pelo corpo e pelo cérebro. Os rótulos usados por outros autores incluem expressões como não eu, não ser, consciência absoluta, natureza búdica, consciência de Cristo, mente iluminada, consciência divina, o eu-sou, o absoluto, o universo, a consciência fundamental e muitos outros.

A verdadeira essência do seu guia interior vai além de qualquer rótulo. Não é acessível ao *pensar*, apenas ao *ser*.

Pois bem, depois de afirmar que seu guia interior é indescritível, vou tentar descrevê-lo, claro. Quando pensamos, ouvimos ou entendemos algo que é uma verdade profunda para nós, os nossos guias interiores se elevam em uma deliciosa e lúcida ressonância. Quando entramos em contato com a verdade — qualquer verdade, da solução de um problema matemático à capacidade de amar —, todas as nossas formas de percepção se alinham. Reconhecemos esse alinhamento como o estado ideal do nosso ser. É uma sensação de tranquilidade, clareza, placidez, abertura. Essa sensação é o nosso guia interior dizendo sim.

O caminho da integridade se resume simplesmente a ouvir essa voz, manter esse sentimento não como uma coisa ocasional, mas frequente — e até constante. Os indivíduos capazes de fazer isso são venerados como mestres espirituais. Se você acha que nunca vai conseguir chegar a esse nível de iluminação, lembre-se de que já fez isso antes. Você já foi um bebê, e os bebês são jovens demais para ter alguma crença, então apenas se alinham com suas verdadeiras percepções. É por isso que muitos guias espirituais costumam apontar as criancinhas como modelos para uma vida mais iluminada.

Mas, mesmo depois de adultos, quando estamos perdidos na floresta escura do erro, podemos voltar a nos sentir em unidade com nosso verdadeiro eu toda vez que afastamos as teias de aranha das falsas crenças e entramos em contato com alguma coisa real. Nesses momentos, quando o guia interior se torna perceptível, às vezes dizemos que estamos sentindo a "presença da verdade".

Na última vez que você despertou de um sonho, pode ter demorado alguns segundos para conseguir se orientar. Mas logo percebeu que aquilo que parecia ser a realidade apenas alguns momentos antes era só uma alucinação. Como chegou a essa conclusão? Como fez para determinar qual experiência era real e qual era ilusória? Consultando o guia interior que acabei de mencionar.

Não é um processo muito complicado: quando comparamos as duas experiências, o mundo da vigília tem uma ressonância muito mais marcante com a verdade do que um sonho. Fazemos isso com todos os sistemas que usamos para extrair significado das coisas: corpo, mente, coração e alma. Ainda vou explicar isso de forma mais detalhada, usando a divisão em quatro partes (corpo, mente, coração e alma). Estou me alongando neste ponto porque *ouvir o nosso guia interior é a habilidade mais importante para seguir no caminho da integridade.* Quando conhecemos nossos guias exteriores para a alma, sabemos que podemos confiar neles porque sentimos a presença da verdade internamente. E mesmo quando não há um guia exterior disponível, o guia interior está sempre presente.

Portanto, outra característica do guia interior — a mais importante — é a possibilidade de senti-lo em todos os aspectos do seu ser (corpo, mente, coração e alma) ao mesmo tempo.

A reação do **corpo** ao reconhecer a verdade é o *relaxamento*, um alívio literal e involuntário da tensão muscular. Quando aceitamos a verdade, por mais difícil que seja, nosso corpo se distensiona e começamos a respirar mais profundamente. Isso pode ter acontecido com você ao ler em voz alta as afirmações no final do capítulo 1, como "Não sei o que fazer" ou "Preciso de ajuda".

Quando nossa **mente** reconhece a verdade, sentimos uma luz se acendendo acima da cabeça, como nos desenhos animados, aquela sensação de enigma resolvido. "Ah-rá!", pensamos, ou "Saquei!", ou "É claro!". Todas as peças do quebra-cabeça se encaixam. Não existem pontas soltas. Tudo faz um *sentido lógico.*

Para o **coração**, a presença da verdade parece uma flor *se abrindo*. Em total integridade, nos tornamos receptivos a qualquer sentimento: amor arrebatador, tristeza profunda, raiva terrível, medo agudo. A sensação pode ser dolorosa, mas não causa o sofrimento intenso e contínuo que experimentamos na floresta escura do erro.

A dor emocional de uma verdade dura é amenizada pela reação da nossa **alma** ao se alinhar com a realidade. Além da emoção em estado bruto, notamos uma sensação de *liberdade*, uma abertura que engloba todos os aspectos da nossa experiência. Nos conectamos com uma tranquilidade inalterável dentro e fora de nós. Existe espaço para a dor. Existe espaço para a alegria. E o espaço em que todas essas sensações tomam forma é composto por um bem-estar absoluto. Esse espaço é (e nós nos tornamos) um nada perfeito e fértil, em que tudo, inclusive a dor, tem sua utilidade.

Todo esse linguajar místico pode parecer estranho, mas na verdade seu guia interior é a parte mais estável e corriqueira de você. Como nossa cultura secular renega o espiritual, algumas pessoas pensam que a "presença da verdade" deve ser uma experiência rara, como uma queima de fogos de artifício acontecendo dentro de nós. Na verdade, é o contrário. O senso de verdade, nosso principal guia interior, é tão familiar para nós como o sol e a lua. Nós o usamos todos os dias para as coisas mais triviais. Como mencionei, é o que nos permite distinguir os sonhos da vigília todas as manhãs.

Práticas como jejuar, tomar drogas psicodélicas ou passar anos em voto de silêncio podem nos ajudar a acessar a dimensão espiritual do nosso ser. Mas na verdade reagimos a estímulos espirituais toda vez que reconhecemos alguma verdade, até a mais banal. A confirmação espiritual está presente quando lembramos um número de telefone, rimos de uma piada ou nos perdoamos por algum erro. Isso faz surgir uma alegria nas coisas mais mundanas, tal qual o pequenino Yoda se divertindo às custas de Luke Skywalker, que procura um mestre Jedi e o imagina como alguém enorme e imponente.

Todos os guias exteriores que você venha a conhecer apenas ajudarão você a se conectar com esse senso de verdade, essa ressonância de corpo, mente, coração e alma que é o seu principal guia interior. Por exemplo, espero que este livro seja um guia útil em sua jornada rumo à integridade. Mas, se você não sentir a presença da verdade quando ler alguma coisa aqui, desconsidere minhas palavras. Não dê ouvidos a mim; dê ouvidos a você. E o mesmo vale para qualquer pessoa que esteja lhe oferecendo "orientação", seja o seu pastor, seu professor de caratê, seu marido, sua mulher ou o prefeito da sua cidade. Um verdadeiro guia para a alma vai se curvar perante o guia que existe dentro de você.

MEU GUIA PARA A ALMA MAIS INESPERADO

Conforme contei antes, quando eu era adolescente, o guia para a alma que me encontrou na floresta escura do medo foi Immanuel Kant, através de sua principal obra, *Crítica da razão pura*. Ler a prosa de Kant foi como mastigar pedras, mas, à medida que ele explicava por que a razão pura não era capaz de dar conta de nada de forma absoluta, senti todo o meu ser — corpo, mente, coração e alma — se alinhar. Meu corpo amoleceu de alívio com a lógica dos argumentos de Kant e a liberdade que eles me proporcionavam.

Me apoiei na visão de mundo de Kant para terminar a faculdade, me casar e voltar a Harvard para o mestrado e o doutorado. Tive minha primeira filha pouco antes de começar a pós-graduação. Em seguida engravidei de novo. Sem saber, estava prestes a mergulhar de cabeça numa daquelas situações em que o mundo todo assume a forma de um guia para a alma. Minha vida estava prestes a virar de cabeça para baixo.

Em primeiro lugar, desde o momento em que meu filho Adam foi concebido, eu me tornei — vou dizer logo de uma vez — clarividente. Era capaz de saber o que estava acontecendo com entes queridos a quilômetros de distância. Previa com antecedência coisas que ainda estavam para acontecer. Me sentia fisicamente salva por pessoas que não estavam lá (fui retirada de um prédio em chamas por alguém que ninguém viu, tocada por mãos invisíveis que estancaram o que poderia ser um sangramento fatal). E então, com quase seis meses de gestação, descobri que Adam tinha síndrome de Down.

Uma manifestação clássica de guia para a alma.

Aquele feto extremamente desconcertante e culturalmente inaceitável me arrancou na base do choque da minha visão de mundo confortável. Eu precisava deixar de lado meus conceitos sobre o valor do intelecto e abrir minha mente para a possibilidade de uma realidade mais profunda, ou então me distanciar da minha própria experiência de vida, destruindo por completo a minha integridade. Era a minha vez de matar o Buda. Deixei de lado a razão pura de Kant, desci as encostas do Monte Deleitoso da intelectualidade e aceitei o fato de que meu guia para a alma seria um bebê ainda não nascido que jamais conseguiria ler filosofia.

Todos os médicos me disseram que seguir com a gravidez era uma atitude estúpida e cruel. Eu não discordava de sua visão pró-escolha. Isso ainda fazia muito mais sentido para mim do que a crença mórmon de que eu seria lançada na "escuridão distante" se fizesse um aborto. Mas quer saber? Os doutores de Harvard e as autoridades da Igreja de Jesus Cristo dos Santos dos Últimos Dias soavam estranhamente parecidos. Demonstravam a mesma certeza absoluta de seus valores moldados pela cultura. Nada do que eles diziam encontrava ressonância no meu guia interior, no meu senso de verdade. Em vez disso, suas palavras só me deixavam tensa, confusa, paralisada e incapaz de encontrar qualquer tipo de tranquilidade dentro de mim.

Claro que todos os argumentos faziam sentido dentro do sistema de valores culturais de quem falava. Mas as coisas que estavam acontecendo comigo — meu sofrimento físico, minhas estranhas experiências de clarividência, o cromossomo extra do meu bebê, meu amor maternal por ele — não tinham nada a ver com cultura. Vinham da natureza. E a natureza parecia determinada a me levar além das crenças e dos comportamentos aprovados pela sociedade em que eu vivia.

Sofri intensamente ao longo dos meses seguintes. Mas, de tempos em tempos, quando estava cansada demais para lutar, meu corpo, mente, coração e alma encontravam seu alinhamento natural: a integridade. Era como entrar no olho de um furacão. Bem no meio daquela dor absurda, machucada pelos detritos dos meus planos de vida despedaçados, eu experimentava um momento de paz total, absoluta e deliciosa. *"Está tudo bem"*, aquilo me comunicava sem usar nenhuma palavra. *"Você vai ficar bem."*

Não tenho palavras no meu vocabulário para descrever esse guia interior. Com certeza não era o Deus masculino e barbudo da minha infância, nem a afiada ferramenta mental da razão pura. Mas, nos raros momentos em que tive contato com ele, a presença da verdade se anunciou dentro de mim de forma tão intensa que senti todas as minhas noções pré-concebidas se dissolverem.

EXERCÍCIO

COMO CONHECER SEU GUIA INTERIOR

Talvez você nunca tenha experimentado o deleite da integridade pura. Você tem essa vontade? Ou talvez se lembre da experiência de sentir, ainda que por um breve instante, um alinhamento total com a sua própria verdade. Quer essa sensação de volta? Caso queira, um passo importantíssimo que você pode dar agora é reconhecer não só que acabou se perdendo um pouco, mas que gostaria muito de ter um guia para a alma. Nossa sociedade não nos incentiva a admitir isso, mas, se for uma verdade para você, seu coração vai ansiar por essa orientação. Permita que essa sensação venha à tona e fique de olhos abertos — seu guia para a alma pode aparecer a qualquer minuto, em qualquer lugar. E, se quiser fazer alguma coisa enquanto espera isso acontecer, existe uma forma de entrar em contato com seu guia interior agora mesmo.

Para este exercício, você vai precisar de cinco a dez minutos em um lugar tranquilo, onde não haja interrupções. E também de alguma coisa para fazer anotações. Você pode usar um caderno, uma folha de papel ou os espaços indicados aqui no livro.

1. No capítulo anterior, você escreveu algumas das coisas que sempre se obriga a fazer, mesmo contra a sua vontade. Agora escolha uma dessas coisas (ou pense em outra) e escreva um pouco mais a respeito:

_____

_____

_____

2. Com essa atividade em mente, diga: "Eu nasci para [fazer isso]". Por exemplo, se a atividade em questão for "jogar o lixo fora", repita mentalmente várias vezes: "Eu nasci para jogar o lixo fora".

3. Enquanto você repete "Eu nasci para [jogar o lixo fora]", preste atenção às suas reações físicas. Sinta seu corpo e atente-se às sensações provocadas em seus músculos, articulações, estômago, barriga, pele e assim por diante. Escreva tudo o que sentiu:

_____

_____

_____

4. Agora volte sua atenção aos seus sentimentos. Enquanto você repete "Eu nasci para [jogar o lixo fora]", quais são as suas reações emocionais? Ansiedade? Alegria? Apatia? Escreva cada uma delas:

_____

_____

_____

5. Responda a esta pergunta com sim ou não. Enquanto repete mentalmente "Eu nasci para [jogar o lixo fora]", você se sente livre? Circule uma das respostas:

SIM   NÃO

6. Agora se desvencilhe do pensamento "Eu nasci para [jogar o lixo fora]". Em vez disso, repita a seguinte frase: "Eu nasci para viver em paz". Mesmo se não acreditar, basta repeti-la em sua mente várias vezes.

7. Enquanto repete "Eu nasci para viver em paz", preste atenção às suas sensações físicas. Perceba seu corpo inteiro e anote o que está sentindo fisicamente.

_____

_____

_____

8. Ainda repetindo "Eu nasci para viver em paz", perceba as emoções que surgem. Anote cada uma delas:

_____

_____

_____

9. Por fim, responda a esta pergunta com sim ou não. Enquanto repete mentalmente "Eu nasci para viver em paz", você se sente livre? Circule sua resposta:

SIM   NÃO

A conclusão a tirar desse exercício é bem simples. A voz do seu guia interior não é aquela que diz que o objetivo da sua vida é fazer alguma coisa por obrigação. É a sensação que surge quando você afirma que nasceu para viver em paz.

Já fiz esse exercício com centenas de pessoas, observando qual combinação de palavras nos conecta melhor com a nossa integridade. Depois de tentar várias afirmações, descobri que "Eu nasci para viver em paz" evoca a presença da verdade de forma mais clara e consistente que qualquer outra coisa. Funcionou para todo mundo a quem perguntei, não só os chamados bons samaritanos, mas também viciados em drogas, narcisistas inveterados e um ou outro preso condenado por homicídio. Essas pessoas não viviam em paz.

Mas, quando afirmavam que *nasceram* para viver em paz, todas sentiam um alívio físico e emocional, uma sensação de liberdade — o guia interior dizendo "É verdade".

Você deve ter percebido que não pedi para você registrar o que a sua *mente pensou* diante das afirmações "Eu nasci para [jogar o lixo fora]" e "Eu nasci para viver em paz". Se você está se obrigando a fazer uma coisa de que não gosta, é porque sua mente acha que deve. Pergunte à sua mente qual é a verdade, e ela vai repetir aquilo em que a sua cultura ensinou você a acreditar. Diga para a sua mente que as únicas coisas certas na vida são a morte e os boletos e ela vai concordar. Sugira que nasceu para viver em paz e sua mente provavelmente vai soltar um risinho de deboche.

Na verdade, neste exato momento você pode estar pensando: "Mas eu *preciso mesmo* jogar o lixo fora! Ninguém mais na minha casa faz isso! Se todos deixassem de jogar o lixo fora, o mundo viraria um caos rapidinho! E quem é que consegue viver em paz absoluta? Que absurdo".

Aham. E como isso faz você se sentir?

Os primeiros neurocientistas que estudaram o processo decisório ficaram surpresos aos descobrir que as pessoas com lesões nas áreas lógicas e calculistas do cérebro não tinham nenhuma dificuldade em tomar boas decisões. Por outro lado, quando as lesões atingiam as partes do cérebro que lidavam com as emoções, elas se tornavam incapazes de decidir o que quer que fosse. Ficavam pesando todas as opções sem parar, raciocinando e comparando, e nunca avançavam. Podiam passar o dia todo refletindo, mas eram incapazes de reconhecer a melhor decisão mesmo nas situações mais óbvias.

O motivo para isso é que as partes mais profundas, mais antigas em termos evolutivos e mais sutis do cérebro são muito melhores em tomar decisões que o neocórtex frio e calculista. É por isso que, para "ouvir" nossos guias interiores, precisamos nos conectar com sensações físicas e emocionais. Por mais que a nossa mente insista na importância de obrigações como jogar o lixo fora, o restante do corpo e os sentimentos não entram nessa. Nós enrijecemos os músculos, cerramos os dentes e sentimos um nó no estômago, nossa cabeça fica pesada. Não que exista alguma coisa errada em jogar o lixo fora. Não é preciso parar de fazer isso. Mas realizar essa tarefa não é o objetivo da sua vida.

Por outro lado, você pode não se lembrar de jamais ter experimentado uma sensação de paz absoluta. Pode ter aprendido que isso é impossível. Mas seu guia interior vai confirmar que essa afirmação — e o que quer que você precise fazer para viver essa experiência — é, *sim*, o objetivo da sua vida.

Se você fez os exercícios deste capítulo e dos anteriores, provavelmente já aceitou o chamado à aventura que todo herói escuta no início de uma grande jornada. Espero que este livro seja um guia exterior capaz de orientar você ao longo dos passos seguintes. Lembre-se do que falei sobre aceitar meus conselhos apenas se isso encontrar ressonância em todo o seu ser. E, acima de tudo, confie no seu guia interior, na explosão de relaxamento e liberdade que ecoam por todo o seu corpo. Qualquer que seja o seu senso de verdade, ele nunca vai deixar você na mão. E então, com o guia ao seu lado — ou melhor, *dentro* de você —, é hora de seguir em frente.

4. A única saída

Tendo encontrado um guia (repetindo, este livro pode ser um, caso se comunique com a sua verdade), enfim estamos prontos para deixar a floresta escura do erro. Infelizmente, esse processo pode não ser a experiência fácil e alegre que gostaríamos. Como dizem nos círculos terapêuticos: "A única saída é encarar a travessia". A travessia do quê? Bem, no livro de Dante é do inferno.

Depois de conhecer Virgílio, o poeta espera sair imediatamente da floresta escura do erro e encontrar um lugar mais tranquilo e relaxante. Em vez disso, seu guia o conduz a um portal amaldiçoado. Literalmente. Acima dele há uma inscrição, como aquelas dos parques de diversão que dizem "Você precisa ter *esta* altura para entrar no brinquedo!", só que bem mais sinistra:

> *Por mim se vai à cidade do sofrer*
> *Por mim se vai à eterna dor*
> *Por mim se vai entre as gentes perdidas*
> *[...]*
> *Abandonai toda esperança, vós que entrais.*

"Cara", diz Dante, "essa placa está, tipo, cortando totalmente o meu barato." (Estou parafraseando as palavras dele.) Mas Virgílio, parecendo estranhamente alegre, apenas lhe estende a mão, um gesto tão afetuoso que Dante concorda em segui-lo para o outro lado do portão. E então Dante nos diz: "Com ele adentrei o mundo carregado de mistérios".

Para seguir no caminho da integridade, você precisa adentrar seus mistérios — ou seja, as coisas que vem escondendo dentro de si. No capítulo 1, você admitiu que tinha se perdido; agora está na hora de entender por quê. Em outras palavras, está na hora de mergulhar nas áreas específicas em que você estava em negação, motivo pelo qual vinha se afastando da sua integridade.

Este passo não é tão complicado. Basta admitir que certas partes da sua vida são como são, embora você desejasse que fossem diferentes. Isso implica encarar as verdades que você vem se recusando a enxergar, apesar de (paradoxalmente) saber que elas estão lá. Em última análise, deixar de lado a negação é a coisa mais produtiva, regeneradora e tranquilizadora que podemos fazer. Mas, para a maior parte de nós, ainda é algo assustador. Nos agarramos fortemente a uma esperança vaga de nunca precisarmos investigar nossos segredos. Essa é uma das esperanças que precisamos abandonar para seguir em frente.

Depois de receber o diagnóstico da síndrome de Down do meu filho, eu virei uma verdadeira fábrica de esperanças. Torcia tão intensamente para tantas coisas que devo até ter estirado algum músculo. Embora me sentisse grata por ter a escolha de interromper a gravidez, nunca quis de verdade essa opção, e a realidade da minha situação me apavorava. Por isso, comecei a alimentar esperanças. Eu torcia para que o exame estivesse errado. Torcia para que houvesse um erro nos registros médicos da minha gravidez. Torcia para que um milagre eliminasse o 23º cromossomo de todas as células do meu filho ainda por nascer. Às vezes, tarde da noite (embora eu soubesse que não fazia o menor sentido), eu torcia para que o próprio bebê tirasse essa decisão das minhas mãos e morresse. Às vezes desejava minha própria morte.

Por trás de toda essa torcida, estava a megaesperança de que eu não perdesse nada. Nem meu estilo de vida, nem meus objetivos, nem minha autoimagem, nem meu trabalho, nem meu lugar na sociedade. Eu estava com 25 anos: já tinha idade para pressentir o que ia perder, mas não para entender que não se deve contar só com a esperança, e que abandoná-la traz muitos benefícios. Esse é o próximo passo na sua jornada rumo à integridade.

ABANDONANDO A NEGAÇÃO

Na nossa cultura, "Abandonar a esperança" parece terrível, quase um sacrilégio. O povo norte-americano, em especial, é um dos mais cheios de esperança da história. Destino manifesto! Progresso contínuo! Nunca desista dos seus sonhos! SIM, NÓS PODEMOS! E isso é bom, na maior parte do tempo. Grandes esperanças podem produzir realizações incríveis. Mas, quando as depositamos em algo que não possibilita a presença da verdade dentro de nós, acabamos nos descolando da realidade. Criamos a esperança de que as coisas não sejam do jeito que já são. A partir desse momento, entramos numa guerra fria com a realidade que os psicólogos chamam de "negação".

Não se trata de algum defeito ou mau funcionamento da mente. A negação é um mecanismo de sobrevivência que nos impede de morrer de choque ao bloquear nossa percepção de coisas que são assustadoras demais para serem encaradas. Até podemos usá-la de forma um tanto deliberada, como eu fiz depois do diagnóstico de Adam. Em geral, porém, a negação é involuntária. É possível viver uma experiência muito palpável e sinceramente não tomar conhecimento de sua existência.

Já vi isso acontecer com meus clientes muitas vezes. Você se lembra do viciado em oxicodona com quem trabalhei — aquele que tomava duzentos comprimidos por dia? Ele ficava furioso quando alguém mencionava a possível necessidade de um tratamento de desintoxicação. Repetia o tempo todo que não era viciado e que "só estava passando por um período difícil". E acreditava de verdade nisso, apesar do esforço que precisava fazer para manter seu estoque sempre abastecido.

Em outra ocasião, uma cliente que vou chamar aqui de Julia me pediu para acompanhá-la quando fosse contar para sua mãe extremamente religiosa, Constance, que estava tendo um caso.

"Bem", disse Constance com um tom tranquilo quando Julia terminou de falar, "pelo menos você nunca foi infiel ao seu marido. Você jamais faria isso."

Quando, aos prantos, Julia explicou que sim, tinha feito aquilo diversas vezes, se entregando por completo e com todo o entusiasmo, sua mãe repetiu: "Não, você jamais faria isso". Apesar de ouvir a verdade várias vezes, Constance não a assimilou.

Outro casal, dois homens adoráveis que moravam, trabalhavam e dormiam juntos havia mais de vinte anos, disseram que precisavam dos meus serviços de coach porque tinham medo de que as pessoas pudessem começar a pensar que eles eram gays.

"Hã... e... vocês não são?", perguntei.

"Ah, você é boa nisso", um deles respondeu. "Vocêháhávinhou! Ha, ha! Só que ninguém mais sabe."

"Meu irmão veio me perguntar uma vez", contou o outro, "mas dei um murro na barriga dele, então acho que isso eliminou as suspeitas."

Eu poderia citar diversas outras histórias como essa — casos de pessoas inteligentes e bem-intencionadas presas a um padrão inacreditável de negação. Sua capacidade de esconder segredos de si mesmas não era uma evidência de falta de caráter ou burrice, e sim da complexidade inerente à mente humana. De forma não intencional, podemos eliminar da nossa consciência tudo aquilo que não queremos saber.

Ou quase.

Se não fosse aquele maldito portão.

CHEGANDO AOS PORTÕES DO INFERNO

Soterrado sob a meia-luz da negação, existe um portão mental com o aviso "Abandonai toda esperança, vós que entrais". Para encontrar esse portão, só precisamos reconhecer as coisas que não queremos admitir. Temos medo de chegar a ele, e ainda mais de atravessá-lo, porque apesar de não termos o costume de ir até lá, sabemos que se trata de um portal para experiências que preferiríamos evitar.

Do outro lado do portão podemos ser obrigados a nos colocar diante de outras pessoas, dizer "Eu sou alcoólatra" e (pior ainda) ter que parar de beber. Do outro lado do portão vamos ter a certeza absoluta de que odiamos nosso trabalho, e de que não existe nada que nos impeça de pedir demissão. Do outro lado do portão, podemos ter desentendimentos com aqueles que amamos. Do outro lado do portão, aquilo que vínhamos chamando de "amor" pode se revelar nada mais que um relacionamento com a dinâmica aranha-mosca.

Perambulando às cegas pela floresta escura do erro, podemos fingir perfeitamente (apesar do desconforto constante) que não existe portão nem "outro lado". Mas, quando encontramos nosso guia para a alma, seja exterior ou interior, ele nos arrasta para esse portão com a força de uma parelha de burros de carga. Ele mostra e insiste em nos lembrar das coisas em que não gostaríamos de pensar de jeito nenhum.

A mente da maioria de nós tem pontos sensíveis, como feridas inflamadas que não suportam o mais leve toque. Eu chamo isso de Áreas Não Mencionáveis. Qualquer tópico relacionado a elas já faz todos os alarmes dispararem. Por exemplo, podemos não querer falar sobre câncer, Alzheimer ou alguma outra doença terrível por nos recusarmos a reconhecer que isso pode acontecer conosco. Ou podemos ter tanto medo da pobreza que evitamos assuntos como impostos, salário, poupança ou dinheiro em geral. Alguns de nós não suportam ver fotografias de aves marinhas cobertas de óleo ou florestas tropicais desmatadas porque não conseguimos lidar com a altíssima probabilidade de que os seres humanos já arruinaram de forma irreparável o planeta onde vivemos.

Sendo assim, quais são seus pontos sensíveis, suas Áreas Não Mencionáveis? Aquilo de que menos queremos falar, que nos deixa mais inseguros, desconfortáveis, irritadiços e ansiosos costuma ser o ponto onde fica um portão do inferno. Chegar a esse portão é o nosso próximo passo rumo à integridade. Eu gostaria que houvesse outra forma, mas não tem jeito. O que posso fazer é contar o que Virgílio disse a Dante: "Aqui você vai dar um jeito de matar sua própria covardia. Coragem, meu amigo". Você não precisa dar um jeito na sua vida inteira neste minuto. Bastar dar um passo na direção do portão identificando algumas coisas nas quais você *não quer pensar*.

EXERCÍCIO

MINHAS ÁREAS NÃO MENCIONÁVEIS

Primeiro passo

Complete a seguinte frase: Alguns temas, pessoas, experiências passadas ou acontecimentos em que não quero pensar são (faça uma lista com o máximo de coisas que vier à sua mente)...

_____

_____

_____

_____

_____

_____

Cada tópico problemático que você listou abriga um portão do inferno. Vamos trabalhar um deles pelo restante do capítulo. Como a maioria de nós tem muitas áreas sensíveis, muitos portões, pode ser necessário repetir o processo várias vezes antes de resolver cada questão e chegar à integridade total. Por enquanto, vamos nos concentrar em trabalhar uma única área. Assim você pode aprender a técnica e usá-la para os demais assuntos, até por fim alinhar de forma harmoniosa todos os elementos da sua vida.

Segundo passo

Agora eu gostaria que você elegesse uma Área Não Mencionável viável para o momento. Algumas Áreas Não Mencionáveis são absolutamente devastadoras: a morte iminente de um ente querido, uma traição inimaginável, uma lembrança de uma agressão física sofrida. Se você desenvolveu algum tipo de negação a respeito do assunto, isso não vai ser fácil de superar, porque esse é um mecanismo de defesa necessário. Eu não recomendaria que você abordasse uma questão tão delicada no momento.

Como uma adepta veterana da autoajuda, suponho que você esteja trabalhando neste livro sem acompanhamento psicológico, ou mesmo sem uma pessoa amiga para lhe dar apoio durante o processo. Nesse caso, é ainda mais importante escolher uma Área Não Mencionável que seja incômoda, mas não assustadora. No caso de um trauma que esteja tirando você do prumo totalmente, peço que procure um profissional da área de saúde mental para ser seu guia para a alma na travessia desse portão.

No momento, eu gostaria que você escolhesse um portão de menor relevância — uma coisa desagradável, mas não destruidora. Por exemplo, talvez você tenha ficado sabendo através do noticiário de um desastre natural em algum lugar distante. Talvez seu gato esteja perdendo a vitalidade, e você ainda não lidou com o fato de que vai perdê-lo mais cedo do que gostaria. Talvez nenhum dos seus entes queridos esteja em perigo, mas você não consegue parar de se preocupar com a possibilidade de algum acidente bizarro, mesmo em ambientes controlados, como parques de diversões. Dê uma investigada no seu cérebro e encontre um problema como esse. Então anote aqui:

Meu tópico "não mencionável" que é incômodo, mas não avassalador:

_____

_____

_____

Só existe uma maneira de dissipar o desconforto em relação a esse tópico: você precisa parar de evitar seus pensamentos e sentimentos. Precisa admitir as verdades que tornam esse assunto tão desconfortável. Essas verdades são portões do inferno. Se atravessá-los parece uma má ideia, lembre-se de que um portão do inferno é a única saída da floresta escura do erro. Mesmo assim, costuma ser difícil se dirigir diretamente a um portão do inferno com passos firmes e resolutos. Com a negação tornando a paisagem nebulosa, a melhor forma de encontrar nossos portões do inferno é ir tateando com cautela.

Terceiro passo

Depois de ler os parágrafos anteriores, você de repente pode ter se dado conta de que precisa ordenar todos os seus produtos de limpeza em ordem alfabética, ou aprender a tocar banjo, ou conhecer a Noruega. Esse tipo de distração ou desvio de propósito faz parte do mecanismo de negação. Se quiser continuar na floresta escura do erro, faça isso — agende um passeio pelos fiordes, e mais tarde nós conversamos. Mas, se deseja ter paz interior, pense no tópico "não mencionável" que você anotou e siga para o próximo passo.

Quarto passo

Complete as frases a seguir com o que lhe vier à mente. Tente não pensar muito; simplesmente escreva a primeira coisa que surgir na sua cabeça. Lembre-se: tudo isso está relacionado ao tópico que você identificou no segundo passo.

Em relação a esse tópico, o que eu mais temo descobrir é...

_____

_____

_____

Em relação a esse tópico, o que finjo não ver é...

_____

_____

_____

Em relação a esse tópico, o que não quero que ninguém mais saiba:

_____

_____

_____

Se as outras pessoas ficarem sabendo sobre essa questão, temo que...

_____

_____

_____

Certo, por ora já basta. Pare um pouco. Respire. Beba alguma coisa. Um copo d'água, de preferência.

Faça uma pausa para reconhecer o seu esforço. Você acabou de realizar uma coisa tão difícil que a maioria das pessoas nunca consegue fazer. Esse foi um passo enorme em direção à liberdade, porque *a razão pela qual você está vagando pela floresta escura do erro é justamente para evitar os pensamentos e sentimentos que você acabou de encarar.* Olhar para isso de frente e fazer-se essas perguntas difíceis coloca você bem diante do seu portão do inferno. Isso é sempre um pouco assustador, então, por favor, seja gentil com você. E continue a leitura. A próxima parte não vai ser tão ruim quanto você imagina.

O QUE FAZER QUANDO CHEGAR A UM PORTÃO DO INFERNO

Só de pensar sobre um segredo que estamos escondendo de nós mesmos (como você fez completando as frases do exercício), muita gente já entra em parafuso, e pode até sofrer um ataque de pânico. Quando nos aproximamos de portões do inferno, nossa mente começa a criar fantasias catastróficas. Visualizamos todo tipo de resultados terríveis. Ficamos neuróticos sobre o que as pessoas vão pensar se nossos piores medos se concretizarem. Podemos querer desesperadamente prever cada consequência, nos preparar para cada situação, evitar todas as calamidades possíveis. Mas, por trás desse esforço para controlar o universo, existe uma verdade mais profunda e temível: o universo está fora do nosso controle.

Eu fui chegando gradualmente a esse ponto — o ponto de abandonar todas as esperanças — depois do diagnóstico de Adam. Consultar diversos especialistas não me acalmou; isso só me aproximava cada vez mais do maldito portão. Por mais que eu me informasse, a verdade era que eu não tinha como controlar o futuro do meu filho. Nem o meu. Na verdade, constatei horrorizada que *eu não estava no controle de nada.* Mesmo se meu bebê nascesse geneticamente "normal", ainda poderia ser sequestrado por lobos ou atingido por um meteorito. Eu não tinha como saber o que aconteceria com ele, comigo ou com qualquer um que fosse, exceto pela certeza de que algum dia todos nós morreríamos. Esse era um medo fundamental para mim, um verdadeiro portão do inferno. Mas minhas circunstâncias me impediam de fugir dele. Depois de um tempo, parei com as pesquisas frenéticas sobre a síndrome de Down e todas as suas complicações — o que só vinha me ajudando a fugir dos meus sentimentos através de uma falsa sensação de controle. Nesse ponto, entrei num estado de pavor absoluto e insuportável. Parecia que eu estava flutuando em um vácuo gelado e infinito onde apenas o sofrimento era real.

Seja qual for o portão do inferno que você citou no exercício, é preciso relembrar o conselho que Virgílio deu a Dante quando os dois se aproximaram do portão naquela floresta escura de tanto tempo atrás — esse é o lugar onde a covardia precisa morrer. É impossível dar o passo seguinte se você não criar coragem. Mas posso afirmar com toda satisfação que, depois de atravessar vários dos meus portões do inferno, que me geravam tanto medo e sofrimento, encontrei um caminho melhor — o caminho da integridade. E ele é surpreendentemente suave.

COMO ANIQUILAR SUA COVARDIA

Certo dia, quando eu estava apavorada e me sentindo fisicamente mal à sombra desse portão do inferno chamado "Você não tem controle algum", uma guia para a alma conseguiu se conectar comigo. Essa guia, que me proporcionou o primeiro momento reconfortante depois que recebi o diagnóstico de Adam, era uma cobra cantante.

Nessa época, minhas "obrigações como mãe" (eu uso essa expressão aqui de uma forma bem vaga) incluíam passar uma enorme quantidade de vídeos da Disney para Kat, minha filha de dois anos, assistir. Nesse dia, coloquei *Mogli, o menino lobo* e me sentei no sofá — para todos os efeitos, eu estava pensando em um trabalho de meio de semestre que precisava escrever, mas na verdade só estava remoendo minha mistura costumeira de esperança e medo.

Foi quando uma coisa estranha aconteceu. Uma canção do desenho da Disney atraiu minha atenção e não queria me largar. Eu não tinha sequer ouvido as músicas anteriores, mas por alguma razão não conseguia ignorar essa; ela continuava na minha mente mesmo quando eu tentava me concentrar em outra coisa. A cantora era Kaa, uma píton, que tentava hipnotizar Mogli para devorá-lo. Em tradução livre, a letra era assim:

Confie em mim, somente em mim
Feche os olhos e confie em mim
Você pode dormir em segurança
Sabendo que eu estou por perto

Confie em mim, somente em mim
Feche os olhos e confie em mim*

Era como se essas palavras tivessem uma espécie de capacidade física de entrar na minha cabeça e expulsar todo o

---

* No original: "Trust in me, just in me/ Shut your eyes and trust in me/ You can sleep safe and sound/ Knowing I am around/ Trust in me, just in me/ Shut your eyes and trust in me". (N. T.)

resto. Assim que ocuparam a minha mente, parecia que eu estava ouvindo a voz da minha guia interior, sentindo a presença da verdade. Meu corpo todo amoleceu. Minha mente interrompeu as fantasias dominadas pelo pânico. Meu medo e minha tristeza ficaram suspensos em uma clareza que parecia fértil e quente, e não a paisagem desolada de um vácuo. Era uma sensação totalmente nova para mim. Tentei me agarrar desesperadamente a ela, por medo de que se dissolvesse como um floco de neve na ponta da língua. Quando a música terminou, peguei o controle remoto, voltei o filme e a toquei de novo, me recostando no sofá para ouvi-la. Fiz isso diversas vezes. Kat não se incomodou. Por mais que digam que crianças de dois anos são terríveis, elas também têm uma tolerância notável para a repetição de canções.

É irônico, mas ainda assim apropriado, que minha primeira experiência com um estado de atenção plena depois de adulta tenha vindo de uma canção homicida. Se eu acreditasse em algum tipo de deus àquela altura, seria um do tipo que canta para as pessoas dormirem para poder matá-las. Aquilo era ridículo, tocar sem parar uma musiquinha de criança, mas a tranquilidade que ela me trouxe foi a de um remédio milagroso. Eu me mantive concentrada naquela letra até tudo mais deixar de existir. Quando a música tocou talvez pela vigésima vez, caí em um sono profundo e reparador.

Foi assim que descobri a maneira mais eficaz que conheço de aniquilar a própria covardia quando nos aproximamos de um portão do inferno. Precisamos afastar nossa mente de situações que só existem sob a forma de esperanças e medos, e concentrar nossa atenção — de forma integral — no momento presente. Então podemos fazer uma coisa tão simples que chega a parecer absurda: acreditar que, naquele momento, está tudo bem da maneira como está. Não precisamos acreditar que vamos estar bem dali a dez minutos ou dez segundos, apenas no mínimo instante do AGORA.

Quando fazemos isso várias vezes, descobrimos uma coisa notável: nos rendendo ao que está acontecendo *neste exato momento*, conseguimos lidar com a situação em que estamos. Mesmo quando não lidamos diretamente com ela, o fato de aceitarmos isso também nos ajuda a superar esse exato momento, várias e várias vezes. A presença é o santuário que a integridade nos oferece quando uma negação chega ao seu temido fim. Você pode experimentar isso inclusive enquanto lê este parágrafo. Simplesmente perceba que, neste exato momento, está tudo bem com você. A gravidade está mantendo seu corpo no lugar. É possível respirar sem medo o ar ao seu redor. O universo inteiro está onde deveria. Você está lidando com o que está acontecendo neste exato momento, e é só isso que precisa fazer.

Alguns anos depois da minha experiência com *Mogli, o menino lobo*, a questão da presença e da atenção plena entrou na moda. Teve gente ganhando dinheiro com livros e workshops. Muitos clientes meus, leitores fervorosos de livros como *O poder do agora*, de Eckhart Tolle, se beneficiaram muito com isso. E mais tarde descobri que o bebê "deficiente" que eu tanto temia era um gênio nesse tipo de prática.

Por exemplo, quando Adam fez vinte anos, trabalhava como ajudante de garçom no refeitório de uma casa de repouso em Phoenix. Um dia eu estava tão preocupada com um caso de gengivite que esqueci de ir buscá-lo no trabalho. Quando me dei conta do meu deslize, fui dirigindo até lá em altíssima velocidade, mas quando cheguei, com noventa minutos de atraso, encontrei Adam cochilando em uma cadeira de balanço na varanda.

"Adam!", chamei, sacudindo-o para acordá-lo. "Me desculpa! Eu me atrasei! Por que você não me ligou?"

Adam esfregou os olhos, soltou um suspiro tranquilo e respondeu: "Eu não estava preocupado. Só estava cansado". Ele não passou nem um segundo daquele dia sendo um jovem com uma deficiência mental grave que foi esquecido pela mãe desleixada, sem saber se e quando conseguiria ajuda para voltar para casa. Ele era só um cara cansado que, em um dia de calor, tinha encontrado uma cadeira confortável para tirar um cochilo.

Vinte anos antes, graças à cobra Kaa, eu dera meu primeiro passo vacilante rumo à maestria com que Adam domina a questão da presença. Ao ouvir diversas vezes as palavras "Confie em mim", eu esqueci que era uma mulher enfrentando a perda de tudo o que considerava mais importante na vida. Eu era só uma pessoa em um sofá confortável, vendo um vídeo com a minha filhinha adorável. Não estava preocupada. E estava com sono, e não havia nenhum sofrimento me incomodando.

EXERCÍCIO

MEDITAÇÃO PARA SE RENDER E PERMITIR

Quando nos sentimos mais desamparados e sem voz, segundo o poeta Rûmî, "a providência enviará uma maca para nos recolher". Qualquer que seja o portão do inferno à sua frente, você pode se deitar nessa maca enviada pela providência, o momento presente. Você é capaz de lidar com a situação em que se encontra o universo neste exato momento. Veja só, acabou de acontecer. Pronto, de novo. E de novo. Você está ficando craque nisso! Para se aperfeiçoar ainda mais, vamos praticar o seguinte exercício:

1. Releia seus tópicos "não mencionáveis" do segundo passo do exercício anterior. Permita que o pensamento que deixou você mais desconfortável permaneça em sua mente. Por ora.

2. Seja o que for que esteja sentindo — incômodo, irritação, depressão —, permita que essa sensação se instale. Por ora.

3. Sente-se em uma cadeira confortável ou deite-se. Aqueça-se. Enrole-se em uma coberta quentinha, se for necessário. Fique confortável. Por ora.

4. Enquanto estiver assim, perceba a respiração entrando e saindo do seu corpo. A primeira coisa que você fez ao chegar a este mundo foi puxar o ar. A última coisa que você vai fazer é soltá-lo. Observe sua respiração, que mantém seu organismo vivo sem nenhum esforço da sua parte. Por ora.

5. Ao inspirar, pense: *Eu permito que tudo no universo seja como está neste momento*. Afinal, você não tem como mudar nada *neste momento*, então desista de tentar. Por ora.

6. Ao expirar, pense: *Eu abro mão da minha resistência e me rendo ao universo neste momento*. Por ora.

7. Continue pensando *Eu permito* quando inspirar, e *Eu me rendo* quando expirar. Você não precisa pensar assim sobre nada que não seja relacionado a este momento. Mas, neste exato instante, deixe tudo como está. Entenda cada expiração como a morte *deste* momento fugaz, e cada inspiração como o renascimento *deste* novo instante. Siga esse ritmo de compreensão e desapego, por ora.

8. Pense na coisa desconfortável que você escreveu no segundo passo do exercício das Áreas Não Mencionáveis. Permita que essa situação fique como está, por ora. E se renda a ela, por ora.

Se continuar fazendo isso por um tempo, permitindo que tudo seja como está e se rendendo ao que existe dentro e fora de você *neste exato momento e lugar*, mais cedo ou mais tarde vai se dar conta de que essa parte do seu ser está bem. Não está sequer com medo do maldito portão, aquela coisa assustadora que você vem evitando por causa da negação. Essa parte despreocupada de você, que não renegou a realidade nem se afastou de si mesma, é integridade pura. É seu guia interior estendendo a mão reconfortante para você, dizendo que está tudo bem.

Ao acordar daquele cochilo épico induzido pela cobra, voltei a alimentar esperanças. E continuei alimentando ao longo das últimas semanas de gravidez, e pelas várias horas de trabalho de parto. Mas, quando a equipe de especialistas tirou Adam de dentro de mim e o envolveu em um cobertor do hospital, consegui ver seu pezinho direito e percebi que o dedão era um pouco mais afastado dos outros dedos do que seria de se esperar.

Abandonai toda a esperança, vós que entrais.

Minha negação foi por água abaixo. Não houvera engano algum. Meu bebê tinha síndrome de Down. Mas, estranhamente, consegui lidar com isso. Não precisaria fazer nada a respeito do assunto naquele momento; só precisava deixar meu corpo terminar de expelir a placenta, o que por algum motivo eu não estava me esforçando para fazer. Mais uma vez abri mão da esperança e me concentrei no que estava acontecendo de fato. E a minha situação naquele instante era a de uma jovem mãe em uma sala de parto, com um lindo bebê que respirava pela primeira vez e agitava os bracinhos como todas as outras pessoas fazem ao nascer, e um pequeno esquadrão de pessoas dedicadas a nos manter sãos e salvos.

Com isso eu poderia lidar.

Na verdade, vendo toda aquela gente cuidando de mim e de Adam, considerei minha situação maravilhosa. Espantosa, até. A realidade era muito mais alentadora do que minhas esperanças sempre tão cheias de aflição. O caminho para aquele portão do inferno tinha sido terrível, mas, assim que o atravessei, assim que me afastei da esperança, ficou tudo bem. Eu nem precisava mais ter esperança, porque não estava preocupada. Só cansada.

ESTÁGIO DOIS
INFERNO

5. Entrando no inferno

Ao atravessar o portão amaldiçoado, Dante deixa para trás a floresta escura do erro e chega a um lugar bem mais dramático: o inferno, um enorme abismo cônico, dividido em terraços circulares. Cada círculo é um pouco menor e bem mais desagradável que o de cima. Além disso, Dante vê pessoas mortas: o inferno está lotado de pecadores que enfrentam uma enorme variedade de castigos terríveis. E os barulhos! Dante mal consegue suportar a cacofonia de "suspiros, gemidos, prantos, palavras de dor" que atingem seus frágeis tímpanos de reles mortal.

As formas de interpretar essa paisagem infernal são tão variadas quanto o número de leitores que a analisam. Algumas pessoas mais religiosas a consideram uma descrição literal. Outros leem *A divina comédia* como uma obra de teologia medieval, ou um manifesto político, ou apenas ficção, já que a maior parte das imagens evocadas por Dante não foram retiradas da doutrina católica (ele simplesmente as inventou). Aqui neste livro, porém, vamos usar a obra-prima do poeta como uma metáfora para nossas jornadas pessoais do desalinhamento à integridade. Partindo dessa premissa, portanto, cada um de nós tem a própria versão desse lugar de sofrimento, um inferno interior.

Eu não acredito que exista um lugar geográfico onde coisas terríveis acontecem com os mortos. Mas acredito, sim, no inferno, porque já estive lá. Do meu ponto de vista, o inferno é um sofrimento — em especial um que pareça inescapável. Como talvez você se lembre, eu faço uma distinção entre as palavras *dor* e *sofrimento*: a dor é consequência dos acontecimentos, ao passo que o sofrimento surge da maneira como lidamos com esses acontecimentos — como reagimos a eles e, principalmente, a forma como pensamos a respeito deles. Como Epiteto escreveu no século II d.C.: "O que perturba as pessoas não é o que acontece com elas, e sim seus *pensamentos* sobre o que acontece".

Por exemplo, se você me acertasse um soco na cara tentando fazer um cumprimento de punho fechado comigo, isso poderia doer. A dor talvez até me obrigasse a ir até o freezer buscar gelo, mas não causaria um sofrimento inescapável — a não ser que os meus pensamentos provocassem isso. A depender das minhas tendências e predileções, eu poderia passar anos remoendo esse soco, pensando "Você fez de propósito!" ou "Preciso dar o troco!" ou "Não dá pra confiar em ninguém neste mundo maldito". Eu poderia passar o resto dos meus dias em um estado de irritação perpétua.

Estou exagerando para ilustrar a explicação, claro, mas tenho dezenas de clientes que viveram um inferno — ou seja, um sofrimento constante — por causa de pensamentos quase tão absurdos quanto esses.

Helen, por exemplo, uma milionária de sessenta anos de idade, passou toda sua vida adulta lamentando o fato de seu avô, que morreu quando ela era uma menina de cinco anos, ter doado todo o dinheiro que tinha para obras de caridade em vez de deixá-lo como herança para os pais dela, que aliás já eram ricos. O pensamento "Aquele homem tirou o que era nosso" e a amargura que provinha disso atormentavam a mente de Helen todos os dias.

Um outro cliente, Louis, ficou desconcertado quando o irmão mais novo se casou com uma mulher muito mais bonita que sua esposa. "Ele está me fazendo passar vergonha", Louis esbravejava. "Só fez isso pra me humilhar." A competitividade de Louis em relação ao irmão quase destruiu seu casamento. Houve também o caso de Rhoda, cuja amiga teve um bebê e parou de convidá-la para almoçar. Rhoda entrou em desespero, relembrando cada situação de rejeição e solidão que já tinha vivido, pensando sem parar: "Eu fui abandonada de novo".

Caso esteja em uma situação de relativo conforto no momento, sem ninguém atacando você fisicamente, a enorme maioria dos seus sofrimentos, sejam quais forem, surge de seus próprios pensamentos. (Isso vale inclusive para a dor física. Durante meus anos de dores crônicas, eu sofri muito mais por causa dos meus pensamentos — "Eu não aguento mais isso!", "Vai continuar assim para sempre!", "Nunca mais vou ter uma vida normal!" — do que por causa da sensação em si.)

Se para você faz sentido que o sofrimento possa surgir dos seus pensamentos, então estamos prontos para mais um conceito — um entendimento crucial para se livrar do inferno. Aí vai: seus pensamentos, *mesmo aqueles em que você acredita sem a menor sombra de dúvida*, podem nem sempre ser verdade.

AS MENTIRAS EM QUE ACREDITAMOS

Você se lembra de Keith, o cliente que me ligou do meio de uma festa para dizer que os 200 milhões de dólares que havia acabado de ganhar NÃO ERAM O SUFICIENTE? Pois bem, não era a primeira vez que ele tinha uma noite como aquela. Ele sempre se sentia intranquilo e insatisfeito, desesperado para ter paz interior — e pensava saber como encontrá-la. Keith dedicava sua vida a um único pensamento: "Ter mais dinheiro vai me fazer feliz".

Não havia nenhuma evidência para comprovar essa crença. As lembranças mais felizes de Keith eram de uma viagem de mochilão feita na adolescência, quase sem nenhum dinheiro ou coisas materiais. Mais tarde, apesar de ter uma fortuna maior que o PIB de muitos países pequenos, ele jamais recuperou essa sensação de alegria e despreocupação.

"Então", eu dizia a ele, "você foi feliz quase sem dinheiro nenhum, e está infeliz com centenas de milhões de dólares na conta. Tem *certeza* de que é o dinheiro que vai fazer você feliz?".

Sempre que eu propunha esse raciocínio, Keith reagia como um dos androides da série televisiva *Westworld*, em que robôs de aparência humana são programados para pensar que são caubóis vivendo no Velho Oeste. Quando os robôs se deparam com evidências de que sua visão de mundo pode não ser verdadeira — por exemplo, uma fotografia de uma cidade moderna —, sua programação os faz travar e dizer que a evidência em questão "não me diz nada".

Quando eu argumentava que ele tinha sido mais feliz sem dinheiro do que como um milionário, Keith estreitava os olhos e dizia: "Do que você está falando? Isso não faz o menor sentido". Em seguida, mudava de assunto. Aquilo não parecia lhe dizer nada.

Helen teve uma reação similar na primeira vez em que questionei a possibilidade de seu pensamento obsessivo — "Aquele homem tirou o que era nosso" — não ser uma verdade absoluta. Acho que Louis sequer me ouvia quando eu perguntava: "Tem certeza de que seu irmão se casou só para afrontar você? Não poderia haver um outro motivo?". E, quando sugeri a Rhoda que sua amiga talvez não tivesse a intenção de tê-la "abandonado" de propósito, ela esbravejou: "Você está fazendo a mesma coisa! Isso é o que todo mundo fala!".

Esses são casos extremos, mas todas as pessoas para quem prestei serviços como coach tinham um inferno interior cheio de pensamentos que lhes causavam grandes tormentos. Na verdade, muitas tinham pensamentos parecidos — os mais comuns na nossa cultura. Você pode compartilhar de alguma dessas crenças. Por exemplo, a clássica fala de Keith de que "Eu não tenho dinheiro suficiente". Outras ideias populares são "Eu não sei fazer nada direito", "Ninguém me ama", "Eu não mereço ser feliz", "Não é possível ter o que a gente quer", "Eu preciso trabalhar em um emprego que odeio" e por aí vai. E vai. E vai, e vai, e vai...

Se você identificou alguma crença sua no parágrafo anterior, pode estar pensando: "Espera aí, mas isso é verdade, sim! Todo mundo sabe!". O que eu tenho a dizer nesse caso é: se você acredita que um pensamento como esse seja verdade *e consegue ser feliz assim*, ótimo. Este capítulo não está aqui para desafiar todas as suas crenças, só as que lhe causam sofrimento. O que nos leva a outra ideia de importância crucial. Essa pode parecer um pouco confusa, mas vamos lá. Nossos piores sofrimentos psicológicos surgem de pensamentos em que *realmente acreditamos, embora saibamos ao mesmo tempo que não são verdadeiros.*

Isso pode parecer absurdo. Como alguém pode acreditar em uma coisa sabendo que não é verdade? Não tem a menor lógica! Pois é, não tem. Mas fazemos isso mesmo assim. Porque foi assim que nos ensinaram.

Quando eu falo em público, costumo interromper o que estou dizendo e perguntar à plateia: "Está todo mundo confortável?". As pessoas assentem, sorriem e murmuram que sim. "Mesmo?", eu insisto. "Têm *certeza* de que estão confortáveis?" Mais uma vez, a resposta é positiva. Mas eu continuo pressionando. "Vocês estão *totalmente* confortáveis?" A essa altura, as pessoas começam a ficar irritadas. Sim, elas garantem que têm *certeza absoluta* de que estão *absolutamente confortáveis*.

Então eu pergunto: "Se estivessem sozinhos em casa, quantos de vocês estariam sentados na mesma posição em que estão agora?".

Quase ninguém levanta a mão.

"Por que não?"

Depois de uma longa pausa, algumas pessoas da plateia começam a se dar conta do motivo por que estariam sentadas de outro jeito se estivessem em casa: a posição em que estão naquele momento é ligeiramente desconfortável.

O problema não é o desconforto em si — seres humanos são duros na queda; ninguém vai morrer por isso. O problema é que as pessoas estão *se sentindo desconfortáveis e ao mesmo tempo garantindo que estão totalmente confortáveis*.

O que elas querem dizer com essa resposta na verdade é algo mais ou menos assim: "Considerando que aprendi desde criança a passar longos períodos em cadeiras, meu desconforto neste momento é tolerável". O cérebro inclui esse filtro no pensamento das pessoas de forma automática, o que lhes permite me olhar bem nos olhos e mentir várias vezes sem sequer se darem conta disso. Sua cultura afirma que elas estão confortáveis. Sua natureza diz que não.

Acreditar em coisas que não são verdadeiras para nós em um nível mais profundo é a forma mais comum de perder a integridade. Daí surge o sofrimento — não como um castigo, mas como um sinal de que estamos divididos. A função do sofrimento é nos ajudar a localizar nossas divisões internas, compreender a realidade e curar essas fendas internas. Muitos dos meus clientes, depois de se aventurarem nas águas da psicologia popular, acreditam que pensamentos "positivos" como "Eu amo meu trabalho" nos fazem felizes, enquanto os negativos como "Eu odeio meu trabalho" nos tornam infelizes. Mas uma afirmação de alegria pode ser um assassinato para a alma se a pessoa souber que não se trata de uma verdade, ao passo que um pensamento supostamente "negativo" pode ser libertador.

Por exemplo, já tive vários clientes que se encontravam em relacionamentos horrorosos, suportando abusos, traições e todo tipo de crueldade, enquanto corajosamente garantiam que "Eu posso fazer a coisa dar certo". Mas, apesar de todo o "pensamento positivo", eles continuavam de coração partido, vivendo um sofrimento terrível. E eu vi essas pessoas se transformarem, muitas vezes de forma dramática, quando abriram espaço para pensamentos "negativos", como "Esse casamento na verdade nunca deu certo" ou "Acho que meu cônjuge esconde segredos de mim" ou "Não aguento mais essa relação; preciso de mais espaço para mim".

Você pode ter vivido experiências parecidas com esse tipo de alívio paradoxal. Talvez tenha finalmente conseguido dissipar sua tensão quando admitiu que alguma coisa (como correr, socializar com os colegas de trabalho, estudar medicina) não estava fazendo bem para você, apesar de antes acreditar que sim. Ou talvez enxergado que a pessoa que você admirava estava equivocada, apesar de antes achar que ela estava sempre certa. Eu já vi gente passar do tormento à paz só de vocalizar coisas "negativas" como "Minha mãe odeia todos os homens" ou "Eu sofro de dislexia" ou "Não existia amor de verdade no lar da minha infância".

Portanto, não é a positividade ou a negatividade de um pensamento que nos faz felizes ou tristes, aprisionados ou livres. A variável determinante é se esses pensamentos em que acreditamos expressam de fato aquilo que sentimos em um nível mais profundo e verdadeiro. Viver em conflito com nós mesmos é um inferno. Buscar a integridade é o caminho de saída.

É importante lembrar que ter se afastado do estado de integridade não é um sinal de que você seja má pessoa — significa apenas que em algum momento acabou internalizando falsos pressupostos, geralmente com a melhor das intenções. As pessoas mais conscienciosas e bem-intencionadas muitas vezes têm dentro de si as maiores paisagens infernais, repletas de demônios dos mais assustadores. Por exemplo, quando o tímido e cordato escritor inglês C.S. Lewis começou a observar a própria mente, ele escreveu: "O que encontrei me deixou abismado; um zoológico de luxúrias, um manicômio de ambições, um criadouro de medos, um harém de ódios cultivados. Meu nome era legião". Ele não foi parar nesse inferno por ser uma pessoa ruim; apenas havia criado inadvertidamente uma carga enorme de sofrimento reprimido.

COMO ESCAPAR DO INFERNO

O processo que nos liberta do inferno interior é muito simples, mas não necessariamente fácil. Dante o apresenta em *A divina comédia*. Horrorizado pela angústia das almas atormentadas, o poeta muitas vezes pensa em desistir ou voltar atrás. Mas seu guia para a alma não permite que ele faça isso. Enquanto atravessam o inferno, Virgílio insiste para que Dante faça três coisas: observar os demônios, fazer perguntas sobre eles e seguir em frente. Precisamos seguir esses mesmos passos para pôr um fim ao nosso sofrimento psicológico. Primeiro, temos que aprender a observar nosso sofrimento, em vez de nos afogarmos nele. Depois, precisamos questionar cada crença que nos prende ao sofrimento até entendermos o que nos desvia do nosso senso de verdade. Nesse ponto, as correntes do inferno se rompem, e o terceiro passo — seguir em frente — se torna quase automático.

No capítulo anterior, eu pedi para você identificar um portão do inferno, um assunto incômodo que não chegasse a ser realmente aterrador. Escreva o que identificou (ou algo que seja equivalente) no espaço abaixo. Vamos trabalhar com isso no processo de libertar sua mente do sofrimento, um pensamento por vez.

> **Meu tópico incômodo, mas não avassalador**
>
> _____
>
> _____

Naquele primeiro momento, sugeri que você lidasse com esse tópico deixando de lado todos os pensamentos a respeito do passado e do futuro e se refugiasse no momento presente. Agora quero que você faça o contrário. Contemplando o tópico mencionado, permita de forma deliberada que sua mente crie o caos habitual de pensamentos assustadores. Relembre os medos que perturbam seus dias e não deixam você dormir à noite. Pode ser uma experiência terrível — mas também familiar. Eu não pediria para você fazer algo tão perturbador se não desconfiasse de que já fez isso infinitas vezes.

Você provavelmente vai encontrar uma grande variedade de pensamentos dolorosos a respeito do tópico escolhido. Por exemplo, se a questão for a solidão e você permitir que sua mente comece o monólogo habitual sobre o tema, ela pode disparar coisas como: "Ninguém me ama de verdade. E nunca vai amar. Eu simplesmente não sou uma pessoa que os outros possam amar. Vou morrer sem ninguém ao meu lado".

Ou talvez sua angústia não se expresse em palavras, e sim em manifestações aleatórias, acompanhadas de pânico generalizado, raiva ou desespero. Não afaste esses sentimentos (afinal, eles estavam lá o tempo todo, soterrados sob tudo o que você fez para abafá-los). Em vez disso, preste atenção a essa cacofonia e comece a identificar medos ou arrependimentos específicos que alimentam seu sofrimento.

Por exemplo, se as preocupações a respeito de seus relacionamentos se apresentam numa massa disforme de temores, *mergulhar* nesse medo pode trazer à tona imagens de pessoas gritando com você ou saindo da sua vida. Aos poucos, as imagens vão se consolidar em um pensamento do tipo: "Todo mundo tem raiva de mim!". E pensar assim vai desencadear toda uma gama de ideias relacionadas. "Eu estou correndo sérios riscos. As pessoas me odeiam. Querem me machucar. Eu preciso me defender!".

Caso você imediatamente "ouça" afirmações concretas sobre seu tópico incômodo, escreva tudo aqui. Caso apenas experimente sensações desagradáveis, permita que elas se acumulem e ganhem corpo até começarem a formar pensamentos assustadores (sempre vai haver pelo menos um). Caso esteja sentindo uma dor física, analise seus *pensamentos* a respeito dela. Sejam quais forem seus "pensamentos infernais", anote-os a seguir. Tente listar pelo menos três.

Tenha muita cautela neste momento, em especial se estiver vivendo uma situação difícil. Muitas pessoas que me procuraram durante períodos traumáticos ou problemáticos tinham pensamentos infernais particularmente terríveis e convincentes. A experiência de dar vazão a eles já pode ser, por si só, bastante dolorosa.

Eu mesma fiz isso diversas vezes. Meus piores pensamentos infernais surgiram no dia em que meu filho nasceu. A equipe médica o tirou de dentro de mim, limpou seu corpinho, certificou-se de que estava saudável (a não ser pelo seu "problema") e o colocou nos meus braços. Como minha primeira filha, Adam era um pequeno milagre: o mesmo conjuntinho de membros e feições, a mesma vulnerabilidade absoluta, as mesmas unhas minúsculas. Mas ele parecia mais letárgico do que um bebê deveria ser. Seus olhos tinham um formato diferente. Suas orelhas eram menores que o tamanho padrão.

Meu pequeno portão do inferno pessoal.

Quando enfim saí da negação e atravessei esse portão, o coro infernal começou a ressoar dentro de mim: "Ele sempre vai ser um fardo". "Ele nunca vai conseguir fazer nada na vida." "As pessoas vão querer distância dele." "As pessoas vão querer distância de mim." Eu beijei e aninhei meu bebê recém-nascido, que amava de todo o coração. E meu nome era legião.

Portanto, eu entendo se você não conseguir ouvir nada além dos seus pensamentos infernais no momento. Vá com calma. Seja gentil. Enrole-se em um cobertor quentinho, prepare uma canja de galinha, não exija demais de você. Mas, quando seu desejo de se libertar do sofrimento superar o medo de seguir em frente, avance no caminho da integridade através dos passos indicados no próximo exercício.

EXERCÍCIO

COMO DISSOLVER SEUS PENSAMENTOS INFERNAIS

Primeiro passo: Observar seus próprios demônios do sofrimento.

Examine a lista de pensamentos infernais que acabou de escrever. Agora imagine que cada um desses pensamentos está sendo gritado por um fragmento de você, um demônio aprisionado no inferno. Essa criatura se parece com você, mas a consciência dela se dedica inteiramente a proclamar esse único pensamento terrível. Talvez esteja resmungando "Ninguém me respeita, ninguém me respeita, ninguém me respeita...". Um outro demônio, bem ao lado desse, passa o tempo todo reclamando

"Como eu sou idiota, como eu sou idiota, como eu sou idiota...". Um terceiro berra "Todo mundo quer me prejudicar, todo mundo quer me prejudicar, todo mundo que me prejudicar...". Existe um demônio para cada pensamento que machuca ou assusta você.

Agora imagine-se frente a frente com o demônio que está gritando um pensamento sobre seu tópico incômodo. Resista ao impulso de fugir, de abafar os berros com comida ou drogas, de ligar para alguém em busca de conforto, ou de arrumar uma briga com a pessoa mais próxima. Escute o conselho que Virgílio oferece a Dante quando o poeta se defronta com os horrores do inferno: "Toda covardia deve morrer aqui". Não evite seu pensamento assustador. Não o afaste. Simplesmente o observe.

Agora, sem perder de vista seu demônio interior, olhe ao seu redor. Onde você está no momento — em uma sala, um vagão de metrô, um parque? Que cores você vê? Como está a temperatura do ar? Que cheiros você sente, e que sons escuta? Preste atenção nas suas roupas, na sensação do tecido contra a pele. Você está perto de outras criaturas vivas — pessoas, animais, plantas? O que elas estão fazendo? Escreva uma breve descrição a seguir.

_____

_____

_____

_____

Pode não parecer um exercício capaz de mudar sua vida, mas tem esse potencial, sim. Inclusive pode reestruturar seu cérebro, tornar você menos vulnerável ao sofrimento e mais capaz de sentir alegria, e de forma permanente (volto a isso mais tarde). Sempre que estou com clientes que deixam de observar apenas seus sofrimentos internos e voltam a atenção para o ambiente que os cerca, sinto uma mudança perceptível na energia que eles transmitem.

Por exemplo, já tive muitos clientes que, como Keith, achavam que dinheiro era sinônimo de felicidade. Mas, ao contrário de Keith, conseguiram se libertar disso. Simplesmente prestando atenção ao ambiente que os cercava, uma parte deles começou a notar e apreciar coisas como a luz do sol, o ar fresco, a amizade. Suas vidas se tornaram mais ricas num piscar de olhos. Obviamente, nem todos os demônios desmoronam assim com tanta facilidade. Nesse estágio, a maioria das pessoas ainda acredita em seus pensamentos terríveis e continua sofrendo. Mas a observação permite que elas contemplem o próprio sofrimento ao mesmo tempo em que percebem que estão usando uma camisa azul de um tecido macio, que um pássaro canta lá fora, que está caindo uma chuva suave. Essa pequena mudança é uma passagem para longe do inferno.

Isso aconteceu espontaneamente comigo algumas semanas depois do nascimento de Adam. Meus demônios estavam no auge de sua atividade, gritando o tempo todo pensamentos assustadores sobre futuros arruinados, o meu e o do meu filho. Eu acreditava em tudo que eles diziam. E, felizmente, isso era insuportável.

Uma noite, enquanto eu embalava Adam no colo às duas da madrugada, me cansei de tal forma dos meus pensamentos temerosos que parei de dar atenção a eles. Eu me lembro desse momento com clareza. De repente, reparei nas luzes da cidade se projetando no teto do quarto, na oscilação suave da cadeira de balanço. Pela primeira vez desde que Adam nasceu, uma parte da minha mente se descolou dos meus demônios interiores e passou a apenas observar. Desse momento em diante, tudo na minha vida começou a mudar, lenta e sutilmente. Quando você observar seu sofrimento, a sua vida também vai mudar.

Segundo passo: Questionar a "verdade absoluta" dos seus pensamentos dolorosos.

Dante segue seu caminho pelo inferno, impressionado com o sofrimento das almas condenadas, algumas castigadas pelo vento e por uma chuva imunda, outras estão imersas na lama, ou empurram pedras enormes. O tempo todo, ele faz perguntas a Virgílio e, às vezes, aos condenados. Quando falam para Dante sobre o quanto estão sofrendo, o poeta fica "totalmente perplexo e cheio de tristeza". É assim que reagimos aos nossos pensamentos dolorosos — acreditamos neles e entramos em desespero. Nossa infelicidade parece sem fim.

E é mesmo, a não ser que estejamos dispostos a dar o passo seguinte: questionar as crenças que causam nosso sofrimento.

Se estivermos comprometidos com a integridade, precisamos agir como detetives investigando um caso, analisando cada evidência para ver se ela faz sentido. O especialista em comportamento organizacional Chris Argyris chama esse processo de "buscar desconfirmação". Em outras palavras, devemos procurar evidências de que nossas crenças podem não ser corretas.

Aqui vai um desafio: no espaço designado deste exercício, escreva todos os argumentos que possam pôr em xeque seu tópico incômodo — aquele que está sendo trabalhado por você no momento. Isso não vai ser fácil porque, como vimos, você acredita nesse pensamento. Mas a sua mente é racional e imaginativa. Use isso a seu favor para criar uma barreira de dúvida entre você e o seu tormento.

Quase todos os meus clientes acabam patinando um pouco neste passo. Nunca vou me esquecer de um homem que passou cinco minutos tentando encontrar uma única exceção para sua crença de que "Todas as mulheres querem que eu dê um jeito na vida delas". Eu estava sentada bem na frente dele, pensando: "E eu sou o quê, uma samambaia?". Por fim, acabei dizendo isso em voz alta. De início, ele ficou sem reação. Então nós dois caímos na risada.

Se você tiver dificuldade para pensar em alguma coisa que contradiga seu pensamento infernal, pode pedir o auxílio de um amigo, coach, terapeuta ou companheiro de grupo de apoio para ajudar a jogar luz sobre o que está soterrado debaixo das suas crenças.

Motivos pelos quais não posso ter certeza de que meu pensamento infernal é real:

_____

_____

_____

_____

Com um pouco de incentivo, até mesmo Helen — a mulher que acreditava ter sido "roubada" por não receber uma herança — acabou chegando a uma lista de contribuições do avô para a fortuna da família: ajudando a estabelecer o negócio de seu pai, ensinando os netos a administrarem o dinheiro. Louis relutantemente se deu conta de que, apesar de se comparar o tempo todo com o irmão, essa competitividade era uma via de mão única — seu irmão jamais dera sinais de que fazia alguma coisa só com a intenção de superá-lo. E, depois que Rhoda e eu tivemos uma boa conversa sobre cuidar de bebês recém-nascidos, uma tarefa exigente e cansativa, ela parou de temer que a amiga a estivesse deixando de lado de propósito.

Você não precisa acreditar em nenhuma das novas ideias que eventualmente surgirem. Basta continuar trabalhando no exercício até encontrar uma parte de você que seja capaz de duvidar dos seus demônios. Perceba que, assim que consegue o mínimo de distanciamento do seu pensamento infernal, você já começa a relaxar um pouco. Esse alívio vai se tornar cada vez maior à medida que sua capacidade de contradizer as crenças nocivas for se aperfeiçoando.

Isso aconteceu de forma espontânea na noite em que abandonei meu pavor enquanto embalava Adam. Quando uma parte de mim começou a simplesmente observar a cena, as memórias começaram a vir à tona. Pensei nas estranhas experiências de clarividência ocorridas durante a gestação. Lembrei-me da afirmação de Kant de que a realidade é subjetiva. Eu ainda acreditava nos meus pensamentos temerosos, mas não tanto quanto antes.

Foi quando comecei a ouvir outra voz interior. Não um grito demoníaco, mas um sussurro quase inaudível. Não estava me dizendo nada de outro mundo — ou pelo menos foi o que pensei na época. Enquanto eu estava lá acreditando que "Minha vida está arruinada!", essa voz me fazia uma pergunta bem simples.

Tem certeza?

Minha reação inicial foi a raiva. *Claro* que eu tinha certeza! Meu filho tinha um *defeito de nascença*! Toda a minha experiência de vida, todos os médicos e todos os conhecimentos científicos disponíveis diziam que a minha vida estava arruinada!

Tem certeza?

Bem, eu pensei, me acalmando um pouco, acho que não dá para ter certeza absoluta de nada. Sabe como é, Kant e tudo mais. E ninguém sabe como vai ser o futuro.

Esse foi o primeiro momento desde o diagnóstico de Adam em que me senti aliviada. Depois disso, sempre que caía em desespero, essa voz suave reaparecia e fazia aquela simples pergunta: *Tem certeza?*

Nos meses e anos que se passaram, comecei a me agarrar menos às crenças que me atormentavam. Eu as questionei. Duvidei delas. E, pouco a pouco, como me faziam tão mal e eu não tinha certeza nem de que eram verdadeiros, meus pensamentos infernais desapareceram. Os seus também vão. Quando você começa a questionar um demônio interior, os dias dele estão contados.

Eu vi isso acontecer com a imensa maioria dos meus clientes, até em casos complicados como os de Helen, Louis e Rhoda. Gradualmente, eles foram deixando de lado a obsessão pelos mesmos pensamentos torturantes de sempre e começaram a perceber que o mundo ao seu redor estava cheio de ideias e experiências capazes de lhes proporcionar alegria. Sem grande alarde, a vida deles se tornou mais feliz.

Terceiro passo: Seguir em frente.

As crenças — em especial as que causam medo — funcionam como os antolhos usados nos cavalos. Quando acreditamos em um pensamento, passamos a dedicar uma atenção seletiva a tudo que o reforça. Se alguma evidência contraria uma crença, nossa atenção se desvia desse fato. Aquilo passa a não nos dizer nada. Duvidar dos pensamentos dolorosos e contestá-los remove nossos antolhos. Começamos a ver as provas — que em sua maioria estavam debaixo do nosso nariz o tempo todo — de que nossas crenças tão terríveis não são verdadeiras.

Você já fez isso antes, quando superou um medo que tinha na infância. A convicção de que o ralo da banheira sugaria seu corpo, ou de que zumbis apareceriam no seu armário, ou de que deixar um calçado com a sola para cima provocaria a morte da sua mãe. Anote aqui um medo que atormentava você no passado e hoje não lhe causa mais preocupação:

_____

_____

Agora vamos fazer uma pequena viagem no tempo. Lembre-se de quando esse pensamento que você anotou lhe provocava muito medo. Quando se recordar desse terror, imagine que voltou no tempo e encontrou seu antigo eu. Sente-se ao lado dessa criança e diga: "Eu venho do futuro, e posso dizer com toda a certeza que isso não vai acontecer, então não precisa ter medo". Sinta a presença da verdade que surge a partir dessa afirmação, o sinal de que você se conectou com seu guia interior. Permita que sua criança interior seja reconfortada.

> Agora evoque um dos pensamentos infernais que você está abordando neste capítulo. Imagine que está ouvindo a voz do seu eu do futuro. "Eu venho do futuro, e posso dizer com toda a certeza que isso não vai acontecer, então não precisa ter medo."
>
> Não precisa acreditar nisso. Apenas observe o que acontece. Veja se a afirmação do seu eu do futuro evoca a presença da verdade no seu corpo e no seu coração.

Olhando trinta anos para trás, posso afirmar que nenhum dos meus pensamentos terríveis de que Adam arruinaria minha vida se concretizou. Em vez de vergonha, ele só me trouxe orgulho. Em vez de destruir minha carreira, Adam se tornou o tema do livro de memórias que me lançou como escritora. Desde bebê, sua personalidade tranquila e equilibrada serviu como ponto de apoio quando eu me sentia ansiosa ou incomodada. Além disso, coisas boas acontecem com frequência ao redor dele, algumas tão improváveis que parecem mágicas.

Às vezes, quando Adam diz ou faz alguma coisa que considero especialmente incrível, imagino que volto no tempo para aquele quarto escuro em Cambridge, onde minha versão mais jovem e sofredora começou, ainda que de forma pouco convicta, a levantar dúvidas e, assim, percorrer o caminho que a levaria para longe do inferno. Tento comunicar ao meu eu de 25 anos o quanto Adam tornou minha vida melhor. Em geral, ela não consegue me escutar — está ocupada demais dando ouvidos ao terror e ao desespero. Então simplesmente me sento ao lado dela no chão, perto da cadeira de balanço, e pergunto várias e várias vezes: *Tem certeza?*

Quando converso com clientes ou com o público sobre os pontos abordados neste capítulo, eles muitas vezes ficam estáticos, olhando para o nada: isso não lhes diz nada. Questionar as próprias crenças é uma atividade paradoxal, que nossa cultura não costuma reconhecer como algo possível, muito menos aconselhável. Não somos incentivados a alimentar dúvidas e buscar desconfirmações — muito pelo contrário. Gostamos de afirmar nossas crenças e provar que estamos *certos*, ora essa!

Mas o sofrimento acaba se tornando um aliado. Por causa dele, a maioria das pessoas de quem fui coach aprendeu a observar, questionar e libertar as partes de si mesmas que estavam presas em infernos interiores. Se esse passo fundamental rumo à integridade parecer estranho para você, ou se ainda não estiver funcionando, não se preocupe. Vamos praticar diversas variações de fugas do inferno nos próximos três capítulos. Se você está com medo de não conseguir pôr em prática esse processo, tudo bem. É um medo que você vai superar.

Sejam quais foram os seus terrores no momento, o que seus demônios interiores estejam gritando, perceba que eles não são como o seu guia interior, que traz a presença clara da verdade. São simplesmente desnecessários e tóxicos. Seu verdadeiro eu está mostrando isso, tentando chamar sua atenção, ajudando a questionar, a duvidar e a abandonar as crenças que estão aprisionando você no inferno. Se consegue perceber isso, meus parabéns. Sua jornada para longe do inferno ainda não terminou, mas você reencontrou o caminho da integridade. Aprendeu o suficiente para atravessar seu sofrimento e sair melhor do outro lado.

6. Erros inocentes

Ninguém quer sofrer. Inclusive, de forma inconsciente, a maioria de nós coloca "evitar o sofrimento" no alto da lista de prioridades na vida. Passamos a maior parte do tempo tentando fugir da dor e buscando o prazer. Mesmo assim, apesar de todos os esforços, uma das poucas certezas da vida humana é a de que vamos sofrer. Todo nós, sem exceção. Por quê?

Dante faz essa pergunta à medida que se aprofunda no inferno, conversando com Virgílio e interrogando algumas das almas condenadas, que fazem todo tipo de confissão: cobiçaram os cônjuges alheios, esbanjaram todo o dinheiro que tinham, entraram em disputas políticas que descambaram para a violência e assim por diante. Mas, apesar de todos saberem *o que* fizeram de errado, a maioria não sabia ao certo *por quê*. Na verdade, seis dos nove círculos do inferno — dois terços do total — são reservados ao que Dante chama de "pecados da incontinência". E isso não tem nada a ver com fraldas geriátricas. "Incontinência" é a palavra que Dante usa para se referir à inabilidade de controlar algum aspecto do próprio comportamento.

A maioria dos residentes do inferno, de acordo com a percepção de Dante, nunca quis pecar. Eles estavam apenas vivendo, evitando a dor e buscando o prazer como todo mundo, quando foram dominados por forças interiores (desejo, apego, raiva) que não evocaram de propósito e não sabiam controlar. Foi como se tivessem tropeçado nas peças de Lego de uma criança e caído no inferno.

POR QUE COMETEMOS ERROS INOCENTES

A maioria de nós acaba caindo no sofrimento psicológico na maior inocência. Percebemos que estamos sofrendo, então parece óbvio que fizemos algo que não deveríamos, mas não sabemos ao certo o quê. Essa confusão mental não é agradável — é uma forma de sofrimento, ainda que não muito grave. E, como todo sofrimento, surge por acreditarmos em coisas que não são verdadeiras. Mas essas são mentiras insidiosas, noções preconcebidas do nosso condicionamento cultural tão entranhadas na mente que nem nos damos conta de que elas existem. Neste capítulo, vamos ajudar a investigá-las.

Para isso, vou usar uma expressão um pouco diferente para me referir aos "pecados da incontinência" mencionados por Dante, porque nos tempos atuais palavras como *pecado* e *incontinência* podem parecer meio fora de tom. Acredito ser mais condizente com a intenção de Dante definir esses problemas como "erros da inocência". Aposto que a maior parte do seu inferno pessoal (ou seja, da sua infelicidade) remonta a esses erros inocentes. Nas próximas páginas, vou ajudar você a identificá-los, examiná-los e erradicá-los da sua vida.

Desde a primeira infância, absorvemos uma quantidade incrível de informações — não apenas conceitos, mas também todo um conjunto de atitudes e imperativos culturais que observamos ao nosso redor. Nossos pais e irmãos, nossos líderes políticos e religiosos, os livros que lemos, os programas de televisão e os vídeos do YouTube a que assistimos — tudo vem impregnado de noções preconcebidas que vão se incorporando ao nosso sistema de crenças à medida que crescemos. Não somos capazes de enxergar essas noções preconcebidas pelo mesmo motivo por que não conseguimos enxergar nossos próprios olhos: não são apenas pensamentos, são os fatores que determinam a maneira como pensamos.

Algumas crenças culturais — como "Cachorrinhos são uma graça" — podem estar totalmente de acordo com nosso senso mais profundo de verdade. Já outras — como "As pessoas bonitas são superiores às feias" ou "Eu não consigo ser feliz se não tiver alguém" — podem não encontrar nenhuma ressonância com nossa verdade interior. Acreditar nelas pode exercer sobre nós o mesmo efeito de engolir veneno. Mas nós acreditamos mesmo assim — muitas vezes sem nem ao menos articular isso de forma clara na nossa mente.

Diversos sentimentos "inexplicáveis" de depressão, raiva e ansiedade na verdade são reações a falsas crenças escondidas dentro de nós. Por exemplo, uma vez tive uma cliente, que vou chamar aqui de Irene, que tomava quase tudo o que eu dizia como um ataque pessoal ou um insulto. Certa vez comentei que ela parecia estar em ótima forma física, e perguntei se gostava de esportes. Ela ficou com os olhos cheios d'água e respondeu: "Não acredito que você está me criticando por não ser uma pessoa muito atlética!". No fim, descobrimos que Irene estava extremamente aferrada à crença de que "Todo mundo acha que eu tenho que ser perfeita em tudo". Nem me passava pela cabeça a possibilidade de julgar Irene. Mas, em uma cultura que compara o desempenho das pessoas desde o jardim de infância, é fácil entender de onde vinha esse medo de ser julgada.

Um outro cliente, Jeff, estava tão esgotado pelas demandas do trabalho no ramo da publicidade que não conseguia nem falar durante nossas sessões. Ele simplesmente se sentava e cerrava os dentes, fazendo força para não chorar. Sua esposa, que também tinha um bom emprego, estava implorando para ele mudar de área e descobrir alguma coisa que o fizesse feliz. Mas Jeff mantinha uma crença enraizada até os ossos de que um chefe de família precisava trabalhar naquilo que rendesse mais dinheiro. Ele aprendeu isso observando o pai, que passou a vida definhando pouco a pouco em um emprego que odiava. Ninguém nunca disse explicitamente para Jeff que "Um homem de verdade nunca abre mão de um emprego garantido", mas isso o aprisionou no inferno mesmo assim.

Às vezes, as noções preconcebidas impostas pela cultura mandam milhões de pessoas para o inferno ao mesmo tempo. Quem já sofreu preconceito racial ou de classe sabe muito bem disso. Mas até mesmo opressões que à primeira vista parecem mais inofensivas podem causar enorme sofrimento. Por exemplo, na década de 1950 a sociedade norte-americana idealizava as mulheres como criaturas recatadas, dóceis e intelectualmente limitadas cujas especialidades eram gerar filhos e cuidar do lar. Em 1963, quando Betty Friedan publicou *A mística feminina*, um número imenso de mulheres sofria do que Friedan descreveu como "o problema que não tem nome". Estavam infelizes, insatisfeitas e perplexas com o fato de se sentirem tão mal apesar de terem uma família que amavam e todas as receitas de sobremesas com gelatina que uma garota poderia querer.

O problema, como a maioria de nós hoje é capaz de ver, é que esse papel de mãe e dona de casa perfeita não expressa o verdadeiro eu da maior parte das mulheres. Além disso, a suposição de que as mulheres são menos capazes e menos valiosas que os homens tende a criar ressentimentos — assim como a ideia de que o valor de um indivíduo depende da cor da pele, ou de que as pessoas são pobres por serem preguiçosas, ou de que as doenças mentais são castigos de Deus. Um ressentimento é justamente o agravamento da dor de uma ferida não cicatrizada. É assim que as falsas suposições se apresentam para nós quando as acrescentamos de forma inconsciente em nosso sistema de crenças. Elas nos fazem mal.

Quando alguém como Betty Friedan se põe a analisar essas falsas suposições, o motivo por que causam ressentimentos pode parecer óbvio. Mas quase sempre seu efeito sobre nós surge como um incômodo de caráter vago, como "problemas que não têm nomes". Eu garanto que você incorporou algumas dessas crenças — ou talvez várias — à sua visão de mundo. Talvez na sua família, apesar de ninguém nunca dizer isso com todas as letras, você fosse considerada a pessoa "mais burrinha" ou "dramática" e de forma inconsciente ainda carregue essa autodefinição em seu íntimo quando se olha no espelho. Você pode ter a impressão de não ser normal porque seu corpo não está dentro dos padrões de perfeição da sua cultura. Talvez você tenha absorvido a ideia de que a única forma de ter sucesso é assumindo uma postura agressiva e opressora, porque vê pessoas agressivas e opressoras sendo bem-sucedidas em todos os níveis da sociedade.

Quaisquer que sejam suas falsas crenças não identificadas, elas causam dor. E muitas vezes tentamos lidar com essa dor fazendo coisas que não queremos, não entendemos e não conseguimos controlar. Essas atitudes — esses erros da inocência — são capazes de nos fazer quebrar todas as promessas que já fizemos a nós mesmos. Mas mesmo assim não conseguimos parar. O inferno lhe dá as boas-vindas!

SOFRIMENTO E AUTOSSABOTAGEM

Quando estamos divididos internamente, acreditando numa mentira em que fomos induzidos a acreditar, o resultado muitas vezes é uma tendência à autossabotagem. Como as almas interrogadas por Dante, podemos acabar cometendo um dos Sete Pecados Capitais, ou talvez uma das Quatro Milhões de Escolhas Infelizes.

Por exemplo, talvez você já tenha reservado várias vezes o tempo que queria para escrever um livro, mas acabou caindo na toca do coelho que é o YouTube e passou horas vendo vídeos de, digamos, tocas de coelho (procure na internet, são uma graça!). Ou talvez você viva se prometendo que não vai mais entrar em discussões políticas com seus sogros, mas no fim acaba emitindo um monte de opiniões não solicitadas e controversas durante um feriado em família. Ou talvez programe cinco alarmes no celular para não perder a hora da reunião com o seu contador, mas resolve se deitar só mais um minutinho antes de sair de casa e acaba pegando no sono por um tempão.

Fazer coisas que estão em contradição tão óbvia com nossas intenções é um sinal de que, em algum lugar dentro de nós, está sendo travada uma guerra civil. Meus clientes muitas vezes relatam a impressão de que parecem ter um alter ego trabalhando contra eles. O conscencioso dr.

Jekyll estabelece as regras, e o hediondo sr. Hyde as desrespeita — muitas e muitas vezes. Essa sensação de divisão é uma clara experiência de duplicidade, e a maneira de acabar com a autossabotagem, claro, é o retorno à integridade. A maioria das pessoas tenta fazer isso dominando o sr. Hyde com a força de vontade do dr. Jekyll, o que parece uma boa ideia — só que não funciona. Isso não é capaz de curar a dor que leva à maior parte da autossabotagem, porque a duplicidade vem de uma divisão *não identificada* em nosso sistema de crenças.

A melhor maneira que conheço para lidar com a autossabotagem é tratá-la como um sinal de que em algum lugar, nas profundezas do nosso inferno interior, existe uma crença que está nos fazendo mal. Partindo desse pressuposto, podemos usar os exemplos de autossabotagem como sinais que revelam nossas falsas suposições. Encontrar um erro de inocência e enxergá-lo com clareza nos permite recuperar a integridade que talvez tenhamos perdido desde o momento em que aprendemos a falar. A seguir eu apresento um método para fazer isso.

COMO FAZER O GATO ANDAR PARA TRÁS

Para mostrar como o exercício funciona, vou me concentrar em uma forma de autossabotagem que venho enfrentando na minha própria vida. O problema, que agora eu vou confessar para você, é o seguinte: de acordo com a orientação médica que recebi, meu sistema imunológico reage mal à ingestão de ovos. Para a maior parte das pessoas eles são ótimos, mas para mim são perigosos. Eu não deveria comê-los. Mas às vezes eu como.

Para ser muito sincera, comi um ovo hoje mesmo. Na verdade, foram dois. Fui a um restaurante, analisei as inúmeras opções no cardápio do brunch de domingo, pedi "ovos beneditinos com avocado" e avancei sobre o prato.

Por favor note que estou usando um exemplo *recente* de autossabotagem. Caso resolva realizar este exercício, você precisa fazer o mesmo. Um caso recente ainda vai estar fresco na sua memória e, quanto mais fácil for relembrá-lo, melhor o exercício vai funcionar. Lembranças claras ajudam bastante no próximo passo, que se chama "fazer o gato andar para trás".

A expressão vem do mundo da espionagem. Os especialistas em inteligência usam essa técnica para analisar o que deu errado em determinada atividade, desde uma operação secreta que foi desmascarada até um golpe de Estado que fracassou. Para isso, é preciso reconstituir cronologicamente um evento no sentido *inverso*, começando pelos acontecimentos mais recentes e avançando em direção ao passado.

Para fazer o gato andar para trás no meu ato de autossabotagem — Comer os Ovos —, preciso rever os fatos como num filme que rodasse bem lentamente para trás. Enquanto visualizo uma "fotografia" de cada momento, vou tentar me lembrar: 1) o que estava acontecendo ao meu redor naquele exato momento; 2) o que eu estava fazendo; 3) o que eu estava sentindo; 4) em que eu estava pensando. No meu caso, portanto, seria assim:

Como ponto de partida, vou usar o ato em si de comer os ovos. Eu me lembro bem disso. Lá estava eu no restaurante, ouvindo o tilintar dos talheres e as conversas das pessoas ao meu redor. Lembro que comi rápido, quase desesperadamente, pensando: "Sei que não deveria estar fazendo isso, MAS EU QUERO!".

Agora vou regredir para alguns minutos antes do ato em si, o momento em que pedi os ovos. A pessoa que ia anotar meu pedido estava ao meu lado com um sorriso no rosto. A princípio, eu tinha planejado pedir um prato que pudesse comer sem nenhuma restrição médica. Mas de repente senti uma certa irritação, uma sensação de confinamento e falta de escolha. Decidi pedir os ovos num piscar de olhos, e quando o fiz, tive uma sensação febril de triunfo.

Agora vou fazer o gato andar um pouco mais para trás, para alguns minutos antes disso: o momento em que entrei no restaurante. Estava bem fresco lá dentro. Já eu estava cansada e com calor. Estava pensando no belo trabalho que havia feito ao limpar o apartamento da minha amiga.

Voltando mais alguns minutos antes disso, eu estava terminando a faxina do apartamento. Minha amiga tinha me deixado ficar na casa dela enquanto estava viajando, e eu passei a manhã preparando tudo para o retorno dela. Isso exigiu andar alguns quarteirões até a lavanderia e depois voltar, carregando toalhas e roupas de cama. Eu lembro que queria descansar. Mas não fiz isso. O que fiz foi dizer a mim mesma: "Não. Eu não posso parar agora".

AH-RÁ!

Agora identifico o momento em que não parei para descansar como um ponto de desvio da minha integridade. Consigo sentir isso. E essa capacidade de sentir, de realmente nos concentrarmos no instante em que nos afastamos da nossa verdade, é o terceiro passo do exercício.

Se eu fizer andar o gato andar para trás até mais cedo nesta manhã — por exemplo, quando fui buscar as peças na lavanderia —, vou lembrar que estava feliz e em paz. Se você me oferecesse ovos beneditinos com avocado naquele momento, eu teria recusado sem me sentir nem um pouco tentada pela ideia. Mas, assim que a minha necessidade de descansar se chocou com a crença de que "Eu não posso parar agora", eu me afastei de mim mesma. Meu corpo, coração e alma reagiram a esse pensamento da mesma forma como reagem a qualquer outra mentira. Já descrevi isso nos capítulos anteriores, mas vou resumir tudo de novo aqui:

Fisicamente, senti uma tensão no corpo e uma queda no meu nível de energia — inclusive, minha garganta ficou um pouco irritada e minha cabeça começou a doer.

Emocionalmente, comecei a ficar mal-humorada, e comecei a me atacar por isso, dizendo a mim mesma: *se anima, ora essa!*

Espiritualmente, em vez de liberdade, o pensamento de "Eu não posso parar agora" trouxe consigo uma sensação de peso e confinamento.

O motivo por que ignorei todos esses sinais e continuei trabalhando na faxina foi o fato de eu estar fortemente apegada a uma crença muito comum na nossa cultura: continuar trabalhando é sempre uma ação mais nobre do que parar para descansar. Não estou dizendo que essa persistência e tenacidade *às vezes* não sejam uma boa ideia. Eu já me dei bem com lemas do tipo: "Quem desiste nunca consegue, quem consegue nunca desiste", "Quando as coisas ficam pesadas, é quem pega no pesado que consegue as coisas", "Se não doer, não vale".

O problema foi que, hoje de manhã no apartamento da minha amiga, *eu acreditei nesses pensamentos quando meu senso de verdade estava me dizendo que, no meu caso, naquela situação, eles estavam errados.* Mesmo agora, no momento em que escrevo, consigo sentir retroativamente a perda de paz, a ligeira elevação no estresse. Foi uma sensação em parte causada pelo cansaço, mas principalmente pela insistência em acreditar em algo que não me parecia verdadeiro. Alguns minutos depois, tentei me reconfortar pedindo e comendo um prato de Ovos do Erro.

Isso pode parecer um incidente sem grande relevância. E foi. Mas já aprendi que a nossa vida como um todo pode sair do prumo à medida que esses acontecimentos minúsculos vão se acumulando ao longo do tempo. Cada escolha que contraria nosso senso de verdade, mesmo as mais banais, nos torna mais propensos à autossabotagem. É como se, dividindo a nós mesmos, déssemos origem ao alter ego que destrói nossas boas intenções.

No meu caso hoje, o erro inocente foi comer ovos. Mas meu verdadeiro equívoco involuntário foi dar ouvidos a uma noção cultural preconcebida que me afastou do meu senso de verdade. Já fiz isso vezes suficientes para saber que, se eu me desapegar da mentira, meu psicológico vai relaxar e reassumir a integridade, e a vontade de comer alimentos que meu corpo não tolera vai desaparecer. Mas podemos tratar dessa parte do processo mais adiante. No momento, vamos ver se você consegue identificar um exemplo de autossabotagem na sua vida.

EXERCÍCIO

SEUS ERROS INOCENTES

Primeiro passo: Eleja um padrão indesejado recorrente do qual você não consegue se livrar.

Pense em um padrão de comportamento que você vive repetindo, apesar de querer muito abandonar. Vamos chamar isso de seu ato de autossabotagem. Pode ser um hábito de procrastinar, comprar coisas bizarras em lojas de artesanato, ficar stalkeando sua ex nas redes sociais mesmo sabendo que ela não quer voltar etc. Escreva a respeito:

_____

_____

_____

Relembre a última vez que cedeu a esse ato de autossabotagem e escreva alguns detalhes para se lembrar do incidente (por exemplo: "Ontem eu gritei com as crianças de novo" ou "Anteontem virei a noite obcecado com as fotos que a Pat postou da viagem com o novo namorado"):

_____

_____

_____

Segundo passo: Volte algumas casas.

Você já se lembrou do seu comportamento autossabotador. Agora vai recordar o que estava acontecendo, o que você estava fazendo, o que estava sentindo e o que estava pensando naquele momento. Depois vai analisar o momento anterior, e o anterior, e o anterior... até chegar ao momento em que o desconforto apareceu e desencadeou a autossabotagem.

No momento em que você se sabotou:

O que estava acontecendo à sua volta?

O que você estava fazendo?

O que você estava sentindo?

No que você estava pensando?

Agora volte ao momento anterior a esse.

O que estava acontecendo à sua volta?

O que você estava fazendo?

O que você estava sentindo?

No que você estava pensando?

E no momento anterior a esse.

O que estava acontecendo à sua volta?

O que você estava fazendo?

O que você estava sentindo?

No que você estava pensando?

Se for preciso, pegue um papel e continue recuando no tempo, respondendo às perguntas que fazem o gato andar para trás, momento a momento. Continue examinando suas ações, seus sentimentos e seus pensamentos até chegar ao instante em que algo mudou. Antes disso, você estava bem. Depois disso, não mais. Esse é o momento em que você se afastou da sua verdade.

Terceiro passo: Analisar de perto o momento em que você abandonou sua integridade.
Faça uma reflexão profunda sobre o momento em que seu estado de humor mudou. O que estava acontecendo? O que você estava fazendo? O que estava sentindo no seu corpo, coração e alma? E, o mais importante, **em que você estava pensando**? Escreva a respeito disso.

O pensamento que você acabou de anotar é uma falsa crença, por mais que possa parecer verdadeiro. É a corrente que está prendendo essa parte da sua psique a um ponto maldito do seu inferno interior. Agora que o identificou, você está bem perto de se libertar de algo que pode ter provocado anos de sofrimento.

DESTRUINDO AS FALSAS SUPOSIÇÕES

É bem provável que o pensamento que você anotou no exercício pareça uma coisa virtuosa e correta. Muitos de nós nos aprisionamos no inferno com pensamentos como "Eu preciso ser legal o tempo todo" ou "Eu não posso ficar reclamando". Quanto mais sua cultura enfatiza esses pensamentos, mais provável que você os tome como verdades. Como minha filha Kat escreveu certa vez: "Uma crença é ouvir alguém dizer a mesma coisa perto de você muitas vezes". Nossas mentes maravilhosas captam essas sequências de sons, conectam imagens e sentimentos a elas e concluem com a maior sinceridade que essas ideias abstratas são Verdades Universais.

Por sorte, a mesma ferramenta que forja nossas correntes — a mente — pode ser usada para rompê-las. Quando você observar as crenças que causaram sua autossabotagem, o passo seguinte é questioná-las. No capítulo anterior, eu pedi para você se lembrar dos seus "pensamentos infernais" mais ruidosos e acrescentar a dúvida: *Tem certeza?* Agora você precisa fazer uma abordagem mais ativa e assertiva em relação ao pensamento que alimenta sua autossabotagem.

Minha forma favorita de me livrar do meu próprio inferno vem dos ensinamentos de uma professora espiritual chamada Byron Katie, cujos livros e vídeos on-line eu recomendo enfaticamente. Katie (o nome que ela prefere) nos incentiva a localizar as crenças que causam sofrimento e eliminar seu poder sobre nós usando um método que ela chama de "Inquérito". Primeiro, Katie faz a simples pergunta: "Esse pensamento é verdadeiro?". Em seguida faz uma ligeira variação do mesmo questionamento: "Você tem como garantir sem sombra de dúvida que esse pensamento é verdadeiro?".

Essa rápida sequência de duas perguntas é mais poderosa do que pode parecer. A expressão "garantir sem sombra de dúvida" é uma linguagem forte, que chama a atenção da mente e a faz observar suas próprias crenças como um cientista faria. É possível garantir sem sombra de dúvida que é preciso *sempre* ser legal, mesmo quando, digamos, alguém agride você fisicamente? Você *nunca* deve reclamar, nem mesmo quando, por exemplo, presencia uma injustiça terrível?

Katie recomenda que passemos um bom tempo refletindo sobre a segunda pergunta, para entrar em contato com o senso profundo de verdade que venho chamando aqui de guia interior. Mesmo quando todos à nossa volta concordam com determinada crença, nosso guia interior ainda é capaz de nos dizer que ela é falsa. No meu caso, enquanto arrumava o apartamento da minha amiga, o pensamento que me dizia "Eu não posso parar agora" pareceu verdadeiro a ponto de me fazer continuar trabalhando mesmo depois que percebi a necessidade de descansar. Mas, quando me volto para aquele momento agora, com a visão clara do meu guia interior, fica óbvio que esse pensamento era uma mentira.

Quando reflito a respeito desse ponto, consigo identificar várias situações em que a ideia de que "Quem desiste nunca vence!" é completamente falsa. Eu me lembro de pessoas mortas no monte Everest por não quererem interromper a escalada quando as condições climáticas se tornaram perigosas. Ou de clientes que permaneciam em relacionamentos abusivos porque se recusavam a abandonar o barco. E consigo pensar em um monte de gente do meu convívio que precisa parar de fumar, ou de apostar em jogos de azar, ou de cortar o próprio cabelo.

Uma vez em contato com a mente do meu guia interior, que está sempre em busca da verdade, consigo reimaginar o momento em que percebi que estava cansada. Eu me imagino pensando "Um pouquinho de descanso me faria bem agora", pegando um copo de água gelada e me sentando no sofá para recuperar o fôlego. Imediatamente, a tensão e a irritabilidade que senti no restaurante desaparecem. Fico muito mais calma, e menos propensa a buscar conforto em outras coisas. Eu me torno a pessoa que sabe parar de trabalhar — e de comer ovos — quando isso é a coisa mais inteligente a fazer.

Quando você identifica uma falsa suposição, não precisa de nenhuma outra crença para pôr no lugar dela. Sair do inferno não significa adquirir um novo conjunto de correntes, ou de certezas absolutas a que se aferrar. Significa, isso sim, substituir as convicções mais rígidas pela curiosidade, pela abertura de abordar cada momento com o seu senso de verdade.

Por exemplo, quando Irene (minha cliente perfeccionista) se livrou do pensamento "Todo mundo acha que eu tenho que ser perfeita", ela não se preocupou mais com outras coisas que todo mundo achava. Passou a se concentrar em descobrir o que era mais adequado para ela em cada momento. Quando Jeff questionou o pensamento "Um homem de verdade nunca abre mão de um emprego garantido", não saiu criticando todo mundo que tinha um emprego. Ele começou a buscar formas diferentes de garantir seu sustento (acabou pedindo demissão e montando um espaço de artes marciais — que eram uma paixão sua havia muitos anos — para ajudar adolescentes com problemas de comportamento).

ESCAPANDO DOS MEUS ERROS INOCENTES

Não muito tempo depois do nascimento de Adam, acabei cometendo um erro da inocência que quase me destruiu.

Convenci meu marido na época a voltarmos para a nossa cidade natal em Utah, onde nós dois poderíamos trabalhar como professores assistentes enquanto eu terminava minha tese de doutorado. Como estava me sentindo cansada e triste, eu queria estar perto de pessoas que não condenassem minha decisão de não abortar. Após a mudança, John e eu resolvemos ter mais um bebê, uma menina a quem demos o nome de Elizabeth.

Eu tinha muita coisa: o apoio de uma comunidade, um emprego de professora, três filhos que amava de paixão. Mas nunca era capaz de fazer tudo o que me propunha. Enquanto circulava pela cidade antes de ir para o trabalho, deixando cada criança em um lugar diferente (Lizzy na creche, Adam em uma pré-escola especial e Kat em uma pré-escola tradicional), eu me sentia uma péssima mãe, que estava abandonando os filhos. Depois de buscar os três e levar Adam à fisioterapia enquanto tentava entreter as meninas durante as sessões, uma parte de mim ouvia a voz dos meus orientadores do doutorado dizerem que eu deveria estar me dedicando à minha tese. Quando passava a noite acordada fazendo pesquisa e corrigindo os trabalhos dos alunos, eu me sentia culpada por me exaurir a ponto de não conseguir me dedicar de verdade a nenhuma das minhas obrigações nem aos meus relacionamentos.

Nessa época, meus sintomas da floresta escura do erro chegaram ao ponto mais alto. Eu sofria com dores persistentes cuja causa médico nenhum conseguia identificar, contraí quase todas as doenças contagiosas que existem e estava sempre indo parar no hospital com problemas que exigiam altas doses de antibióticos, pequenas intervenções cirúrgicas ou as duas coisas. Minha vida exterior era agitadíssima, e minha narrativa interior era um turbilhão de autocríticas. Eu estava muito confusa. Não percebi que havia adotado dois conjuntos de crenças que contradiziam um ao outro. Meu erro inocente era não ver essa contradição e tentar cumprir, ao mesmo tempo, as exigências de dois códigos de conduta excludentes entre si.

Descobri isso "fazendo o gato andar para trás" não apenas na minha vida, mas na cultura norte-americana em geral. Na época, em meados dos anos 1990, o senso comum exigia que as mulheres se dedicassem aos cuidados com as crianças, com os idosos e doentes, mas também que fossem bem-sucedidas em carreiras projetadas para homens que contavam com ajuda gratuita e em tempo integral no ambiente doméstico. O que se esperava de nós era que abríssemos mão do sucesso profissional para cuidar das pessoas e *também* que abríssemos mão do papel tradicional de cuidadoras para sermos profissionais bem-sucedidas. Era como estar presa em uma daquelas algemas para os dedos — quanto mais você faz força para se soltar, mais forte se torna o aperto.

Na minha tentativa de ser ao mesmo tempo uma mãe mórmon dedicada e uma acadêmica bem-sucedida em Harvard, acabei presa a uma versão extrema desse erro inocente. Quanto mais eu tentava cumprir os requisitos de um papel, mais fracassava no outro. Quanto mais tentava "equilibrar" esses estilos de vida contraditórios, mais desequilibrada e infeliz eu me sentia. Minha pesquisa revelou que havia muitas mulheres na mesma situação. A maioria de nós sequer percebia que estávamos tentando cumprir exigências inconciliáveis, porque eram coisas que estavam entranhadas de maneira profunda em nossas noções culturais preconcebidas. Era um erro de fato inocente, mas que nos levou para o inferno do mesmo jeito.

Depois de fazer o gato andar para trás e conseguir compreender isso de forma articulada, entrei em desespero completo. Nunca tinha me passado pela cabeça que eu poderia perder a crença em *todos* os imperativos culturais que provocaram tamanho conflito na minha vida. Sabia que era impossível fazer tudo que a sociedade exigia de mim. Mas isso não significava que tivesse deixado de sentir a pressão social. Afinal, eu era um ser humano, e as pessoas orientam suas vidas de acordo com os padrões sociais. Eu não via nenhuma escapatória da minha condição infeliz — pelo menos até encontrar meu guia para a alma.

Como a maioria dos meus guias costuma fazer, ele apareceu na forma de um livro — mais especificamente, a tradução de Stephen Mitchell para o inglês do clássico chinês *Tao te Ching*. Eu o comprara na época da graduação, mas nunca o havia lido. Um dia peguei o livro, abri ao acaso e li:

Na busca pelo conhecimento,
todo dia algo é acrescentado.
Na prática do Tao [Caminho],
todo dia algo é abandonado.
É preciso forçar cada vez menos as coisas,
até finalmente chegar ao estado da inação.
Quando nada é feito,
nada se deixa de fazer.

Essas palavras me atingiram como a batida de um gongo. Não fizeram nenhum sentido para a minha mente, mas provocaram uma sensação física que foi como uma descarga de eletricidade. Comecei a andar de um lado para o outro, sacudindo as mãos para dissipar um pouco daquela energia. Isso foi estranho, porque meu quadril e meu joelho direito estavam quase imprestáveis fazia meses. Em geral eu andava mancando e me sentia absolutamente exausta. Naquele momento, senti vontade de me movimentar. *E depressa*.

Pensei que uma volta de carro fosse ajudar, então saí dirigindo na direção das montanhas. A essa altura eu me sentia como se tivesse entrado no piloto automático. Estacionei na entrada de uma trilha em que costumava caminhar quando criança, desci do carro e subi correndo — *correndo* — aquela trilha. Queria que o cansaço e a dor me vencessem. Isso não aconteceu. Continuei correndo por mais de três quilômetros de terreno montanhoso até chegar a uma cachoeira enorme, onde mergulhei sem pensar duas vezes, num local em que a força da queda d'água não me esfolaria viva. Enquanto sentia a correnteza gelada cair sobre a minha cabeça, foi como se o fogo que me consumia por dentro finalmente tivesse encontrado uma força oposta equivalente.

Minha mente comum estava perplexa, incapaz de entender o que estava acontecendo. Anos depois, descobri que, de acordo com as tradições asiáticas, minha explosão de energia podia ser vista como uma resposta típica à libertação repentina de conceitos mentais, de ilusões. Encontrar o *Tao te Ching* em um momento de profundo conflito interior provocou um choque na minha mente que a arrancou de seu contexto cultural. A energia que senti foi a resposta do meu corpo ao abandono de um sistema de crenças tóxico e à conexão com a minha integridade. O processo pode ser dramático a esse ponto.

Na época, porém, eu não sabia o que estava acontecendo. Simplesmente fiquei atordoada. Era como se eu visse bem de perto a desintegração de todos os meus pensamentos torturantes sobre o que significava ser mulher. Será que eu podia ter certeza de que *algum* daqueles imperativos sociais era verdadeiro para mim? Não, não, não, não, não. Depois de alguns minutos, a minha mente silenciou, e o meu corpo se regenerou de uma forma que parecia milagrosa. Infelizmente, esse efeito físico não durou muito. Quando cheguei ao carro, estava mancando de novo. Mas as ideias contraditórias sobre o que uma mulher precisava ser e fazer quase não tinham mais controle sobre mim. Eu conseguia *pensar* nelas, porém não *acreditava* mais no que representavam. E nunca mais voltei a acreditar. Essas correntes do inferno foram quebradas.

Quando você fizer o gato andar para trás e analisar seus próprios erros inocentes, pode acabar descobrindo que muitas dessas falsas crenças fazem parte da sua cultura, e a ideia de abandoná-las pode parecer assustadora. As pessoas não vão contradizer você? Não vão julgar você?

Sim, elas vão.

Quando identificar os erros inocentes que vêm causando estragos na sua vida e dissolvê-los com observação e questionamento, você logo vai se ver quebrando regras. Quais regras? Não sei. Mas as pessoas ao seu redor que acreditam nessas regras podem considerar seu comportamento duvidoso ou até prejudicial. Você vai se sentir mil vezes mais livre — e as pessoas não vão gostar. Não se preocupe. Isso na verdade pode ser uma prova de que você está no caminho certo. Está entrando naquela parte do inferno em que vai aprender a lidar com julgamentos — tanto os seus como os das outras pessoas. O radicalismo está prestes a cruzar o caminho.

7. Quando o que parece certo dá errado

No dia em que corri até a cachoeira, deixei parte do meu inferno pessoal para trás, mas não todo. Nem de longe. Eu ainda estava presa na armadilha das contradições entre duas culturas radicalmente distintas. Enquanto escrevia minha tese, eu e John ganhávamos nosso sustento dando aulas na Universidade Brigham Young, a BYU, onde o meu pai e o dele tinham sido professores. Eu me vi ao mesmo tempo trabalhando em uma das faculdades mais conservadoras do país enquanto concluía minha formação em Harvard, uma das mais liberais. Como meu lema de vida era "viva e deixe viver", eu não esperava que isso fosse um problema.

Rá!

Olhando para trás, minha ingenuidade chega a ser hilária. Todos os dias na BYU, eu me deparava com contradições inacreditáveis. Por exemplo, me disseram que a universidade precisava contratar mais mulheres para não perder credibilidade — mas, por outro lado, eu não podia incentivar minhas alunas a seguirem uma carreira profissional, já que o mormonismo não via com bons olhos a presença das mulheres no mercado de trabalho. Inclusive, algumas estudantes fizeram reclamações formais contra mim afirmando que só pelo fato de ser professora eu já estava dando um mau exemplo para as mulheres. E, embora tivesse sido contratada para lecionar sobre "sociologia de gênero", fui orientada a nunca usar a incendiária palavra *feminismo*.

Em pouco tempo percebi que havia voltado a Utah bem no meio de um turbilhão ideológico. Os líderes da religião mórmon tinham começado a "disciplinar" acadêmicos que escreviam ou ensinavam qualquer coisa contraditória em relação à doutrina da igreja. Por exemplo, um antropólogo foi convidado a se retirar da igreja quando a pesquisa de DNA que conduzia mostrou que os indígenas norte-americanos eram descendentes de ancestrais siberianos, e não de judeus do Oriente Médio, como os mórmons acreditam. Todos os professores da BYU, desde geólogos e historiadores até artistas, corriam o risco de serem demitidos de seus empregos e expulsos de suas comunidades caso entrassem em conflito com as doutrinas religiosas. Poucas pessoas fora de Utah ficaram sabendo disso — eu mesma nunca ouvi falar do assunto quando estava em Massachusetts —, mas pode acreditar em mim: no meu estado natal, era uma questão de extrema importância.

Minha cientista social interior observava com fascínio o confronto entre a religião e o mundo acadêmico no território mórmon. Era quase como ver Galileu ser julgado por heresia depois de descobrir que a Terra girava em torno do Sol, e não o contrário. Mas, para a minha personalidade inclinada a agradar as pessoas, a controvérsia em que me vi envolvida era um verdadeiro inferno. Mais especificamente, o sétimo círculo do inferno de Dante, a região ocupada pelos "violentos".

OS ERROS DA CONVICÇÃO CEGA

Depois de passar pelos seis círculos do inferno onde os pecadores "incontinentes" são punidos, Dante enfim encontra almas que criaram problemas de propósito. Ao contrário dos incontinentes, que não sabiam por que haviam pecado e não tinham más intenções, os habitantes do sétimo círculo se esforçaram para promover todo tipo de caos — e com gosto.

O sangue jorra à vontade no sétimo círculo do inferno de Dante. Muitos dos "violentos" são condenados a nadar em um rio de sangue fervilhante enquanto são flechados por centauros. Outros, transformados em árvores, são bicados o tempo todo por harpias. Outros ainda, obrigados a correr por areias escaldantes, são atormentados por uma chuva de fogo. Todos esses horrores, como tudo mais no inferno de Dante, são *contrapassos* — torturas criadas para refletir os pecados pelos quais é aplicada a punição. Todos no sétimo círculo estão sob ataque constante, porque o ataque com o único propósito de causar sofrimento e destruição é a essência de todas as violências.

Neste ponto, eu gostaria de deixar claro que violência e raiva são duas coisas bem diferentes. A raiva é uma reação normal e saudável a injustiças e maus-tratos. Já a violência, segundo a própria definição do dicionário, tem a intenção de "ferir, causar dano ou matar alguém ou alguma coisa". Existem muitas passagens n'*A divina comédia* em que Dante, Virgílio ou vários outros seres sagrados expressam raiva. Mas suas ações visam fazer justiça, e não apenas destruir as coisas que os incomodam.

Sentir raiva de injustiças e maus-tratos parece ser parte integrante da nossa constituição biológica. Reagimos com raiva quando alguma coisa essencial é negada a alguém que precisa dela, ou quando alguma coisa intolerável nos é imposta. A energia da raiva ajuda a corrigir situações injustas, assim como a febre inflama o corpo para aniquilar um vírus invasor. Sem ela, ninguém sairia de relacionamentos abusivos, nem questionaria a opressão sistêmica de certas populações, nem trabalharia por um mundo mais justo.

Arun Gandhi, o neto de um dos defensores da não violência mais influentes da história, escreveu que Mahatma Gandhi "via a raiva como uma coisa boa, como o combustível da mudança". Mas quando nos tornamos violentos, com a intenção apenas de ferir ou causar estrago, nos juntamos às forças da destruição. É preciso ter sabedoria e maturidade para saber usar a raiva na promoção de mudanças positivas, sem partir para a violência desmedida. É muito mais fácil — e, pelo menos no curto prazo, mais gratificante — sair atacando às cegas.

Mesmo se você nunca levantou a mão para outro ser vivo, é quase certo que em algum momento já se deixou levar pela violência. Todos nós fazemos isso. Já atacamos situações que consideramos frustrantes, outras pessoas ou a nós mesmos, ainda que só no âmbito privado de nossos pensamentos. Se você já sentiu raiva de outros motoristas no trânsito, ou se olhou no espelho e realmente detestou sua aparência, ou comemorou com a boca cheia de pipoca quando o herói de um filme matou o vilão, então já sentiu a energia da violência. E é provável que tenha curtido a experiência.

Isso acontece porque nossa programação biológica nos faz *gostar* de destruir tudo que nos ameaça. E isso é bom em termos evolucionários. Qualquer criatura que não se dispusesse a lutar quando ameaçada estaria morta e extinta em pouco tempo. Mas, ao contrário dos animais, os humanos não partem para o ataque apenas quando se veem diante de ameaças claras e iminentes à própria sobrevivência. Nós nos sentimos ameaçados inclusive pelas pessoas que dominamos, simplesmente por elas quererem ser mais bem tratadas; é o que acontece com os ditadores diante de seus governados ou com os racistas quando as pessoas não brancas reivindicam um tratamento justo.

Também somos peculiares em nosso medo não só de criaturas mais fortes e que querem nos devorar, mas também de qualquer um ou qualquer coisa que tenha o potencial para nos *transformar*. Somos especialmente refratários a pessoas ou ideias que possam abalar nossas suposições ou as noções pré-concebidas da nossa cultura. Essas coisas nos parecem ameaçadoras em termos *morais*, e reagimos a elas assumindo uma postura de resistência e oposição quase por reflexo. É dessa mentalidade que surge a violência.

Muito do que definimos como nossos "ideais" na verdade é parte dessa reação combativa em relação à mudança. Repetindo, isso é diferente de perceber uma injustiça, entender como essa injustiça causa desigualdade e sofrimento e promover uma agitação social em busca de transformações. (Por exemplo, Martin Luther King Jr. promoveu uma agitação social pelos direitos civis calcada no apelo por direitos iguais. James Earl Ray, seu assassino, não estava sob ameaça alguma; seus atos foram motivados pelo medo da mudança e por um senso irrefletido de estar fazendo a coisa certa.)

As pessoas que pensam estar certas costumam acreditar que seus códigos morais pessoais são lógicos, racionais e universalmente verdadeiros. Mas existem pesquisas que demonstram que esses julgamentos na verdade têm origem em reações emocionais moldadas por contextos culturais específicos. Isso significa que a mente violenta é literalmente incapaz de ouvir a voz da razão. A violência elimina nossa capacidade de fazer julgamentos racionais. As pessoas que têm uma ligação emocional com determinado líder político podem vê-lo contrariar de forma explícita seus valores e mesmo assim não darem a mínima. Na verdade, mesmo quando ficam sabendo que suas crenças políticas são fundadas em informações incorretas, elas não mudam de ideia — em vez disso, se agarram às próprias crenças com mais força do que nunca.

Se isso parece irracional, é porque de fato é. A parte do cérebro que nos faz sentir que aquilo a que estamos habituados é o certo, *independentemente das circunstâncias*, é mais antiga, maior e mais forte que a mente racional. O psicólogo Jonathan Haidt compara o cérebro lógico a uma pessoa montada nas costas de um elefante . Nós achamos que o humano está no controle, tomando decisões justas e corretas enquanto conduz o elefante. Mas na maior parte do tempo o elefante faz o que bem entende. Nas palavras de Haidt: "O condutor faz o papel de porta-voz do elefante, apesar de não saber necessariamente o que o animal está pensando".

Os elefantes da nossa cabeça — nossas reações irrefletidas — entendem qualquer coisa desconhecida como errada. O que é familiar está sempre certo, certo, CERTO! É justamente isso que o comediante Stephen Colbert apelidou de "verdadeirice". É como beber ou usar drogas: pode ser delicioso em um primeiro momento, mas no longo prazo é uma coisa tóxica. A mente da convicção cega pode se sobrepor ao nosso senso de verdade, incluindo aí nosso compromisso com a justiça e a retidão.

Quando a mente da convicção cega assume o controle, nós nos desviamos do caminho da integridade e nos tornamos estranhamente contraditórios, como pacifistas que declaram guerra contra todos que discordam de sua posição. Como a violência e a convicção cega estão intimamente relacionadas, eu não chamo essas ações destrutivas de pecados da violência, como Dante fez. Eu as vejo como "erros da convicção cega". São equívocos psicológicos que cometemos quando nossa rejeição irracional ao desconhecido se sobrepõe ao pensamento lógico.

POR QUE OS ERROS DA CONVICÇÃO CEGA SÃO DELICIOSOS (A PRINCÍPIO)

Para garantir sua sobrevivência, os seres humanos dependem de grupos de indivíduos atuando em estreita cooperação. Por isso, somos biologicamente programados para identificar pessoas parecidas conosco, que pensam, falam, se vestem e se comportam como nós. O lado negativo disso é a tendência universal de encarar com desconfiança qualquer um que pareça diferente do grupo a que pertencemos. Diversos grupos tribais, dos khoikhoi da África aos yupiit da Sibéria, se referem a seus membros com palavras que em seus idiomas significam "as pessoas de verdade". Isso implica, obviamente, que as de fora do grupo *não são* pessoas de verdade.

Chama-se "outrização" e é uma coisa que todo mundo faz. Desde a primeira infância, vemos tudo o que é desconhecido como esquisito e perturbador. O reformista social do século XVIII Robert Owen apontou isso em sua afirmação notavelmente irônica: "O mundo inteiro é estranho, com exceção de você e de mim. E mesmo você é um pouco estranho".

Quando submetemos as pessoas à outrização, podemos inconscientemente considerá-las inumanas, inferiores ou até aberrantes. Ora, a simples existência dessas criaturas anômalas já é uma ameaça ao nosso modo de viver! Quando nos fechamos em nossos grupos para reclamar dos "outros", a adrenalina e outros hormônios de "enfrentamento" vão às alturas, produzindo uma sensação inebriante de propósito e pertencimento. Quanto mais violentas forem nossas palavras e ações, mais cega se torna a nossa convicção.

Repetindo, isso é diferente da raiva que sentimos diante de uma injustiça ou opressão. A raiva saudável gera discernimento. É direcionada a problemas específicos. Trabalha no sentido de mudar um contexto e, quando isso acontece, a raiva passa. Já a raiva surgida de uma convicção cega promove ataques por motivos vagos, indefinidos ou contraditórios, e não se altera quando as circunstâncias mudam. Ela *proclama* julgamentos, na maioria das vezes sem nenhuma prova, ao passo que a raiva saudável *faz* julgamentos, discernindo o que é justo e o que não é. A seguir temos uma tabela para ajudar você a diferenciar uma coisa da outra.

Discernimento saudável	Convicção cega
(Fazer julgamentos)	*(Proclamar julgamentos)*
Promove ações que reduzem a raiva	Promove ações que aumentam a raiva
Vê todas as pessoas como interconectadas	Vê todas as pessoas na base do "nós contra eles"
Busca novas fontes de informações	Evita novas fontes de informações
Se informa sobre vários temas	Se concentra obsessivamente em alguns poucos temas
É capaz de entender outras perspectivas	Só consegue entender a própria perspectiva
Consegue enxergar os diferentes matizes	Enxerga tudo em preto e branco
Reconhece que pode errar	Insiste em afirmar que é infalível

Se quisermos levar a sério a questão da integridade, precisamos analisar com atenção a coluna da direita. Quando nos vemos descritos ali, não estamos conectados com nosso senso de verdade, e sim nos afastando do nosso desejo inato de viver em paz. A embriaguez emocional que surge da convicção cega pode embotar nossos verdadeiros valores, nos tornar incapazes de enxergar os fatos que determinam quem está sendo prejudicado e quem está promovendo a injustiça e nos tornar insensíveis à clareza da voz da integridade. Se não nos questionarmos a esse respeito, podemos acabar presos em um estado mental de ataque incessante: o sétimo círculo do inferno.

O CÍRCULO VICIOSO DA VIOLÊNCIA

Dante divide esse nível do inferno em três partes: uma para pessoas que cometeram violência contra os outros, uma para quem cometeu violência contra si mesmo, e uma terceira para quem agiu de forma violenta contra Deus, a arte e a natureza — as forças da criação. Essa metáfora reflete as três formas mais comuns de acabarmos presos aos erros da convicção cega: atacando outras pessoas, a nós mesmos ou a forma como as coisas são.

Eu já presenciei esses três tipos de violência psicológica no meu trabalho. Uma vez tive uma cliente, que vou chamar aqui de Edna, com toda a aparência de uma vovó boazinha, mas que alimentava em sua mente um estado de violência contínua e fervilhante. Passava o tempo todo pensando em formas de prejudicar os outros — desde seus vizinhos, de quem sentia inveja, passando pelos políticos, por quem sentia desprezo, até culturas inteiras, cujos costumes considerava sub-humanos. Ela dedicava horas de seus dias a escrever postagens sobre isso em seu blog, que contava com três seguidores, todos eles robôs.

Um outro cliente, Brian, dirigia sua violência contra si mesmo. Em geral, era tão fechado que mal parecia estar presente, mas quando começava a se atacar ("Eu sou um inútil, um idiota, um bosta!"), era possível ver para onde toda sua energia estava sendo direcionada.

Já Amelia nunca parava de reclamar da própria "falta de sorte", à qual parecia atribuir tudo o que acontecia em sua vida. Uma tempestade, um pneu furado, o fato de seu gato evitá-la — Amelia via tudo como um ataque deliberado contra ela, e gastava a maior parte de suas energias tentando encontrar uma forma de reagir.

Todas essas pessoas estavam usando uma obsessão julgadora para se esquivar de questões relacionadas a portões do inferno. E a maioria de nós faz o mesmo. O prazer que o ego sente atacando os outros funciona como um grande paliativo emocional. Quando conheci Edna, ela havia acabado de perder o marido, e suas postagens raivosas no blog a mantinham distraída do próprio luto. Brian era uma pessoa que se sentia isolada, e a autoaversão ajudava a aliviar sua solidão. Amelia tinha vários traumas de infância que não sabia como processar. Implicar com tudo o que acontecia era uma forma de direcionar a atenção para outras coisas.

Eu não acredito que você fique estacionado no sétimo círculo tanto quanto essas pessoas, mas é possível que já tenha passado algum tempo da sua vida no reino da violência. Talvez você se deixe levar por monólogos interiores incessantes, nos quais afirma e reafirma seus posicionamentos morais, direcionando uma boa dose de raiva destrutiva aos seus desafetos. Talvez você passe a noite toda tuitando para expor ao mundo a maldade desses seus inimigos. Talvez você se junte a outras pessoas que pensam da mesma forma para expressar esse ódio, e perceba que seu nível de energia muda quando isso acontece, apesar de nada ao seu redor ter mudado. Pessoas que se unem para expressar uma convicção cega podem passar de resmungos estéreis a demonstrações ruidosas, como a de bandos de chimpanzés partindo para a guerra ou a de um grupo de adolescentes. Brincadeiras à parte, a fúria que vem à tona quando pessoas se juntam para compartilhar esse tipo de raiva é o combustível que alimenta os linchamentos, os crimes de ódio e os genocídios.

Quando se manifesta por completo, a mente da convicção cega é de uma insanidade absoluta. Herman Melville fez uma descrição brilhante disso em *Moby Dick*, uma história emocionante sobre um homem comum e a baleia que arrancou sua perna. Depois de passar a vida inteira perseguindo a grande baleia branca, o capitão Ahab morre vociferando a expressão mais emblemática desse tipo de mentalidade: "Até o fim eu te enfrento; do coração do inferno eu te apunhalo; em nome do ódio eu cuspo sobre ti meu último suspiro".

Se é assim que você se sente, digamos, em relação a quem passa o tempo todo alterando o sistema operacional do seu smartphone, considere a possibilidade de estar se prendendo aos erros da convicção cega. O impulso de se levantar contra a injustiça é uma coisa saudável. Passar o tempo todo em modo de ataque com uma convicção cega não é. Isso vai provocar sintomas da floresta escura do erro da mesma forma que qualquer outro tipo de afastamento da integridade.

A raiva constante de Edna, por exemplo, provavelmente era um fator que contribuía para suas úlceras estomacais crônicas. A autoaversão obsessiva de Brian tornava a convivência tão difícil que, depois de vinte anos, a mulher dele acabou pedindo o divórcio. Sempre preocupada com sua má sorte, Amelia era incapaz de manter uma amizade ou um emprego fixo.

Quando os erros da convicção cega se chocam uns com os outros, podem levar a círculos viciosos de destruição mútua. Ao longo da história, pessoas que se sentem atacadas pelos "outros" seguem ignorando a perspectiva de seus oponentes, reforçando suas convicções e partindo para o ataque com a intenção de causar estragos. Isso pode desencadear uma destrutividade motivada pelo mesmo tipo de convicção cega do outro lado, o que deixa os agressores iniciais ainda mais furiosos, e assim a coisa se retroalimenta. Existe um motivo para o rio de sangue de Dante ter um formato circular: essa loucura simplesmente não tem fim.

Perceba como isso é diferente da clareza de pessoas que expressam sua raiva a partir de uma posição de integridade. Por exemplo, em seu best-seller *Como ser antirracista*, Ibram X. Kendi expressa livremente sua raiva contra a opressão racial. Mas faz isso de forma lógica e metódica, exigindo de si o mesmo senso de justiça e sabedoria que deseja ver em todos os demais. Ele faz um alerta contra o tipo de convicção que "foge do espelho". E usa a imparcialidade necessária para evitar os erros da convicção cega, mesmo enquanto tenta combater uma injustiça:

> E se nós antirracistas fizéssemos uma autocrítica constante de nossas próprias ideias? E se puséssemos a culpa em nossas próprias ideologias e métodos, e refinássemos nossas ideologias e métodos quantas vezes forem necessárias até que funcionem? Quando vamos finalmente parar com essa insanidade de fazer sempre as mesmas coisas e esperar um resultado diferente? A autocrítica permite a mudança.

Esse tipo de autoanálise nos coloca de novo em harmonia com nosso senso de verdade. E isso significa aplicar os mesmos parâmetros a todos os casos, substituindo a duplicidade pela integridade. Para deixarmos de lado a mente da convicção cega e nos aproximarmos do verdadeiro senso de justiça, precisamos alterar nossos estados mentais — passar da embriaguez da violência para a lucidez de uma mente tranquila. O exercício a seguir pode ajudar você a recuperar sua sobriedade.

EXERCÍCIO

ENFRENTANDO MONSTROS

Primeiro passo: Escolha uma questão.
Comece pensando em uma questão social controversa com a qual você se importa muito. Pode ser o controle da venda de armas, imigração, a pena de morte, direitos dos animais — qualquer problema serve, desde que seja um assunto sobre o qual você tenha uma opinião formada, e saiba que existem pessoas que pensam o contrário de você. Escreva que questão é essa seguir:

_____

_____

Segundo passo: Dê nome aos "outros".
Se concentre por um momento nas pessoas que discordam de você. Imagine que estão todas reunidas, promovendo manifestações nas ruas, postando incessantemente no Twitter, criticando as coisas que são importantes para você. Talvez você já tenha uma expressão para descrevê-las, como "eleitores mal-informados" ou "criatu-

ras desgarradas de Deus", ou "imbecis-com-cérebro-de-
-ervilha-que-chafurdam-no-lodo". Mas vamos chamá-los
apenas de "monstros".

Terceiro passo: Deixe seu sangue ferver.

Pense por um momento em como seus monstros se
comportam, nos males que eles provocam. Sinta para
valer a raiva e o ultraje que isso causa em você. Quando seu sangue estiver fervendo, preencha os espaços
a seguir como se estivesse escrevendo uma carta anônima para os seus monstros. Ninguém vai ler isso além
de você, então não é preciso se conter. Escreva aquilo
que pensa em seus momentos mais politicamente in-
corretos. Não tente se expressar com palavras bonitas
e educadas. Use uma folha de papel à parte se precisar
de mais espaço.

Para os meus monstros:

Falando com toda a franqueza,
Eu não gosto disso em vocês:

_____

_____

Isso que vocês fazem é completamente errado:

_____

_____

*Se vocês e outras pessoas do seu tipo controlassem o
mundo, viver seria:*

_____

_____

Isso é o que eu espero que aconteça para limitar seu poder e influência:

Na real, vocês deveriam:

Sinceramente,

Eu

Quarto passo: Vá buscar sua correspondência:

Agora imagine que vai até a sua caixa de correio e pega um envelope endereçado a você. Ao abri-lo, você encontra uma carta dentro dele. Que coincidência! É igualzinha à que você acabou de escrever para os seus monstros.

Releia a carta que você acabou de escrever como se a tivesse recebido de uma pessoa de quem nunca ouviu falar. Faça um esforço para imaginar isso de verdade.

Enquanto lê, perceba como sua mente, seu corpo e seu coração reagem. O que acontece dentro de você ao receber as palavras dessa pessoa desconhecida?

- Você tem alguma intenção de concordar ou cooperar com essa pessoa?
- Você sente que essa pessoa desconhecida conhece e entende você, ou que está preocupada com o seu bem-estar?
- Você sente o impulso de abrir seu coração ou de se fechar totalmente?

Não precisa anotar suas respostas. Basta senti-las.

Se você achou sua carta racional e inspiradora, meus parabéns. Você pode estar em busca de justiça, mas não se deixou levar pelo erro da convicção cega. Mas, se você for como a maioria das pessoas, esse exercício talvez tenha deixado claro que, se por um lado proclamar julgamentos pode parecer maravilhoso, a sensação de ser julgado é horrível. Quando somos atacados — *inclusive com as mesmas palavras que usamos para atacar os outros* —, nos sentimos confusos, assustados, injustiçados, irritados, tensos e fortemente propensos a revidar. Como Friedrich Nietzsche escreveu: "Quem combate monstruosidades deve cuidar para que não se torne um monstro". Quando partimos para a guerra contra algo que enxergamos como uma guerra contra nós, em última análise o vencedor não é nenhum dos lados, mas a guerra em si.

Viver no erro da convicção cega esgota nossas energias e nos joga para baixo. Eu queria ser capaz de mostrar para você como Edna parecia exausta e doente depois de anos de raiva ininterrupta. Os ataques incessantes de Brian contra si mesmo eram outro fosso de paralisia e desespero. Amelia se sentia totalmente abatida, abandonada e sozinha. Esse é o tipo de erro que causa um sofrimento intenso.

A única forma de escapar de todo esse martírio é encontrar o caminho da integridade. Para sair do sétimo círculo do inferno, vamos usar os mesmos passos que você aprendeu no capítulo anterior: 1) observe os pensamentos que causam sofrimento, 2) questione cada um deles, e 3) siga em frente. Na próxima seção vamos ver como isso funciona quando confrontamos nossos erros da convicção cega.

A GRANDE MENTIRA POR TRÁS
DA CONVICÇÃO CEGA

Acho que há um bom motivo para Dante ter imaginado apenas um círculo do inferno para os violentos, em vez dos seis que concebeu para os incontinentes. Existem muitos pensamentos que podem levar a erros inocentes, como "Todo mundo me odeia", ou "Trabalhar sem descanso traz felicidade", ou "Charles Manson é a fonte de toda a sabedoria!". Mas apenas uma grande mentira nos empurra para a violência. É a crença fundamental do cérebro que alimenta convicções cegas: "Eu posso resolver tudo o que me incomoda destruindo meus inimigos".

Repetindo, isso não significa não reagir quando alguém atacar você. Se alguém pular em cima de você em um beco escuro, por favor, se proteja. Quando se deparar com uma situação injusta, levante sua voz, escreva a respeito do assunto defendendo seu ponto de vista, exija justiça. Mas, ao fazer isso, é preciso manter o discernimento e uma mentalidade aberta a novas informações e novas ideias. Quando eu praticava artes marciais, ouvia o tempo todo que lutamos melhor quando não estamos com uma disposição mental de ataque a qualquer custo. A luta tem sua utilidade, mas a violência por si só nunca resolve, nunca conserta nem cura nada. Sua essência é a destruição, não a criação.

Pense no exercício anterior, na carta que você escreveu para os seus monstros. Relembre o tema que você escolheu para o exercício. Instigue sua mente de convicção cega e veja o que ela faz com você. Sinta o corpo ficando mais tenso, a raiva se intensificando, a mente começando a ficar agitada como um lutador de MMA antes de um combate. Perceba que, embora a adrenalina possa ser inebriante, esse estado físico e mental logo é dominado pela fúria e pelo descontentamento. É possível promover a justiça, o amor e a paz a partir disso?

Agora reflita sobre o seguinte pensamento: "Eu posso resolver tudo o que me incomoda destruindo meus inimigos". Coloque essa frase por escrito, se desejar. Depois, analise-a sob o microscópio. Faça as perguntas que aprendeu no capítulo anterior para enfraquecer o poder de qualquer erro mental:

Você *tem certeza* de que consegue resolver a situação destruindo seus inimigos?

Você tem como garantir sem sombra de dúvida que isso ("Eu posso resolver a situação destruindo meus inimigos") é verdade?

Caso se lembre de como se sentiu na defensiva ao receber a carta que escreveu para os seus "monstros", você vai ver que o ataque puro, sem nenhuma outra intenção, só serve para intensificar a violência mental e talvez até física. Vai perceber como é irônico esperar que, atacando as outras pessoas, elas possam concordar com você. O desejo de destruir os outros é fundamentalmente hipócrita, porque ninguém, muito menos um agressor, quer ser destruído. Por mais tentadora que a violência possa parecer para a mente da convicção cega, ela causa divisões internas e é incompatível com a integridade.

VALORES SEM VIOLÊNCIA

Muitos dos meus clientes temem que, se abrirem mão dos impulsos violentos, podem perder a motivação de resistir às injustiças do mundo. Mas, quando livramos nossas mentes da convicção cega que deseja destruir, nossa percepção do que é errado permanece bem clara. Continuamos capazes de enxergar o mal, de reconhecê-lo pelo que é e de atacá-lo sem cair nos erros da convicção cega. Como? Desviando a atenção de conflitos e discussões moralizantes e voltando nosso foco para a integridade, nossa verdade interior mais profunda.

O psicólogo Steven Hayes chama isso de entrar em conexão com os nossos "valores centrais". Sua pesquisa demonstra que o foco nos valores tem uma capacidade quase mágica de produzir os mesmos resultados que esperamos conseguir atacando nossos inimigos. Simplesmente desviando a atenção do enfrentamento e nos concentrando em definir nossos valores é possível "reduzir as manifestações fisiológicas de estresse, amenizar o impacto do julgamento negativo que recebemos dos outros, atenuar nossa postura defensiva e nos tornarmos mais receptivos a informações que podem ser difíceis de aceitar".

A seguir temos um exercício baseado em uma técnica que Hayes usa para ajudar seus clientes a se livrarem da raiva destrutiva. Comece pensando em um verbo e um advérbio que, combinados, descrevem a forma como você quer viver sua vida. Pode ser uma frase como "ensinar compassivamente", "amar corajosamente" ou "servir honradamente". Pense por alguns minutos em qual combinação resume melhor seus valores centrais. Se pudesse viver sempre assim, você levaria uma vida mais honesta e significativa. Entendeu? Então escreva seu valor aqui:

A frase (com verbo e advérbio) que melhor descreve meu maior valor:

Só de você se concentrar nessa frase ("aprender alegremente", "cuidar generosamente", "criar incessantemente", o que seja), seu estado interior já vai mudar. Perceba como isso é diferente da indignação moral, como seu corpo, mente e alma se aquietam e relaxam. Agora, com o foco ajustado no seu valor central, você pode dar um passo adiante no caminho da integridade. Experimente este aqui:

EXERCÍCIO

IR À MONTANHA

Primeiro passo: Imagine que está em um ambiente pacífico em meio à natureza.

Pode ser uma praia, uma floresta ou um campo (eu gosto de me imaginar nas montanhas). Você está só, mas tudo ao seu redor é lindo, tranquilo e completamente seguro.

Segundo passo: Conecte-se ao seu guia interior.

Você pode usar o exercício "Como conhecer seu guia interior" do capítulo 3, meditar no pensamento "Eu nasci para viver em paz" ou simplesmente se concentrar na palavra *paz* enquanto respira. Quando sentir a tranquilidade e a calma se alojarem no cerne do seu ser, continue.

Terceiro passo: Relembre seus valores centrais.

Anote aqui sua combinação de verbo e advérbio para não esquecer:

_____

_____

> **Quarto passo: Pense em uma questão que incomoda você.**
> Você pode usar o mesmo tema da carta para os seus "monstros" ou pensar em outro assunto. Anote a seguir.
>
> _____
>
> _____
>
> **Quinto passo: Responda à pergunta abaixo.**
> Sobre essa última questão, e agindo de acordo com os valores que você acabou de definir, *o que você pode criar de positivo?*
>
> _____
>
> _____
>
> **Sexto passo: Ponha em prática o que quer que tenha escrito como resposta.**
> Sei que parece óbvio demais, e que trabalhar por um mundo melhor seguindo seus valores pode ser uma missão para uma vida inteira. Mas é simples assim.

Toda vez que faço esse exercício, me pego pensando em respostas diferentes, imaginando novas medidas criativas. Algumas são obviamente relacionadas à resolução de um assunto incômodo, mas às vezes parecem não ter nada a ver. A sua resposta pode ser surpreendente. Você pode se motivar a ler um livro, plantar uma árvore, publicar uma opinião corajosa na internet ou sair de uma discussão. Talvez a atitude que lhe venha à mente pareça uma coisa desimportante ou estranha demais. Ponha-a em prática assim mesmo. *Assim que dá início a uma atividade criativa, você deixa o reino da violência, que não conhece outra coisa além da destruição.*

Sair da postura defensiva da convicção cega e abraçar a criatividade pode dar início a atitudes capazes de mudar uma vida ou até mesmo o mundo. Acho que é por isso que os líderes mais respeitados por sua moralidade muitas vezes são aqueles que demonstram criatividade tanto em ações grandiosas quanto em pequenos gestos. Gandhi não só deu forma à desobediência civil como também produzia as próprias roupas, fabricando inclusive seus próprios tecidos. Harriet Tubman, uma pessoa genial com múltiplos talentos, não só ajudou seu povo a escapar da escravidão como abriu o próprio restaurante, onde educava as mulheres libertas para conseguirem empregos remunerados como fornecedoras de produtos e serviços para o Exército da União. Eunice Kennedy Shriver, cansada da falta de oportunidades para pessoas com deficiências intelectuais, criou na própria casa um centro esportivo para crianças que deu origem às Olimpíadas Especiais. Essas pessoas se ergueram contra a injustiça sem violência, e estavam sempre criando coisas, por mais que parecessem pequenas: roupas de algodão, comidas gostosas, competições de corrida.

Uma mente fechada é como uma arma cuja única função é causar estragos. Ela se agarra ao pensamento "Minha existência é uma constante reação violenta a tudo o que é ameaçador". Enfrentando nossos problemas com criatividade e de acordo com nossos valores centrais, escolhemos um outro *mode de vie*: "minha existência é uma constante resposta criativa a tudo o que se apresenta". Sacrificar a tendência irrefletida à destruição nos dá acesso a um poder muito maior: o da criação.

Quando meu trabalho e minha formação acadêmica estavam me levando a direções opostas, eu passava muitas noites em claro sendo consumida pelos erros da convicção cega.

Sentia meu sangue ferver por causa daquelas controvérsias. Não gostava dos ideais propagados em Harvard, segundo os quais a vida do meu filho não valia a pena porque ele nunca poderia ser um intelectual. Mas também não concordava com os líderes da igreja mórmon, que estavam demitindo, denunciando, excomungando e isolando meus colegas por trabalharem com fatos que eles consideravam errados.

Como essas eram as culturas que haviam me moldado, o conflito entre elas fez minha mente entrar em parafuso. Por um lado, eu me confrontava com o intelectualismo; por outro, me debatia contra uma religião que se referia aos intelectuais como "inimigos da verdade dos últimos dias".

Enquanto me afogava nesse rio pantanoso, eu me agarrava a qualquer coisa sólida que pudesse me ajudar a me arrastar para fora. A verdade, eu pensava. Preciso conhecer a verdade. E foi assim que me lancei na minha primeira "limpeza de integridade". Na véspera do Ano-Novo, fiz a resolução de não contar nenhuma mentira, de nenhuma espécie, nos doze meses seguintes. Isso acabou me conduzindo a uma rápida jornada da convicção cega para uma mente mais clara. Caso você queira tentar, pode ter certeza de que vai se libertar de inúmeros erros. Mas saiba também que isso vai transformar cada aspecto sua vida.

8. O fim da autotraição

Na obra-prima de Dante, depois de passar pelo sinistro reino dos "violentos", o poeta e seu guia Virgílio enfim chegam às profundezas do inferno. Aprisionados ali estão os piores de todos os pecadores, cujos crimes superam mesmo as mais violentas atrocidades, como guerras e assassinatos. Ao se aproximar do oitavo e do nono círculos, Dante se prepara para o encontro com os piores pecadores de todos: os mentirosos.

Espere aí, como é? Mentirosos? Eles não deveriam estar naquele círculo relativamente ameno lá no alto do inferno? Afinal, todo mundo mente. Inclusive por *simpatia*, ora essa! As pesquisas mostram que a maioria das pessoas mente diversas vezes em uma típica conversa de dez minutos, com frases como "Estou muito bem, obrigado" e "Eu estava pensando em ligar pra você" e "Adorei seus sapatos". Isso é pior do que, digamos, planejar um atentado terrorista?

Bem, basta lembrar que a criatura selvagem com a maior probabilidade de matar um ser humano é um mosquito. A mentira, como o inseto onipresente que se alimenta do nosso sangue, é insidiosa por ser tão pequena, tão comum, quase imperceptível. E a mentira é o que possibilita todos os outros males.

Como escreveu Maya Angelou: "A coragem é a mais importante de todas as virtudes, porque sem ela é impossível praticar qualquer outra virtude de forma consistente". A mentira é o equivalente maligno da coragem: o mais importante de todos os vícios, porque sem mentir é impossível praticar qualquer outro vício de forma consistente (se você nunca mente, seus atentados terroristas não vão dar certo). Da mesma forma, se não conseguirmos *parar* de mentir — pelo menos para nós mesmos —, nunca vamos sair do inferno.

Como vimos, todos os erros da inocência e da convicção cega têm origem em falsas crenças — sejam as "mentiras" em que acreditamos ou, como é mais comum, suposições que nem sabíamos que estavam entranhadas na nossa mente. Estamos avançando pelo inferno localizando esses erros e suposições e questionando um a um. Nessa busca pela verdade, somos como arqueólogos escavando nossa própria psique. À medida que se liberta das mentiras que aprisionam você aos erros da inocência e da convicção cega, vão se revelando o que chamo de "mentiras fundamentais", aquelas que motivam e sustentam todas as outras.

Às vezes mentimos de forma consciente e intencional, em geral para esconder algum tipo de comportamento antiético. Dante rotula essas inverdades como "fraudes", e coloca quem as comete no oitavo círculo do inferno, onde os bajuladores são cobertos de excrementos (depois de uma vida inteira falando merda), os políticos corruptos são cobertos de piche (que gruda neles como as mentiras que contam) e os padres que vendiam favores religiosos são enterrados de cabeça para baixo em pias batismais, com os pés pegando fogo.

Existe muito fogo no inferno de Dante, mas n'*A divina comédia* o círculo mais profundo do inferno não é quente. É muito, muito frio. O fundo do inferno é um lago de gelo, onde estão congelados os "traidores" — as pessoas que cometeram algum ato de deslealdade.

Este capítulo trata das fraudes e das traições que cometemos ao longo da vida. Lembre-se, ainda não estamos falando em transformar seu comportamento exterior. O estágio do "inferno" da nossa caminhada rumo à integridade diz respeito à nossa vida *interior*. A hora de mudar suas atitudes ainda vai chegar — mais tarde. Este capítulo está aqui para ajudar você a perceber as ocasiões em que trapaceia, mente e trai. É importante identificar quando você estiver fazendo essas coisas com os outros. Mas é fundamental saber também quando está fazendo isso com você.

TRÊS TIPOS DE MENTIRAS

Existe uma tendência de caracterizar as mentiras como obscuras, amenas ou nebulosas. Eu já vi todas elas no meu trabalho como coach. Aqui estão alguns exemplos.

MENTIRAS OBSCURAS: PERFÍDIA DELIBERADA E PREMEDITADA

Certa vez, um participante de um dos meus seminários — que aqui vou chamar de Ernest — veio me abordar durante o intervalo para o almoço. Ele parecia bastante ansioso para conversar comigo. Era um advogado que durante a carreira havia defendido vários réus acusados de homicídio, muitos dos quais tinham confessado a própria culpa. E Ernest passara anos refletindo a respeito dessas pessoas.

"Eu tentava entender o que elas tinham de diferente", ele falou. "O que torna essas pessoas capazes de matar? Então eu entendi. Sabe o que é?"

Eu sacudi a cabeça.

"A mentira", disse Ernest. "Quando você decide mentir — mas mentir *para valer* —, cria um esconderijo na sua vida, como um cômodo secreto. Dá para colocar qualquer coisa lá. Fica tudo invisível. Tudo desaparece."

Não entendi ao certo o que Ernest queria que eu fizesse com aquela informação, mas parecia uma coisa importante para ele. O seminário terminou e eu me esqueci completamente de Ernest, até que anos depois ele me telefonou do nada. "Acho que você deve ter visto meu nome no noticiário ultimamente", ele falou. Eu não tinha visto. Mal sabia de quem se tratava. Mas a lembrança da nossa conversa veio à tona quando ele me contou sobre o motivo do telefonema. Ernest tinha sido condenado por homicídio, e queria contratar meus serviços de coaching para ajudá-lo a suportar a vida na cadeia.

Eu ainda me pergunto se falhei com Ernest, se a nossa primeira conversa não teria sido um pedido de ajuda. Mas não foi essa a impressão que tive. No mínimo, ele parecia bem satisfeito por ter encontrado uma forma simples de poder fazer qualquer coisa sem se sentir mal. Ao contrário de outros presos com quem trabalhei, Ernest parecia ser um verdadeiro sociopata, alguém que eu nunca poderia ter "endireitado", por mais que me esforçasse. É um pensamento que ao menos me conforta, e meu senso de verdade confirmava essa percepção.

Em todo caso, apesar de parecer orgulhoso de seu "feito", Ernest não dava a impressão de estar em paz consigo mesmo. Na verdade, depois da nossa conversa ao telefone, o que pensei foi que nunca tinha visto nenhum cliente ser feliz de verdade sem estabelecer um firme compromisso com a honestidade. Embora o crime de Ernest fosse especialmente horrendo, eu já havia visto dinâmicas parecidas ocorrerem em outras pessoas, incluindo em mim mesma. Não consideramos que mentir seja certo, mas fazemos isso mesmo assim, e depois justificamos nossas atitudes. As pesquisas de comportamento revelam que, apesar de a maioria de nós nos considerarmos sinceros, não ligamos de contar uma mentirinha aqui e ali, ou um monte delas.

Uma vez perguntei a uma mulher, que vou chamar aqui de Bernice, como ela conseguia trabalhar como policial e paralelamente vender as drogas ilegais apreendidas dos traficantes. Essa ironia não dava um nó na cabeça? Ela não vivia atormentada pela culpa? Sua resposta foi: "Tudo fica mais fácil quando você acredita nas próprias mentiras". Mas as coisas pareciam fáceis para Bernice apenas para quem olhava de fora. Sua vida interior era um inferno marcado pelo isolamento e pela paranoia. Quando abandonamos de forma deliberada nossa verdade, passamos a habitar um mundo obscuro em que nada do que vivemos parece verdadeiro ou confiável, porque nós mesmos não somos verdadeiros e confiáveis.

MENTIRAS AMENAS: O CONVÍVIO SOCIAL
LEVA À FALSIDADE

Talvez você nunca tenha contado uma mentira com a intenção de enganar e prejudicar alguém. Então, para incluir você na discussão, vamos nos voltar para as mentiras menos graves. No capítulo 5, mencionei que nas minhas palestras as pessoas na plateia sempre mentem ao garantir que estão confortáveis em suas cadeiras desconfortáveis. A maioria de nós se deixa levar por esse tipo de autoengano inconsciente. Usamos isso para ignorar desde pequenos desconfortos até torturas.

Por exemplo, se fomos criados ouvindo nossos pais alcoólatras quebrando coisas pela casa, ou se sofremos abusos físicos ou sexuais, ou se fomos vítimas de calamidades como guerras ou desalojamentos, nossa consciência desses acontecimentos terríveis pode se tornar indefinida, e até mesmo desaparecer. Somos capazes de reprimir nosso conhecimento do trauma, ou de minimizá-lo drasticamente para torná-lo menos doloroso.

São respostas automáticas da mente, muitas vezes involuntárias. Mas podem causar tanto sofrimento quanto a perfídia deliberada. Fechar os olhos e os ouvidos para nossas próprias dores significa que não percebemos a necessidade de nos afastarmos de situações ou pessoas perigosas. E isso nos coloca, ou nos mantém, em perigo. Suportamos uma experiência terrível atrás da outra. Isso é justo? Não. A justiça não tem nada a ver com isso. Qualquer mentira, ainda que inconsciente, afeta nossa integridade. Lembre-se do motivo por que o avião cai. Não é um castigo divino. É só a ação das leis da física.

Existe também a forma mais típica de mentira amena: as coisas que falamos, sabendo que não são verdadeiras, para manter o equilíbrio social. Quando amigos perguntam o que achamos da calça ridícula que acabaram de comprar, podemos responder: "Ficou ótima!". Quando nossos filhos de sete anos fazem um bolo de aniversário intragável para nós, dizemos que está delicioso. Diversas situações sociais se tornam um pouco mais suportáveis devido à nossa disposição coletiva para a falsidade. Mas muito cuidado: as mentiras amenas podem se tornar nebulosas com a maior facilidade.

MENTIRAS NEBULOSAS: O FATOR OCULTAÇÃO

"Eu fui à terapia de casal com o Ed na semana passada", me contou uma cliente que vou chamar aqui de Cindy. "E fui bem sincera. Contei que o Ed era uma pessoa emocionalmente distante, que não compartilhamos nenhum interesse, que não sinto mais atração por ele. Coloquei tudo para fora."

"Que ótimo!", respondi. "Então você contou que está tendo um caso?"

Cindy ficou chocada. "Quê? Isso não é da conta dele!", ela disse. "Além do mais, isso só ia magoar o Ed. Eu posso não ser perfeita, mas pelo menos tenho a vergonha na cara de poupar meu marido de uma coisa dessas."

Não era a primeira vez, nem mesmo a quinta, que eu ouvia uma mulher ou um marido infiel usar esse argumento. O economista Dan Ariely descobriu em sua pesquisa que, apesar de ser raro as pessoas cometerem crimes graves e contarem mentiras colossais, é bastante comum trapacearmos *um pouco* e contarmos histórias que preservem nossa autoimagem como cidadãos responsáveis. É isso o que eu chamo de mentira nebulosa.

Existem duas perguntas que podem ajudar você a diferenciar uma mentira amena de uma nebulosa. A primeira: alguém conseguiria chantagear você se ameaçasse contar o que está sendo escondido? Em caso positivo, não é uma mentira amena; é nebulosa. A segunda: você está seguindo a Regra Áurea ("Faça aos outros apenas o que gostaria que fizessem com você")?

Cindy, por exemplo, achava que estava tendo "vergonha na cara" ao mentir para Ed. Mas, quando perguntei se o mesmo raciocínio valeria para Ed caso ele estivesse escondendo alguma coisa, a resposta foi: "De jeito nenhum!". Ela vivia em duplicidade: um conjunto de regras morais para si mesma, outro bem diferente para os demais.

Muitos dos meus clientes tentam seguir a Regra Áurea de forma literal até demais: continuam aceitando, e inclusive justificando, o comportamento de pessoas que as maltratam. "Eu estou tratando os outros da maneira como gostaria que me tratassem", eles explicam. Essas pessoas estão mentindo tanto quanto Cindy, mas suas mentiras são de outro tipo. Elas estão ignorando o reverso da moeda da Regra Áurea (eu chamo isso e Aerua Arger, que é Regra Áurea ao contrário). Essa versão diz: "Nunca permita que tratem você de uma forma que jamais trataria os outros".

Eu tive uma cliente, Josie, que foi sequestrada pelo ex-namorado e passou vários dias acorrentada dentro de uma casa abandonada. "Mas ele não queria me fazer mal", Josie falou, proferindo o tipo de mentira conhecido como Síndrome de Estocolmo (uma situação em que o cativo involuntariamente desenvolve um vínculo emocional com seu captor). Foi apenas quando perguntei se ela manteria outra pessoa acorrentada em algum lugar que ela finalmente se deu conta de que o ex havia cometido um crime grave.

Se existe alguém na sua vida que lhe faz mal com muita frequência, pergunte se você submeteria outra pessoa ao mesmo tratamento que recebe. Se a resposta for não, então você precisa começar a pensar em formas de mudar essa situação para recuperar sua integridade. Isso pode exigir coragem, engenhosidade, desobediência civil e tempo. Mas aceitar maus-tratos equivale a participar de uma mentira.

Obviamente, as diferenças morais entre as mentiras obscuras, amenas e nebulosas são enormes. As mais obscuras são malignas; uma mentira amena pode se dar de forma inconsciente ou por gentileza; uma mentira nebulosa é uma ferramenta que todos usamos para lidar com as turbulências da vida. Seria de se pensar que atitudes que partem de princípios tão diferentes pudessem ter efeitos variados sobre o corpo e a mente. Mas não é esse o caso.

Todas as mentiras, de qualquer origem que sejam, provocam níveis similares de caos interior.

O PREÇO ALTO DA MENTIRA

Às vezes dizemos que a falsidade acaba nos enredando em uma "teia de aranha", mas a metáfora de Dante, de estar preso em um lago de gelo, pode ser ainda mais apropriada. As mentiras tendem a se proliferar: depois de contar uma, podemos precisar de várias outras para mantê-la. Quanto mais falsos nos tornamos, mais nos sentimos obrigados a tomar atitudes que reforcem nossas histórias. Não podemos falar de forma espontânea, não podemos fazer nada que contrarie a narrativa, não podemos relaxar. Começamos a perder o vínculo emocional com as pessoas para quem mentimos. A vida se torna cada vez mais fria, solitária e sem emoção. Podemos acabar completamente congelados, capazes apenas de ver o mundo, mas não de senti-lo.

Esse distanciamento entre a vida e o amor torna tudo sem sentido. E também é exaustivo. Esconder nossos crimes, agir como se tudo estivesse bem apesar da angústia que sentimos, ou mentir para impressionar as pessoas exige um esforço permanente. Uma vez que envolve diversas áreas do cérebro, todo o restante se torna mais confuso e enevoado. A mentira é uma coisa tão difícil que a maioria dos animais nem tenta fazer isso. (Os poucos que arriscam não conseguem mentir bem. Koko, a famosa gorila que sabia se comunicar usando a linguagem de sinais, uma vez arrancou uma pia da parede em um ataque de mau humor. Quando os humanos perguntaram o que tinha acontecido, Koko apontou para seu gatinho e gesticulou sua resposta: "Foi o gato". Boa tentativa, amiga, mas não colou.)

Não é apenas o cérebro que sofre quando mentimos; o corpo se enfraquece e deixa de funcionar direito também. Um estudo mostrou que pessoas que transmitiam "uma imagem idealizada de si mesmas" sofriam de pressão alta e taquicardia, tinham reações hormonais mais intensas ao estresse, níveis elevados de cortisol, glicose e colesterol e problemas de funcionamento do sistema imunológico. O ato de mentir e guardar segredos foi vinculado a doenças cardíacas, determinados tipos de câncer e toda uma variedade de sintomas emocionais como depressão, ansiedade e comportamento hostil.

A decisão de não mentir mais pode amenizar esses sintomas de forma quase imediata. Em um estudo, os pesquisadores solicitaram a um grupo de participantes que parassem de mentir por dez semanas. Não há como saber se eles pararam mesmo de contar *qualquer tipo* de mentira, mas só o esforço já foi benéfico para a saúde física e mental. Os que contaram apenas três mentiras a menos por semana relataram uma redução de sentimentos negativos, como tensão e tristeza, e menos sintomas físicos, como dor de garganta ou de cabeça. Seus relacionamentos também foram beneficiados: os participantes disseram que suas vidas pessoais ficaram mais tranquilas e felizes durante as semanas em que reduziram as mentiras.

A VERDADE TEM CONSEQUÊNCIAS

Visto que mentir é tão estressante e nos torna tão infelizes, por que fazer isso? Foi o que descobri, a duras penas, durante o meu Ano de Não Mentir em Nada.

De início, foi tudo ótimo. Percebi que quase não tinha o hábito de mentir, e que em geral só recorria à mentira quando respondia "Tudo bem!" apesar de estar mal, ou "Tranquilo, sem problema!" quando tinha problema. Assim que parei com essas falsidades, minha dor crônica e meus sintomas autoimunes melhoraram de forma quase instantânea. Passei a ter menos feridas na boca e dores de estômago. Minha memória parecia melhor. Foi fabuloso!

Mas então comecei a observar a minha mente da convicção cega, que passava um bom tempo envolvida com a questão do mormonismo. Foi quando percebi que, como constatou o escritor Aleksandr Soljenítsin: "Existem ocasiões em que o silêncio é uma mentira". As autoridades da igreja continuavam a punir os estudiosos por saberem demais, e eu me dei conta de que permanecer em silêncio me afastava da minha integridade.

Hoje, quando converso com um cliente que está com raiva e de saco cheio de alguém ou de alguma instituição, sugiro que aceite o desafio que propus a mim mesma: parar de mentir para a pessoa ou instituição em questão e dizer somente a verdade.

Muitas vezes, só de pensar nisso o calor da raiva se transforma em um calafrio gelado de medo. A maioria das pessoas fica em silêncio e logo em seguida foge do assunto como quem foge de uma cobra.

Essas pessoas não são covardes: em geral precisariam enfrentar circunstâncias sérias se parassem de mentir. Eu sabia que seria atacada se falasse abertamente o que pensava sobre o mormonismo. Meu pai era um "apologista" de renome da religião, um defensor da fé — talvez o mais conhecido da história da igreja. Sendo filha dele, eu atrairia muita atenção se declarasse em público o que realmente acreditava.

Mesmo assim, fiz essa resolução de Ano-Novo. E comecei a falar no trabalho sobre os assuntos que discutia em casa. Veículos impressos e televisivos começaram a me procurar. Meu nome apareceu nos jornais. Meus amigos e colegas me deram apoio, mas outros se mostravam extremamente preocupados com as consequências — que não demoraram a aparecer.

O que aconteceu a seguir é o motivo pelo qual recomendo cautela a quando você for erradicar a mentira da sua vida. Não saia falando em público de imediato. Apenas comece a *observar* onde, quando, por que e para quem você mente. Se você fizer parte de uma sociedade opressora, ou se conviver com um psicopata, pode continuar mentindo para essas pessoas perigosas, pelo menos por um tempo. *Mas pare de mentir para você.*

O CHOQUE DA VERDADE

Cada mentira que você deixa de contar é como uma camada de terra removida em direção ao cerne do seu ser, da sua integridade interior absoluta. À medida que a escavação arqueológica continua, você pode acabar desenterrando falsas declarações de felicidade e justificativas desonestas para continuar suportando maus-tratos. Já vi diversas pessoas descobrindo verdades bastante frequentes, como "Acabei de perceber que era cúmplice de um sistema racista", ou incomuns, como "Acho que todos os meus tios são mafiosos".

Certa vez, em um dos meus seminários, uma cliente contou ao grupo que leu no livro de biologia da filha que dois pais de olhos azuis não podem ter filhos de olhos castanhos (isso não é exatamente verdade, mas trata-se de um acontecimento raro). "Meus olhos são castanhos", ela mostrou, "e os meus pais têm olhos bem azuis. Eu sempre tive essa suspeita secreta, mas nunca me permiti saber: o meu pai não podia ser meu pai. Depois de ler isso no livro, fui falar com a minha mãe. E realmente ela teve um caso com outro homem." Do outro lado da sala, uma outra mulher falou: "Espera aí, como é essa história?". Essa segunda mulher também tinha olhos castanhos, diferentes dos olhos azuis de seus pais, mas *idênticos* aos do melhor amigo do pai dela.

Algumas das verdades descobertas vão reverberar de forma a deixar claro que seu guia interior está dando um sinal de aprovação. Algumas vão fazer parecer que um gongo foi soado dentro da sua cabeça. Enxergar uma verdade profunda, algo que está escondido de forma semiconsciente ou até entranhado no inconsciente, pode dar sentido a milhares de outras sombras perturbadoras, jogando luz sobre o comportamento dos outros e sobre os seus próprios sentimentos. Essa verdade vai ser alentadora para seu corpo, mente, coração e alma. A sensação vai ser extremamente libertadora. E também pode deixar você morrendo de medo.

A esta altura, considero necessário repetir o alerta que dei antes: *se você sentir que está perto de se deparar com uma verdade insuportável ou um grande trauma, não siga em frente sem ajuda profissional*. Marque uma sessão de terapia, ligue para um serviço de apoio emocional em situações de crise, entre em um grupo de pessoas que estão escavando juntas seus traumas. As mentiras mais difíceis de encarar estão congeladas e enterradas porque são mesmo insuportáveis. É simplesmente impossível carregar esse peso contando só com as suas forças. *Procure ajuda.*

Dito isso, a não ser que esteja lidando com um trauma pesado, suas mentiras mais profundas não devem ser devastadoras a ponto de exigir esse tipo de apoio. Talvez você só esteja relutante em admitir que já não está mais enxergando tão bem quanto antes, ou que você tem, sim, um filho favorito, ou que algumas das suas amizades na verdade não lhe fazem bem. Mas, sejam quais forem suas mentiras, à medida que forem escavadas vão levar você ao centro do seu inferno. É lá que você vai encontrar três aspectos importantíssimos da sua psique: o monstro, o traidor e o traído.

O INFERNO DA AUTOCULPA

No centro inóspito do inferno congelado de Dante, com gelo até a cintura, está o gigantesco monstro Lúcifer. Ele tem três faces horríveis, e duas delas estão mordendo e arrancando pedaços dos líderes romanos que traíram Júlio César. O rosto do meio, o mais horrendo de todos, mastiga eternamente Judas Iscariotes — aos olhos de Dante, o pior traidor da história.

Lembre-se de que eu não estou levando a história ao pé da letra. Estou interpretando cada aspecto d'*A divina comédia* como uma alegoria para nossas próprias vidas. Se analisarmos essa imagem, o que o centro do inferno simboliza? Júlio César pode ser a parte de nós que é justa e nobre (pelo menos era assim que Dante o enxergava). Jesus pode representar a parte de nós que é feita de amor incondicional. Esses aspectos de nós mesmos — o nobre e o amoroso — são as qualidades que traímos quando nos afastamos da nossa integridade. Isso leva a um sofrimento profundo e indescritível, uma angústia cristalizada dentro de nós que nos castiga sem parar. Quase sempre, nossas maiores autotraições têm origem na infância. Jesus, segundo a Bíblia, detestava ver crianças sendo maltratadas. E a maioria das pessoas concorda com ele nesse ponto. Mas todos nós já traímos e magoamos pelo menos uma criança: a versão mais jovem de nós mesmos.

Toda vez que beijava obedientemente aquela tia assustadora, toda vez que forçava uma risadinha ao ouvir as provocações do restante da molecada, toda vez que fingia que estava tudo bem quando seus pais brigavam você cometia um ato de autoabandono e autotraição. Porque não tinha opção. Nessas ocasiões, você pode ter sentido que uma coisa monstruosa estava acontecendo. E estava mesmo: uma criança estava sendo magoada ou ignorada, e tinha alguém (você, ainda por cima) fingindo que aquela situação horrível não era nada de mais. Inclusive, de forma inconsciente, você pode ter colocado a culpa na própria criança (no caso, você). Os psicólogos chamam isso de "hipótese do mundo justo". Para se sentir segura, a criança deve acreditar que o mundo é um lugar justo, que coisas boas acontecem com pessoas boas e coisas ruins acontecem com pessoas ruins. Então, quando alguma coisa ruim acontecia com seu eu da infância, sua reação mais provável devia ser a conclusão de que *você* era ruim. Quase todos temos esse tipo de mentira da autoculpa entranhada em nossas suposições não declaradas da infância: "Se eu não fosse tão idiota...", "Se eu tivesse cuidado melhor da minha mãe...", "Se eu tivesse me esforçado mais...".

Assumir a própria culpa é um ato de honestidade, mas nos culpar quando não fizemos nada de errado é cruel, enganoso e devastador. Mesmo quando somos crianças, sentimos que tem alguma coisa errada conosco, uma coisa terrível. No fundo, sabemos que nos traímos (essas são as mentiras que de fato parecem teias de aranha) e passamos a nos odiar por essa autotraição. Presos no gelo como o Lúcifer de Dante, atacamos nosso eu traidor por ter abandonado e traído nosso eu inocente e nobre. Quanto mais sofrimento isso nos causa, mais violento é o desprezo e a punição que impomos a nós mesmos. A parte de nós que é mais carregada de ódio nos morde sem parar no lugar onde mais dói.

Se você parar de mentir, vai acabar descobrindo essas inverdades profundas, atordoantes e atormentadoras. Terapeutas, coaches e outros aliados podem ajudar você a quebrar o gelo ao redor delas. Além disso, você pode usar o exercício a seguir para encontrar a angústia congelada nas profundezas do seu inferno. Responda com sinceridade, procure ajuda, mate a sua covardia e siga em frente.

EXERCÍCIO

A JORNADA AO INFERNO CONGELADO

Qual foi a última mentira que você contou?

_____

_____

_____

O que você estava escondendo com essa mentira?

_____

_____

De quem você estava escondendo isso?

_____

_____

O que você teme que essa pessoa (ou pessoas) faça com você se descobrir a verdade?

_____

_____

O que você teme que essa pessoa (ou pessoas) pense de você se descobrir a verdade?

_____

_____

O que você teme que essa pessoa (ou pessoas) sinta a seu respeito se descobrir a verdade?

_____

_____

O que você quer ou precisa dessa pessoa (ou pessoas)?

_____

_____

O respeito, o amor, a admiração, a amizade ou a estima de quem você perderia se essa mentira fosse revelada?

_____

_____

Lembre-se de quando contou a mentira. Sinta o que estava sentindo quando fez isso. Concentre-se na parte de você que decidiu não dizer a verdade. Quantos anos essa parte de você parecia ter?

_____

_____

Agora se torne essa parte sua que mentiu. Ela pode ser mais jovem que você, até uma criancinha. O que mais incomoda ou assusta **essa sua parte**?

_____

_____

> Sobre a resposta anterior: o que ela diz sobre sua capacidade de se sentir uma pessoa amada e acolhida pelos outros?
>
> _____
>
> _____
>
> Quando identificou essa parte de você, houve uma conexão, uma identificação com ela? Ou você sentiu solidão?
>
> _____
>
> De acordo com a parte de você que mentiu (que pode ser bem jovem e até infantil), qual é a pior coisa que poderia acontecer se todos à sua volta que você conhece descobrissem a verdade?
>
> _____
>
> _____

Eu acompanhei inúmeras pessoas enquanto faziam esse exercício, escavando as mentiras mais superficiais para encontrar as verdades mais profundas e assustadoras. E uma coisa acontece quase sempre. Toda a falsidade, toda a ocultação, toda a repressão, toda a fraude e traição — tudo isso é motivado por alguma versão da mesma mentira:

Eu não sou uma pessoa amada.

Você pode elaborar isso de uma forma um pouco diferente. Para você, talvez a mentira mais profunda seja "Eu não sou normal", "Ninguém me quer por perto", "Eu não faço parte de uma comunidade", "Eu não me encaixo em lugar nenhum", ou qualquer uma de suas milhares de variações. Mas o ponto principal é que os seres humanos não conseguem viver sem a sensação de pertencimento. A pior coisa em que podemos acreditar é que estamos condenados à solidão e ao confinamento. Qualquer que seja o medo que tenha se revelado para você, anote-o a seguir.

> **Meu medo**
>
> _____
>
> _____

COMO CHEGUEI AO FUNDO DO POÇO

Durante meu Ano de Não Mentir em Nada, eu me sentia cada vez mais livre — e cada vez mais apavorada. Comecei a ter pesadelos tão perturbadores que passei a ter medo de dormir. Lia livros ou escrevia no meu diário o tempo todo, concentrando minha mente em fluxos organizados de palavras para impedir que os meus pensamentos vagassem. Tinha a impressão de que, se isso acontecesse, eu acabaria encontrando algo realmente monstruoso dentro de mim — alguma coisa congelada, dormente, aprisionada.

Um dia eu estava conduzindo um debate na aula de psicologia quando várias estudantes começaram a fazer relatos das agressões sexuais que tinham sofrido. De repente, foi como se milhares de formigas estivessem mordendo cada milímetro da minha pele. Sem dizer nada, saí correndo da sala e desmoronei no corredor. Não conseguia respirar direito, não conseguia pensar nem falar com clareza, e senti uma dor intensa no meio das pernas. Meu marido me levou ao médico, que me examinou e ficou alarmado ao constatar que eu poderia ter um tumor na região pélvica. Ele me mandou para o hospital, onde fui admitida para uma cirurgia de emergência.

No fim, não havia tumor, apenas muito sangue. Eu estava sangrando por dentro por causa de um acúmulo de tecidos mal cicatrizados. Essas cicatrizes haviam se rompido de forma espontânea, sem nenhuma razão aparente.

Eu sabia que todas aquelas cicatrizes estavam lá; um obstetra havia falado a respeito delas para mim, imaginando que fosse por causa de um parto sem supervisão médica que havia causado um rompimento significativo. Ele falou que a cicatrização não estava boa, e me perguntou se eu queria "deixar tudo limpinho". Respondi que não, sem sequer me perguntar de onde haviam surgido aquelas cicatrizes. Falei sem pensar duas vezes, na verdade, nem ao menos uma. *Ah, não precisa, doutor, eu estou bem.*

No dia seguinte à cirurgia de emergência, começaram a surgir fragmentos recorrentes de lembranças nas quais eu era abusada sexualmente pelo meu pai aos cinco anos de idade. Cada flashback daqueles era como uma explosão nuclear, tanto em termos físicos como emocionais. No entanto, por mais terríveis que fossem, essas lembranças explicavam todas as coisas que me atormentavam desde que eu era capaz de me lembrar. A mentira que meu cérebro me contara para que eu conseguisse suportar minha infância ("Ora, isso *nunca* aconteceu!") também havia provocado anos de depressão, ansiedade, autoexigência extrema, insônia, comportamentos compulsivos, ideias suicidas e toda uma variedade de incursões sofridas pela floresta escura do erro.

O primeiro pensamento que verbalizei quando me lembrei do abuso foi: "Ninguém vai acreditar em mim". Não era exatamente verdade. Meu marido acreditou. Um amigo da época do ensino médio me perguntou sobre o assunto quando veio me visitar; pelo visto, eu havia contado tudo para ele. Senti minha pele se arrepiar: eu não me recordava dessa conversa. Não tinha nem uma lembrança vaga, era uma memória *ausente*. Já era estranho o bastante ter resgatado uma lembrança reprimida dos meus cinco anos de idade; a ideia de que uma parte de mim pudesse saber da verdade o tempo todo me parecia ainda mais bizarra. Mas meu amigo dos tempos da escola repetiu em detalhes tudo o que eu tinha relatado. Isso me convenceu de que a memória reprimida era um fenômeno real, e confirmou de forma devastadora os flashbacks perturbadores que não me deixavam mais em paz.

Durante dias, não fui a lugar nenhum além do trabalho. Eu me fechei em casa, onde conseguia lidar melhor com aqueles flashbacks inesperados e apavorantes. Depois de uma semana, mais ou menos, minha mãe me ligou para perguntar por que eu andava tão ausente. Sem entrar em detalhes, contei que estava lidando com alguns sentimentos desagradáveis. Então ela perguntou com toda a calma se o meu pai tinha me molestado. Quando respondi que sim, ela não pareceu surpresa. "Você acredita mesmo em mim?", perguntei, ofegante e perplexa. "Claro que acredito", ela falou. "Eu conheço seu pai melhor que você." Mais tarde, ela alegou que estava brincando quando disse isso.

Portanto, sim, algumas pessoas acreditaram em mim. Mas pouquíssimas estavam dispostas a admitir. Minha mãe imediatamente voltou atrás quando falei que precisava fazer terapia — ela havia presumido, segundo me disse, que eu guardaria o segredo. Ironicamente, quando contei que ia procurar tratamento, ela espalhou a notícia por conta própria, ligando para as pessoas e recomendando que não acreditassem em nada do que eu falasse. Assim, várias pessoas logo ficaram sabendo da situação. Mas coisas ruins acontecendo com pessoas indefesas sempre causam incômodos.

É sempre mais fácil agir em conformidade com o sistema — que tolera o privilégio branco, a violência doméstica, os maus-tratos aos animais, o abuso sexual de crianças — do que levantar a voz pelas vítimas.

Como tudo isso ocorreu no meu Ano de Não Mentir em Nada, eu continuei falando a verdade todas as vezes que o silêncio parecia uma mentira. Em questão de poucos meses, perdi contato com todas as pessoas próximas de mim. Encontrei uma terapeuta que, embora me defendesse em nossas sessões privadas, me pediu para não falar sobre o meu caso quando participasse da terapia em grupo. Ela não precisou nem me explicar por quê. Nós duas sabíamos que, caso alguma outra paciente espalhasse o que tinha ouvido e a conversa chegasse às autoridades da igreja mórmon, a carreira da minha terapeuta estaria em risco.

Estou contando essa história para confirmar o que você já deve ter suspeitado: a honestidade absoluta pode significar o fim de alguns dos seus relacionamentos. Se isso acontecer, o medo da solidão pode se tornar muito, muito concreto. Insuportavelmente concreto. Mas ainda assim vale a pena dizer a verdade, eu prometo. Continue lendo.

ATRAVESSANDO O CENTRO DO INFERNO

Enquanto Dante olha para Lúcifer, quase desmaiando de pavor, Virgílio segue o roteiro de sempre: ele diz ao poeta para continuar descendo. Mas *como*? Não há mais para onde descer. Inabalável, Virgílio conduz Dante até o corpo gigantesco de Lúcifer e, segurando os cabelos sebosos do demônio, vai descendo junto com Dante rumo à superfície do lago congelado. Quando chega ao quadril do monstro, Virgílio faz um tremendo esforço para se virar e continua seguindo na mesma direção — para os pés de Lúcifer —, só que agora está *escalando*. Ele passou pelo centro da Terra, então a descida virou uma subida. Dante vai atrás, esperando ser aniquilado. Em vez disso, a dupla passa pelo corpo de Lúcifer e chega a um caminho seco, aberto e íngreme. Eles estão fora do inferno.

Sempre que chegamos fundo o bastante para alcançar a verdade sobre o nosso sofrimento, encontramos o lugar onde, sem mudar de direção, termina nosso declínio e começa nossa trajetória de ascensão. Às vezes isso acontece devagar — por exemplo, quando vivemos o luto da perda de um ente querido até a tristeza ir embora, e acordamos um dia nos sentindo bem (não ótimos, mas bem). E acontece com frequência no trabalho com terapeutas e coaches, quando pessoas perturbadas encontram segurança e orientação para reconhecer as verdades que tinham medo de encarar. É o que acontece todas as vezes que conto uma verdade para mim mesma a respeito do que quer que seja, desde um leve desconforto até a pior coisa imaginável.

Para todos nós, atravessar o centro da Terra significa se conectar de forma bastante direta com aquela mentira fundamental: *Eu não tenho ninguém*. Essa é a corrente que prende você ao seu sofrimento mais profundo. Felizmente, você já praticou o método para quebrar essas correntes durante toda a sua travessia do inferno. Isso funciona tão bem com as mentiras fundamentais quanto com as superficiais. É assim que nós a usamos em um medo do lago congelado.

Primeiro encare a presença do seu pensamento mais terrível enquanto se mantém imóvel. Então se pergunte: *Eu tenho certeza de que esse pensamento é uma verdade? Eu posso garantir sem sombra de dúvida que é uma verdade?* Sinta como seu guia interior reage. Seu pensamento mais doloroso faz uma sensação agradável ressoar por seu corpo, mente, coração e alma? Faz você sentir que está se libertando? Ou parece que existem correntes e pesos de chumbo aprisionando você ao seu inferno pessoal? Veja quem você se torna quando acredita nesse pensamento, e quem você é quando para de acreditar nisso.

Quando enfim cheguei à mentira fundamental de que *Eu não sou uma pessoa amada*, o declínio se transformou em ascensão de uma forma bastante dramática. Foi a última coisa que eu esperava — uma espécie de raio mágico que apareceu quando eu estava totalmente paralisada, sem saber o que pensar. Aconteceu durante aquela cirurgia de emergência, depois do desmaio no corredor da faculdade. Enquanto os médicos literalmente reabriam as feridas da minha infância, eu atingi a consciência plena — o que era estranho, já que estava anestesiada e não sentia dor alguma. Embora meus olhos estivessem fechados, eu conseguia ver tudo o que acontecia na sala de cirurgia. Me "sentei", apesar de meu corpo continuar deitado, e vi os cirurgiões trabalhando sobre mim. Então, perplexa, voltei a me deitar.

Foi nesse momento que uma luz extraordinariamente clara apareceu entre os refletores cirúrgicos, bem acima da minha cabeça. A princípio era pequena, uma esfera do tamanho de uma bola de golfe, mas de um brilho tão intenso que as enormes lâmpadas da sala de cirurgia pareciam fracas em comparação a ela.

O que eu posso dizer sobre essa luz? Parece ser uma coisa tão trivial — quer dizer, todos nós já vimos o pôr do sol ou luzinhas de Natal. Não era nada desse tipo. Era a coisa mais linda que eu já tinha visto. Era incrível, cósmica, cheia de cores que eu nem sabia que existiam. Enquanto eu olhava para ela, a esfera foi crescendo cada vez mais, envolvendo os objetos em vez de bater neles. Então ela me tocou, e a sensação foi ainda mais maravilhosa do que a da visão. Ela me banhou com um calor inexplicavelmente delicioso, um amor que vai além de qualquer coisa que eu pudesse imaginar. Comecei a chorar, e as lágrimas escorriam pelo meu rosto na mesa de cirurgia.

A luz pareceu se fundir comigo, como se todas as minhas preocupações e tristezas tivessem desaparecido. A luz e eu, que parecíamos a mesma coisa, éramos feitas de uma alegria pura e indescritível. Percebi que éramos capazes de nos comunicar sem a necessidade de palavras. A luz "falava" comigo na forma de descargas diretas de informações. *Você está prestes a encarar tempos difíceis*, ela me falou. *Mas estou sempre com você. Sempre estive.* Em seguida, acrescentou: *Não pense que é preciso morrer para se sentir assim. O propósito do ser humano é aprender a se sentir assim enquanto ainda está vivo.*

Acordei da cirurgia chorando de felicidade. Então pedi para conversar com o anestesista. Queria saber se tivera uma alucinação induzida por algum remédio (e, se fosse o caso, pedir mais desse medicamento). Quando o médico apareceu, eu o enchi de perguntas: ele tinha me dado algum alucinógeno? Qual era a reação corriqueira das pessoas às substâncias que ele usara em mim? Ele me contou que não havia nada de psicodélico na minha anestesia, e que a maioria das pessoas simplesmente apagava e não se lembrava de nada depois de despertar.

Nesse momento, ele falou: "Então, que tal você me explicar o que aconteceu lá dentro?". Foi quando ele me contou o seu lado da história. Os cirurgiões perceberam que eu estava chorando durante o procedimento, e ficaram preocupadíssimos que pudesse ser de dor. O anestesista estava pres-

201

tes a aumentar a dose da medicação quando ouviu uma voz dizer: "Não faça isso. Ela está bem. Está chorando de felicidade". Ele me explicou que obedeceu a essa voz — o que lhe pareceu maluquice mais tarde — e não ajustou a dose do remédio. E estava com medo de ter tomado a decisão errada.

Eu contei àquele bom homem uma breve versão do que vivenciei — uma luz quente e reconfortante havia se conectado comigo durante a cirurgia. "Eu sou médico há mais de trinta anos", ele me disse. "Sabe quantas vezes isso aconteceu? Uma. Só desta vez." Em seguida, ele me deu um beijo na testa e saiu.

Essa experiência me deixou tão cheia de alegria que eu duvidava que alguma coisa fosse capaz de me jogar para baixo de novo. Ah, grande erro. Eu ainda tinha muita limpeza de integridade a fazer. Nos anos que se seguiram, fui abordando milhares de mentiras, grandes e pequenas, que acorrentavam partes de mim ao meu inferno interior. A luz foi uma prévia abençoada da maneira como eu *poderia* me sentir quando me desvencilhasse dos incontáveis erros em que me envolvera durante minha jornada neste mundo.

Por mais breve que tenha sido, essa comunhão com a luz foi um divisor de águas. Me mostrou a verdade pura e simples que eu precisava desesperadamente conhecer. E que você e todo mundo também precisa saber. É a seguinte: *Você é de um valor inestimável. De uma preciosidade inestimável. O que você é sempre bastou. E sempre vai bastar. Não existe lugar ao qual você não pertença. Você é uma pessoa que merece ser amada. Você é uma pessoa amada. Você é amor.*

Eu não tenho como convencer ninguém disso, mas você pode encontrar essa verdade por si só. Esse conhecimento está à sua espera no cerne da sua alma congelada.

FORA DO INFERNO

Considerando a dificuldade que Dante passou para conseguir sair do inferno, os últimos versos dessa parte do poema são incrivelmente breves e simples. Virgílio conduz Dante por um caminho que leva à superfície da Terra. Sem precisarem nem parar para descansar, eles sobem por uma abertura circular por onde veem as "coisas belas no céu".

Uma coisa similar acontece no nosso coração quando enfim reconhecemos todas as nossas mentiras. O alívio que surge quando somos absolutamente sinceros com nós mesmos pode nos tirar de um sofrimento que parecia incessante e nos deixar em um estado de tranquilidade e paz, mesmo antes de qualquer mudança na nossa vida exterior. Daqui em diante, tudo melhora. "Então saímos", como escreveu Dante, "e nos deparamos novamente com as estrelas."

ESTÁGIO TRÊS
PURGATÓRIO

9. O começo da limpeza

Dante e Virgílio emergem do inferno ao raiar de uma aurora tão bela e suave quanto o inferno era sinistro. Estão no pé de uma enorme montanha, que tem o formato de uma casquinha de sorvete virada de cabeça para baixo, mas com diferentes patamares — o oposto exato do inferno. Isso não é coincidência: a montanha é feita das pedras que foram desalojadas quando Lúcifer caiu do céu para a Terra, chocando-se contra o chão com tamanha força que abriu a cratera que se tornou o inferno, e o impacto matou os dinossauros. Tudo bem, essa parte dos dinossauros eu inventei. Mas Dante inventou todo o resto, inclusive o conceito de que a montanha é o "purgatório", o lugar onde as almas arrependidas se purificam de seus erros e, no fim do processo, alcançam a perfeição.

Existem muitas pessoas mortas no purgatório, assim como havia no inferno. Mas, para alívio geral, nenhuma está gritando. Muito pelo contrário. Dante escuta o canto alegre das almas que escalam a montanha. Todas estão felizes porque sabem que se encaminham para o paraíso. Só precisam se purificar com a subida da montanha, realizando várias tarefas extenuantes no caminho. É uma espécie de campo de treinamento para o paraíso. A própria subida é extenuante. Dante se dá conta de que santa Catarina de Siena estava certa: o caminho que leva ao paraíso é o paraíso.

Depois de atravessar toda a parte do inferno da sua jornada rumo à integridade, você deve estar se sentindo muito bem. As habilidades aprendidas até aqui neste livro mostraram que você havia abandonado sua verdadeira natureza para se submeter a algum aspecto da sua cultura. Você se desfez de alguns pensamentos mentirosos que tinham como base a socialização ou um trauma. É possível avançar bastante na direção da felicidade só lendo tudo isso e mudando sua forma de pensar. Bom trabalho! Meus parabéns por ter aprendido a linguagem da integridade!

Agora está na hora de agir.

ESCALAR TODAS AS MONTANHAS

Para Dante, os primeiros patamares do purgatório parecem impossíveis de escalar: são altos, íngremes, pedregosos, e não existe uma trilha visível. Por um tempo, ele e Virgílio vagam pelo local pedindo orientações para as almas dos falecidos, mas ninguém é capaz de ajudar muito. Virgílio consola Dante dizendo que aquela montanha é mais difícil de escalar no início, mas à medida que ele for avançando, o caminho fica mais fácil.

A metáfora de Dante acerta na mosca. Nosso purgatório exige deixar a duplicidade para trás e ajustar nosso comportamento exterior às nossas novas verdades interiores. Isso é mais difícil no começo. Nós entramos no inferno em um local relativamente ameno, onde os pecadores estavam tristes, mas não ensandecidos. As coisas foram ficando mais complicadas à medida que descemos. No purgatório, o padrão é invertido: aprender a agir com integridade é difícil no começo, e tranquilo e sem esforço no final.

O inferno terminava em um lugar de autotraição e fraude, então nossos primeiros passos no purgatório, a imagem espelhada do inferno, exigem encarar os mesmos erros. A instrução para o seu próximo passo é a maior das estratégias de autoajuda, a prática que pode eliminar todo o seu sofrimento e levar você diretamente à felicidade.

Parar de mentir.

Parece bem simples, não? E é mesmo, no sentido de que só existe uma instrução a seguir. Nós já vimos que mentir é difícil e tóxico, e que falar a verdade é relaxante e saudável. O problema está aqui: se parar de mentir, você inevitavelmente vai acabar violando as regras de uma cultura que valoriza.

Lembre-se, uma "cultura" é qualquer conjunto de regras que determinam o comportamento de um grupo de pessoas. Cada casal cria para si uma pequena cultura. O mesmo vale para familiares e amigos. A seguir vêm as grandes entidades culturais: a cultura religiosa, étnica, nacional e assim por diante. A pressão de um ou mais desses grupos sociais foi o que convenceu você a agir de forma contrária ao seu próprio senso de verdade, para começo de conversa.

As culturas precisam da nossa cooperação para se manter vivas, por isso são estabelecidas de modo a controlar nosso comportamento. Todas as culturas operam através de ameaças ou causando aquilo que o psiquiatra Mario Martinez chama de as três mágoas arquetípicas: abandono, traição e vergonha. Você pode reconhecer isso da sua recente visita às profundezas do inferno. Essas coisas nos imobilizam, nos deixam paralisados no centro do nosso inferno interior — é por isso que a ameaça de qualquer uma dessas três mágoas funciona tão bem como ferramenta de controle social. Para ter integridade e liberdade, precisamos continuar avançando mesmo assim. Mas, quando estamos sofrendo uma pressão cultural, seguir o caminho da integridade parece quase impossível.

MAIS ÍNGREME NO COMEÇO

Gina chegara ao limite. Cody, seu filho de quarenta anos, viciado em drogas desde a adolescência, continuava morando na casa dela (mas seu marido, cansado do drama doméstico, tinha ido embora anos antes). Gina havia se exaurido por completo — em termos físicos, emocionais e financeiros — tentando controlar o comportamento de Cody. Tinha pagado três internações em clínicas de reabilitação, e nenhum dos tratamentos funcionara. "Eu preciso expulsá-lo de casa", Gina me falou, pálida de preocupação. "Mas, se eu fizer isso, ele nunca mais vai falar comigo. Pode ter uma overdose. Pode morrer." Ela pensou por um instante e acrescentou: "Por outro lado, se ele ficar, quem vai morrer sou eu".

Janice era a única sócia negra de um prestigiado escritório de advocacia. Inteligentíssima e aparentemente incansável, só tirava nota máxima na faculdade, foi colaboradora da revista de direito da universidade e, no mercado de trabalho, se tornou sócia mais rápido que qualquer um na história de seu escritório. Mas, quando a conheci, ela estava exausta. "Eu preciso fazer um trabalho perfeito para receber metade do reconhecimento que os sócios brancos recebem", ela contou. "E os advogados brancos ainda dizem o tempo todo que a minha cor é uma 'vantagem'. Preciso ser mais simpática, mais divertida e mais tranquila que todo mundo, porque os velhos estereótipos continuam valendo em todos os lugares. Se eu der uma escorregadinha que seja — se ficar esgotada ou falar alguma coisa que não deveria —, isso quer dizer que sou preguiçosa, que sou bocuda. Eu sou a mulher negra que tirou o lugar de um branco. Estou cansada disso tudo. Estou cansada de fingir que está tudo bem."

Já vi muitos clientes como Gina e Janice refletirem sobre o que aconteceria se começassem a falar e agir com integridade total. É sempre uma coisa assustadora. No capítulo anterior, pedi para você pensar em épocas, lugares e relacionamentos em que foi possível perceber que estava mentindo ou se comportando de uma forma não autêntica. O que aconteceria se você começasse a dizer exatamente o que pensa e a fazer exatamente o que quer nessas situações? Adivinhe. Se você acha que as coisas vão desmoronar em cima da sua cabeça, pode ser que esteja exagerando. Mas pode ser que você tenha razão.

Talvez você esteja suportando um relacionamento infeliz ou um emprego infernal por medo de perder a pouca segurança que tem se jogar tudo para o alto. Talvez esteja tentando vender um produto que não funciona, mas sabe que, se abrir a boca e revelar isso em público, sua empresa pode falir. Ou talvez você tenha flashbacks repentinos com lembranças de ser abusada sexualmente por uma prestigiada autoridade religiosa que por acaso também é seu pai.

O INÍCIO DA MINHA ESCALADA

Como todo mundo cuja trajetória de vida chega ao pé da montanha do purgatório, percebi que meu compromisso de não mentir tinha me levado a um lugar onde fiquei totalmente desorientada sobre o que fazer a seguir. Era como se eu estivesse diante de um penhasco em uma face íngreme do Everest. Qualquer tipo de avanço parecia impossível. A única coisa que eu continuava fazendo, por causa do meu encontro com a luz (e porque em algum nível eu sabia que essa era a única coisa que no fim poderia me ajudar), era Não Mentir em Nada. Claro que eu não saí alardeando minhas verdades dolorosas em público. Mas muitas vezes respondia à pergunta "Como vai você?" mudando de assunto ou dizendo em um tom simpático: "Estou um caco. E você?".

A maneira como lidei com a minha situação é uma longa história, que contei em um outro livro. Aqui vou apenas dizer que lidar com o transtorno de estresse pós-traumático em uma cultura que não está interessada em conhecer a sua verdade não é nada fácil.

Os flashbacks constantes e repentinos me atormentavam enquanto eu tentava criar meus filhos, dar minhas aulas e escrever minha tese de doutorado. Depois de um impulso inicial de sinceridade, minha mãe e meus irmãos começaram a alegar que eu tinha criado "falsas memórias" ou então estava mentindo. Eu mantinha como confidentes duas amigas próximas, ambas mórmons. Elas se mostravam solidárias, mas diziam que eu precisava esconder meus segredos para proteger a igreja. Não muito tempo depois, uma delas cometeu suicídio.

Eu passava um tempão dirigindo pelas estradas nas montanhas, ouvindo música e chorando, com meus filhos nas cadeirinhas no banco de trás. Tinha medo de que as crianças pudessem ficar traumatizadas por passarem tanto tempo no carro, vendo a mãe desmoronar atrás do volante. (Felizmente, se tornaram adultos extraordinariamente amorosos, que conhecem uma vasta seleção de baladas agridoces da década de 1990.)

Enquanto isso, a controvérsia dos acadêmicos "hereges" da BYU só crescia. Eu continuava sendo procurada pela imprensa, e também trabalhava no Centro de Auxílio às Mulheres, supostamente ajudando alunas a resolver questões relacionadas a trabalhos acadêmicos e problemas de convivência nos alojamentos estudantis. Em vez disso, as jovens apareciam quase todos os dias, deprimidas e chorando, para contar que tinham sofrido abusos sexuais, em geral na infância. Foi como uma prévia do movimento #MeToo, mas com histórias e personagens muito menos variadas.

Em resumo, comecei a ver a religião que seguia desde sempre como um criadouro de pessoas disfuncionais. Durante toda a vida, pessoas desconhecidas me abordavam para dizer: "Seu pai é o motivo por que eu continuo sendo mórmon". Isso ainda acontecia, mas àquela altura aceitar elegantemente os elogios em nome do meu pai parecia imoral. Ir todo dia para o trabalho parecia uma mentira cada vez mais obscura. Mas dizer a verdade seria um suicídio financeiro e social. John e eu dependíamos daqueles empregos na BYU para garantir nosso sustento. Nossas enormes famílias estendidas eram formadas por membros fiéis da Igreja de Jesus Cristo dos Santos dos Últimos Dias. Confrontar a igreja, e ainda por cima abandoná-la, destruiria tudo o que tínhamos.

Portanto, se você estiver no início da escalada de um purgatório difícil neste momento, querendo muito viver sua verdade, mas morrendo de medo do que vai acontecer, eu realmente entendo. E repito: mesmo nesse caso, a integridade é o caminho da felicidade.

ASAS DO DESEJO

Dante começa a subir para o primeiro nível do purgatório, às vezes avançando a duras penas, ofegante e exausto, às vezes engatinhando. Mas há lugares em que o caminho é tão íngreme que ele diz: "Aqui convém ao homem voar. Com asas ágeis e plumas de imenso desejo". Em outras palavras, Dante só consegue passar pelas regiões inferiores do purgatório porque *tem muita força de vontade*. E essa vontade tremenda o impulsiona por um terreno que ele não acredita ser capaz de atravessar.

Se o purgatório for difícil, você vai precisar das suas próprias "plumas de imenso desejo". Muitas vezes, duvidei que clientes como Gina ou Janice fossem encontrar a coragem necessária para falar e agir com total integridade. Porém, com mais frequência do que eu julgava possível, eu as vi criar asas bem na minha frente. Seu desejo de estar em integridade foi se tornando cada vez mais intenso até superar cada obstáculo interior e todos os piores medos que tinham.

EXERCÍCIO

ASAS DO DESEJO

Você deve lembrar que no capítulo 2 eu lhe pedi para pensar em uma coisa que queria por influência de um anúncio publicitário. Depois pedi que anotasse uma coisa que queria por ser um *anseio*. Quase todo mundo que faz esse exercício relata anseios parecidos, em geral coisas simples: liberdade, alegria, paz.

Àquela altura do seu caminho rumo à integridade, eu só queria que você notasse que as armadilhas culturais do sucesso, como riqueza ou poder, não trazem essas recompensas profundas. Nem chegamos a discutir como *conseguir* essas coisas que você anseia. Mas, agora que estamos aqui, não existe mais tanta distância entre você e as coisas que seu coração e sua alma mais valorizam. Seu desejo por essas coisas é do que você precisa para seguir em frente. Aqui temos um exercício para ajudar a cultivar e fortalecer suas próprias "plumas de imenso desejo".

Primeiro passo

Pense em uma situação na sua vida em que você não sentiu segurança para ser quem realmente é. Escreva algumas palavras para descrever essa situação. Por exemplo, você pode escrever "Um dia típico de trabalho", ou "Um jantar em família", ou "Quando estou no meio de pessoas brancas". Você pode trabalhar com literalmente qualquer situação, mas sugiro que escolha aquela que seja mais frustrante.

Uma situação em que sinto que não posso ser eu de verdade:

_____

_____

Agora imagine vividamente que está nessa situação. Observe seu corpo e registre todas as sensações físicas e emocionais. Descreva essas sensações aqui.

Fisicamente, eu me sinto:

_____

_____

_____

Emocionalmente, eu me sinto:

_____

_____

_____

Segundo passo

Agora imagine-se na mesma situação, mas dessa vez as seguintes coisas mudaram em um passe de mágica:

1. Você bebeu uma poção mágica que elimina qualquer preocupação com as opiniões ou as atitudes dos outros. A indignação humana e um cachorro se coçando têm a mesma importância para você.
2. Todas as outras pessoas beberam uma poção que as torna compreensivas e alegremente receptivas a tudo o que você disser, desde que seja sua verdade mais profunda. Todos agora demonstram um apoio incondicional quando você expressa seus sentimentos, compartilha seus conhecimentos, fala o que pensa e faz o que tem vontade.

Imagine-se falando a sua verdade nessa situação e sentindo que todos estão ouvindo com toda a atenção e solidariedade. Imagine que as pessoas estão validando e apoiando sua verdade. Respire esse ar de aceitação total, de ausência absoluta da necessidade de proteger ou esconder seu verdadeiro eu.

Mais uma vez, observe suas sensações interiores, registrando as físicas e as emocionais. Descreva o que sente aqui.

Fisicamente, eu me sinto:

_____

_____

_____

Emocionalmente, eu me sinto:

_____

_____

_____

Terceiro passo

A parte mais importante deste exercício é viver e reviver várias vezes as sensações de não ser livre para viver sua verdade e a de liberdade absoluta para viver sua verdade.

Pense nisso como uma alternância entre dois campos de energia. O primeiro é o campo de energia de uma cultura. Ele suga você. O segundo é o campo de energia da sua verdadeira natureza. Ele nutre você. Perceba a diferença na maneira como você se sente.

Quarto passo

Toda vez que você fizer essa alternância, perceba como é bom deixar a cultura de lado e se aproximar da verdade. Perceba como é ruim ter que esconder ou suprimir sua verdade para ficar em conformidade com a sua cultura. **Permita que as sensações se tornem cada vez mais intensas a cada vez que revivê-las.**

Esse exercício é como um daqueles ganchos de rasgar pneus colocados nas saídas dos estacionamentos para impedir que os motoristas voltem de ré. Quando você avança rumo ao seu anseio pela verdade, vai sentir que está ganhando impulso. Quando tentar voltar à situação em que não se sente livre, tudo vai jogar contra. Outra analogia: avançar rumo à integridade é como acariciar um gato no sentido da cauda, enquanto se afastar da sua verdade para agradar sua cultura é como acariciar esse mesmo gato a contrapelo. Quanto mais você visualiza sua liberdade e se permite senti-la, mais forte se torna seu anseio para permanecer na sua verdade.

A intensidade desse anseio por vezes chega a ser dolorosa, mas seu guia interior vai dizer que isso faz bem para você. É o desejo que nos ajuda a superar o medo de dizer a verdade mesmo nas situações mais difíceis. *Enquanto você não sentir um desejo verdadeiro de seguir adiante na vida real*, não altere seu comportamento. Simplesmente se concentre nesse anseio por pertencimento, por segurança absoluta, por aceitação incondicional. Esse é o seu verdadeiro eu demonstrando um desejo de integridade total. Quanto mais você se concentra nisso, mais fortalece suas asas.

No meu caso, foram necessários meses para desenvolver a força para decolar. Eu pensava na verdade de forma obsessiva, mas na minha cultura esse conceito parecia ser insubstancial e fugidio. Meu pai tinha passado a carreira inteira fazendo o que os mórmons chamam de "mentir pelo Senhor" para provar que sua religião era "a única verdadeira igreja" — um exercício inacreditavelmente ambíguo. Em uma cultura na qual "a verdade" era o que as autoridades determinassem, para mim muitas vezes pareceu impossível traçar um rumo fiel ao que eu sentia.

A única coisa que me parecia incontestavelmente verdadeira era a luz com que eu tivera contato durante minha cirurgia. Meu corpo, mente, coração e alma consideravam aquela a experiência mais real que já me acontecera. Quando eu pensava a respeito dela, o anseio de parar de guardar segredos e viver minha verdade se tornava tão forte que nada mais importava. Eu ainda estava apavorada, mas decidida a seguir no caminho da minha verdade. Que começasse o bombardeio.

COMO A VERDADE NOS LIBERTA

Eu vi a mesma coisa acontecer com meus clientes que se apaixonam pela verdade. Quando param de mentir, as pessoas costumam passar por algumas transformações caóticas em suas vidas. Mas também sentem os benefícios que mencionei no capítulo anterior: tornam-se física e emocionalmente mais fortes, mais saudáveis, mais pacíficas. Mesmo que ao redor tudo esteja um inferno, elas conseguem resistir — mais que isso, *florescer* — com muito mais facilidade do que imaginavam.

Gina, por exemplo, finalmente disse a Cody que ele precisaria ir embora da casa dela se não parasse de usar drogas. As coisas ficaram feias por um bom tempo. Gina ficou sabendo que Cody estava vivendo na rua, sempre drogado, contando para todo mundo que havia sido abandonado pela mãe. "É um horror", ela me falou. "A única coisa pior em que eu consigo pensar é se as coisas continuassem como estavam."

Para surpresa de ninguém, Cody foi parar na cadeia. Lá dentro, entrou em um grupo dos narcóticos anônimos e passou a trabalhar em uma iniciativa educacional que põe cachorrinhos sob a responsabilidade dos presos, que os treinam para ser cães-guias. Essa combinação funcionou às mil maravilhas. Um dia Gina apareceu na minha sala aos prantos, levando uma carta que Cody havia escrito como parte do programa de recuperação. "Ele diz que entende que eu sempre quis ajudar", Gina me contou. "Inclusive me agradeceu por ter cuidado dele, e *também* por tê-lo expulsado de casa." Gina mudou totalmente depois disso. Disse que se sentia vinte anos mais jovem — e sua aparência confirmava isso.

Janice enfim concluiu que contornar cautelosamente a questão do racismo em seu trabalho era pior do que perder o emprego. Ela começou a retrucar quando os outros advogados faziam suposições e comentários racistas. A maioria reagiu mal, e por um tempo Janice pensou que precisaria sair do escritório para poder viver em paz. Mas, entre seus colegas brancos, havia uma minoria que estava prestando atenção. Eles passaram a levar Janice a sério quando ela apontava práticas e comportamentos racistas dentro da firma. Por um bom tempo, foi impossível prever se alguma coisa aconteceria, mas pouco a pouco, principalmente depois que o movimento #BlackLivesMatter começou a ganhar força e repercussão, a cultura da empresa começou a mudar para melhor. A situação ainda está longe de ser justa — não deveria ser obrigação de Janice ensinar uma empresa inteira a ter o mínimo de respeito por outros seres humanos —, e em várias situações a iniciativa de falar abertamente a respeito do tema gerou atitudes racistas em retaliação. Mas no fim, a coragem, a força e a persistência excepcionais de Janice criaram mudanças importantes para promover a justiça social.

A maioria dos meus clientes não enfrenta situações assim tão drásticas. Alistair parou de "emprestar" dinheiro para uma irmã que nunca o pagava de volta. Leah terminou com um namorado que simplesmente achava que, apesar de morarem cada um em sua casa, era obrigação dela cozinhar e fazer faxina para ele. Lars deixou os pais perplexos quando abandonou a faculdade de odontologia, que ele detestava, para estudar cinema, que adorava. Em todos esses casos, assim como no meu, não mentir se revelou transformador das melhores formas possíveis. O velho ditado está certo: a verdade nos liberta. A todos nós.

Veja com seus próprios olhos. Faça o exercício a seguir.

EXERCÍCIO

O DESAFIO DE NÃO MENTIR

Primeiro passo

Defina um período para o seu desafio. Eu sugiro no mínimo uma semana. Não existe limite máximo. Anote o seu aqui:

Eu me comprometo a Não Mentir de Jeito Nenhum por:

Segundo passo

Não minta em hipótese alguma durante esse período.

Terceiro passo

Faça um diário onde possa escrever sobre o que acontece quando você para de mentir. Você talvez perceba benefícios à saúde e uma melhora nos relacionamentos, como a maioria das pessoas relata. Por outro lado, se as coisas ficarem difíceis, colocar sua verdade no papel é uma forma segura de se expressar.

Quarto passo

Se você mentir, não interrompa o desafio. Perdoe o deslize. Em seguida, repita o compromisso de não mentir mais até o fim do exercício.

A VERDADE E SUAS CONSEQUÊNCIAS

Durante o seu desafio de não mentir, você vai fazer diversos tipos de avaliações e julgamentos. Existem momentos em que você sente que está mentindo ao ficar em silêncio, ou fazendo coisas que parecem erradas, apesar de não estar dizendo nada? Quais verdades você precisa dizer para sentir que sua sinceridade é total, e quando? Ninguém pode responder a essas perguntas — isso cabe a você e ao seu guia interior. Faça e diga o que sentir que está em harmonia com seu corpo, mente, coração e alma. Você vai reconhecer a verdade pela sensação de forte alinhamento que ela traz.

Durante meu primeiro Ano de Não Mentir em Nada, enquanto as coisas ficavam cada vez mais estranhas e assustadoras, eu vivia me perguntando como poderia ser sincera sem destruir a minha vida, ou a dos meus entes queridos. Continuei me manifestando em defesa dos acadêmicos condenados por heresia, e também comecei a unir forças com sobreviventes de abuso sexual (apesar de, por um bom tempo, manter minha história em segredo). Junto com uma amiga, fiz uma apresentação às autoridades da igreja mórmon sobre a alta frequência de relatos de abuso sexual infantil por parte das estudantes. Com outra pessoa, escrevi um artigo sobre o "trauma do santuário", o duplo estrago causado quando garotas e mulheres mórmons denunciavam os abusos sofridos para as autoridades da igreja, que por sua vez as ignoravam e protegiam os abusadores.

Como já era esperado, minha cultura de origem não recebeu esse comportamento de braços abertos. Por mim, só o fato de não me atacarem com armas de fogo já bastava. Meus colegas e eu fomos "convocados" por nossos chefes de departamento e recebemos avisos de não contrariar as doutrinas religiosas, tampouco sugerir que o abuso sexual era uma coisa comum nas comunidades mórmons. Comecei a receber ameaças — um bilhete passado por baixo da porta do meu escritório me chamando de "anticristo", um telefonema anônimo me dizendo que "o Senhor vai punir você". No fim, continuar sendo mórmon passou a soar como uma mentira para mim. Para encerrar minha afiliação, escrevi uma carta para as autoridades responsáveis pedindo que meu nome fosse excluído dos registros da igreja.

Para os mórmons, o pior pecado possível — o único *imperdoável* — é abandonar a religião. Isso é considerado pior que matar. Um assassino em série impiedoso ainda tem chance de conseguir a redenção e um lugar no céu, mas os apóstatas são relegados à "escuridão exterior", condenados a vagar pelo espaço para sempre, completamente sozinhos.

Essa crença é incutida na mente das crianças antes mesmo de aprenderem a falar. Os poucos amigos que eu ainda tinha em Provo empalideceram e choraram quando contei que havia saído da igreja, como se tivessem acabado de ouvir que eu estava com uma doença incurável em estado terminal. "Não faça isso", uma amiga falou, às lágrimas. "É melhor deixar que eles excomunguem você. Assim não vai ter sido culpa sua." Eu a abracei e falei que, em primeiro lugar, não havia dúvida de que era culpa minha — era uma escolha minha — e, além disso, eu estava em paz com as consequências dos meus atos. Apesar da minha cultura dizer que eu seria relegada à escuridão exterior, dentro de mim parecia ocorrer o contrário: eu estava caminhando rumo à luz interior. Era possível sentir que eu estava me regenerando por dentro, como uma ferida que cicatrizava. Foi uma estranha e linda sensação de estar *decolando*.

Sem dúvida nenhuma, o caminho à frente — pelo que eu conseguia ver — parecia inacreditavelmente íngreme. Intransponível. Mas não importava. Pela primeira vez desde que eu era capaz de me lembrar, tudo dentro de mim parecia conectado, harmonioso, verdadeiro. Se o terreno se tornasse tão difícil a ponto de impossibilitar o avanço a pé, ou mesmo engatinhando, eu simplesmente usaria minhas asas.

10. Sem voltar atrás

Se você passou boa parte da vida entre pessoas que não tinham condição ou disposição para apoiar a expressão da sua verdadeira natureza, aceitar um desafio de não mentir pode ter criado uma sensação inédita de paz e relaxamento.

Ou talvez você esteja surtando.

Provavelmente está surtando.

Dizer a verdade sem exceção tem muitas consequências, então as outras pessoas podem estar reagindo mal ao seu desafio. Isso não é nada divertido, mas costuma ser um bom sinal. Se você parou mesmo de mentir, tanto com palavras quanto com atitudes, a resistência dos outros costuma ser uma prova de que está no caminho certo.

As pessoas ao seu redor provavelmente estão incomodadas com seu novo comportamento porque isso representa uma contestação ao comprometimento cultural delas. Em outras palavras, as pessoas contam mentiras, por educação ou obrigação, para manter uma convivência pacífica com os outros, e a sua busca pela integridade pode envolver as mesmas coisas que elas reprimem. As culturas funcionam na base do consenso — se todo mundo concordar, não existe pressão sobre o sistema. Qualquer dissidência, como a criança apontando que o rei está nu, é capaz de derrubar toda uma ordem social. As pessoas que querem manter a cultura como está (lembre-se, *todo mundo* é ensinado a se sentir assim) podem reagir a essa sinceridade tentando empurrar você de volta para o seu inferno de autotraição e autoabandono. E podem empurrar com *força*.

Depois do seu desafio da verdade, é preciso fazer uma escolha. Você pode voltar à maneira como as coisas estavam antes ou se comprometer a continuar vivendo sua verdade — mesmo que os outros não aprovem. Caso opte pela integridade, seu desafio de não mentir vai se estender pelo futuro. Em vez de visitar a integridade na condição de turista, você vai adotá-la como caminho para a vida. Vai se desfazer das crenças que separam você da sua natureza e mudar seu comportamento de forma a refletir sua verdade mais profunda. E para isso vai precisar de habilidades sociais ninjas.

MUDANDO HÁBITOS E LIDANDO COM RESISTÊNCIAS

Você se lembra dos seis primeiros círculos do inferno, onde as pessoas estavam por motivos que não entendiam? N'*A divina comédia*, as almas da parte inferior do purgatório estão corrigindo esse tipo de erro. Estão transformando o comportamento errante que era gerado por pressões incompreensíveis e incontroláveis. Dante descreve isso como um amor "ruim" ou "transtornado". Ele surge quando as pessoas são bem-intencionadas, mas equivocadas — por exemplo, quando nos mantemos fiéis a pessoas e ideias que não refletem nossa verdade interior.

Quando começamos a abandonar todo tipo de amor "desordenado", seguindo apenas a integridade, nossa vida pode se transformar de forma drástica — e *depressa*. Interiormente, isso é muito bom. Mas a resistência externa pode ser intensa. Se o simples ato de falar a verdade já incomoda a cultura vigente, é possível imaginar o que acontece quando você começa a *agir* com integridade. Você pode parar de rir das piadas idiotas daquele colega de trabalho. Pode se assumir como gay ou trans. Pode começar a postar coisas nas redes sociais que deixam seus entes queridos em choque. Pode se transformar em uma espécie de Rosa Parks, que se recusou a ceder o lugar no ônibus para uma pessoa branca.

Algumas pessoas vão aplaudir seus novos comportamentos. Já outras — em geral as mais próximas — não vão ter a mesma reação. Inclusive, se você está em uma situação de opressão política ou racial, pode enfrentar uma resistência violenta. Este capítulo tem como objetivo ajudar você a lidar com a resistência que encontrar no seu caminho rumo à integridade. Isso exige fazer mentalmente aquilo que os praticantes de artes marciais fazem em seus combates: usar a energia dos adversários a seu favor. É a aventura mais heroica que você pode viver. E, como várias aventuras heroicas, começa com uma onda de relutância.

SAUDADE DO SOFRIMENTO ANTERIOR

Enquanto Dante se esforça para escalar a encosta do purgatório, íngreme e sem trilha definida, ele sente uma certa melancolia. Pensa nos viajantes que tanto desejam voltar para casa. Sem deixar de seguir adiante, sente a força de atração da vida que levava antes de começar sua jornada surreal. Está bem próximo de uma mudança fundamental na própria identidade. A sensação de transformação iminente provoca uma pontada de saudade da vida que ele até então conhecia.

Contemplar a integridade como um caminho para a vida é como decidir abandonar sua terra natal e se tornar cidadão de outro país: exige uma grande mudança de identidade. Mesmo que no fundo sejamos capazes de sentir que essa transição vai trazer mais felicidade, saúde e senso de propósito, também pode ser uma coisa grandiosa demais para conseguirmos processar. Alguns estudos na área da psiconeuroimunologia demonstram que, se mergulharmos rápido demais em uma transformação muito grande, nosso corpo e nossa mente não conseguem absorver o choque. Nossos sistemas fisiológico e psicológico precisam de um período de adaptação. Para isso, devemos permitir aquilo que o neurocientista e antropólogo cultural Mario Martinez chama de "luto pelo sofrimento anterior".

Toda vez que vejo um cliente fazer progressos significativos rumo à integridade, também testemunho seu luto pelo sofrimento que sentia antes. Quando a esposa de Matt engravidou, ele enfim conseguiu parar de fumar. Estava muito orgulhoso por fazer pela filhinha o que nunca tinha sido capaz de fazer por si mesmo. Mas também se sentia estranhamente triste. A maior parte de seus amigos do trabalho era fumante, e eles fortaleciam seus vínculos ao sair para fumar nos dias congelantes do inverno. "Além disso", Matt me falou, desolado, "o cigarro era como um amigo que estava sempre disponível."

Zoey e Laura, sua melhor amiga, trabalhavam na mesma empresa de tecnologia. Quase todos os dias, elas iam tomar café juntas e conversar sobre o sonho de pedir demissão e trabalhar por conta própria. No fim, Zoey decidiu fazer isso. Ela saiu do emprego e se tornou uma web designer freelancer bem-sucedida. "Está tudo melhor agora", Zoey me contou. "Mas eu sinto umas pontadas de tristeza. Sinto falta dos cafés e das conversas com a Laura. Sinto falta de reclamar e zombar do meu emprego. Isso tudo me dá saudade."

Depois de abrir mão da religião, passei meses de luto pelo meu sofrimento anterior. Era possível perceber que a minha psique estava se regenerando, mas viver em Utah como apóstata do mormonismo fazia com que eu me sentisse uma traidora, uma aberração. Eu tinha uma saudade desesperadora da sensação de pertencimento que experimentava com as pessoas ao meu redor. Apesar da gratidão e do alívio por não fazer mais parte da igreja, eu sentia ondas paradoxais de lamento intenso por ter abandonado um comportamento que era tão familiar para mim.

Se você começar a honrar sua verdadeira natureza e acabar sentindo saudade da antiga cultura, não entre em pânico. Seja gentil com você. Permita que haja tempo e espaço para o lamento da perda. Converse com as pessoas que ama. Se elas não entenderem, procure um coach ou terapeuta. *Mas não pense que a saudade da sua antiga vida significa que você deve voltar a vivê-la.* Todo mundo que decide adotar a integridade precisa sentir o luto pelo sofrimento anterior, pelos padrões familiares e pelas relações disfuncionais que ficaram para trás. Eu prometo: se você der tempo e espaço para o seu luto, isso vai trazer mais tarde um nível de alegria que parecia inimaginável. E, quando isso acontecer, você vai ter chegado a um novo portão.

O COMPROMISSO COM A VERDADE

Dante e Virgílio penam para subir os primeiros trechos íngremes da montanha, mas então descobrem que *ainda nem chegaram ao purgatório*. Estão no local que alguns estudiosos chamam de "antepurgatório", uma espécie de último campo de provas para conseguir a qualificação para o *verdadeiro* purgatório. Escalar essa montanha é como ir a uma repartição pública; é preciso muito tempo e esforço só para as coisas começarem a acontecer. No fim do antepurgatório, depois de subirem um bocado, Dante e Virgílio se defrontam com — você já deve imaginar — um portão.

Esse portão, ao contrário do encontrado na floresta escura do erro, é guardado por um anjo. Ele diz a Dante que quem passar por lá deve concordar em jamais olhar para trás. Se no portão do inferno a inscrição dizia "Abandonai toda esperança", aquele parecia dizer: "Abandonai toda intenção de voltar atrás". É quando nós fazemos esse grande compromisso que começamos a mudar não só nossos pensamentos, mas cada uma das nossas palavras e ações, em busca do alinhamento com a integridade.

Como mencionei antes, seu desafio de não mentir leva a uma escolha. Depois que experimentou falar e agir de acordo com a sua verdade por um tempo, é preciso escolher uma das três opções: continuar nesse rumo para alcançar uma maior integridade; seguir vagando pelo purgatório sem sair do nível de autorrevelação em que já está; e voltar aos segredos, às mentiras e aos hábitos que tinha abandonado. A primeira escolha — o comprometimento com a integridade total — pode parecer radical. E é mesmo. Mas circular indefinidamente pelo mesmo nível do purgatório é entediante, e voltar às velhas mentiras é como tentar consertar um avião com peças que se desmancham na chuva. Portanto, a esta altura, você deve se perguntar se já chegou a hora de seguir seu próprio caminho da integridade, na velocidade que quiser, *de forma definitiva*. Reflita a respeito disso pelo tempo que quiser, mas saiba que é essa a escolha que está diante de você neste momento.

Já tive muitos clientes que não conseguiam atravessar esse portão. Durante as sessões, quando se conectavam com seus pensamentos e sentimentos mais verdadeiros, a integridade mostrava todas as recompensas prometidas. Dizer a verdade trazia alegria, alívio e cura. Mas essas pessoas nunca ousavam falar com toda a sinceridade, muito menos mudar seu comportamento, fora do ambiente protegido da nossa relação entre coach e cliente. As sessões de aconselhamento de qualquer tipo são confidenciais exatamente para que os clientes possam avaliar suas verdades sem causar alarme nas pessoas da sua "vida real". Eles podem desabafar para se sentirem um pouco melhor sem sofrer pressões culturais. Algumas pessoas se tornam viciadas em terapia ou seminários, sempre em busca de ambientes em que possam ser quem são sem o risco de incomodar ninguém. Podem passar anos circulando pelo antepurgatório, e já estão livres do inferno, mas de forma nenhuma estão no paraíso.

Isso não é uma crítica! Enquanto eu seguia no meu Ano de Não Mentir em Nada, minhas novas verdades muitas vezes pareciam expressar uma vulnerabilidade grande demais para ser revelada fora da terapia e de algumas relações com confidentes próximos. Pessoas que vivem em regimes opressivos, que são gays ou trans ou não brancas correm risco de agressão física ou morte se atacarem a estrutura de poder. Vá com calma e ouça seu guia interior para descobrir quanto da sua verdade é possível revelar em cada contexto.

Se você chegar a um ponto em que está morrendo de medo de se abrir com total sinceridade, mas não quer voltar de jeito nenhum ao sofrimento anterior, siga com cautela. Encontre pessoas de confiança com quem possa se aconselhar sobre os próximos passos. Continue percebendo a diferença entre a sensação causada pelas mentiras que você conta para se proteger e a sensação que teria se pudesse revelar por completo seu verdadeiro eu. Pouco a pouco, o anseio pela integridade vai se fortalecer. Em algum momento, por maior que seja o medo, você não vai mais *querer* olhar para trás. Vai sentir o impulso para seguir em frente — não como a mesma pessoa fazendo coisas diferentes, mas como uma pessoa diferente.

ATAQUES PARA FORÇAR O RECUO

Quando você se comprometer a seguir o caminho da integridade de forma definitiva, vai sentir a presença da verdade, a voz do seu guia interior dizendo "Sim!". Mas alguma coisa relacionada ao poder dessa decisão parece mandar ondas de choque às pessoas responsáveis pela sua socialização. Julia Cameron, escritora e mentora criativa apelidada de Rainha da Mudança, coloca essa situação nos seguintes termos: "Quando você está prestes a ir embora, eles percebem".

A ameaça iminente de que um dos membros abandone as normas do grupo gera resistência social no nível mais intenso. Quase todas as vezes que vejo clientes anunciarem que vão sair de um emprego ou de um relacionamento, as pessoas ao redor dão início a um processo de bajulação e barganha com eles, tentando mantê-los onde estão. Muitos clientes me dizem: "Se tivessem sido legais assim comigo o tempo todo, eu não precisaria ir embora".

Se os elogios e as regalias não funcionarem, as pessoas vão apelar para a força bruta para manter os outros dentro de seus limites culturais. Foi isso o que aconteceu com Matt depois que ele parou de fumar. Seus parceiros de nicotina no trabalho o excluíram do grupo de troca de mensagens e só respondiam a seus e-mails com informações curtas e grossas sobre o assunto em questão. Quando Zoey conseguiu seu primeiro cliente, chamou Laura para almoçar e se ofereceu para pagar a conta, dizendo: "É o primeiro almoço que eu estou pagando com um dinheiro que consegui sozinha!". Laura fez uma pausa e então respondeu com um tom austero: "Só tome cuidado. Não dá pra gente sair fazendo o que quiser e achar que não haverá consequências". Zoey se sentiu como se tivesse levado um tapa na cara. "Laura parecia muito brava comigo", ela me contou. "Não sei o que eu fiz de errado."

Seus entes queridos talvez lhe façam sentir vergonha e culpa por desobedecer às regras culturais dos seus relacionamentos. Podem tentar manipular você com demonstrações de carência, raiva ou agressividade pura e simples. Se você vive em um sistema opressivo, pode acabar na cadeia ou sofrendo ameaças físicas à sua segurança. Quando alguém embarca rumo à integridade e se recusa a olhar para trás, a cultura mobiliza todo seu arsenal de estratégias de controle para fazer a pessoa abandonar essa obsessão idiota com a integridade e voltar ao *normal*!

Minha terapeuta em Utah chamava essas reações de "ataques para forçar o recuo". Depois de deixar o mormonismo, ataques contra mim não faltaram. Algumas pessoas imploraram para que eu me arrependesse e voltasse à comunidade. Alguns dos meus vizinhos literalmente me davam as costas quando eu passava. Certa noite, surgiu no meu fax (lembra das máquinas de fax?) uma mensagem dizendo:

"Ouvi dizer que você fez certas acusações contra o seu pai. Acho que você me deve uma explicação". Estranhamente, não havia nenhuma assinatura ou indicação de nome, apenas um número para a resposta. Durante esse período, passei muito tempo deitada em posição fetal, ouvindo minha personalidade que adorava agradar às pessoas gritar que eu havia cometido um erro terrível.

Então talvez você queira atravessar o portão e não olhar para trás, mas está com medo da reprimenda dos seus pais, ou das fofocas dos seus colegas de trabalho, ou do eventual afastamento do seu marido ou da sua mulher. E provavelmente tem razão. Quando você se compromete a honrar sua verdadeira natureza e deixar de lado o hábito da falsidade, os ataques para forçar seu recuo podem vir de qualquer direção. Mas não se desespere. No final, tudo vai ficar melhor do que você imagina.

A ZONA DE ATAQUE: ORGULHO, INVEJA E IRA

Talvez você se lembre da disposição dos pecadores no inferno de Dante: primeiro as almas que cometeram erros inocentes, depois "os violentos" e por fim os mentirosos. Como o purgatório é a imagem espelhada do inferno, a ordem aqui é inversa. O primeiro passo, e o mais difícil, é pararmos de mentir para nós mesmos. Isso você já começou a fazer no capítulo anterior. Agora vamos nos deparar com os erros da convicção cega. É hora de lidar com pessoas (e aspectos de nós mesmos) que são violentos tanto no pensamento como nas ações.

Os leitores que estudaram em escolas católicas devem lembrar que existem sete "pecados capitais": preguiça, gula, ganância, luxúria, orgulho, inveja e ira. Na teologia de Dante, os primeiros quatro só fazem mal ao próprio pecador, e os últimos três são violentos. Fazem as pessoas atacarem umas às outras. O orgulho não diz apenas "Eu faço isso bem", ele diz "Eu faço isso melhor que *um certo alguém*". A inveja não nos faz só sentir vontade de ter coisas, e sim de ter no mínimo tanto quanto *um certo alguém*. A ira não é aleatória; ela é direcionada a *um certo alguém*. Quando nos prendemos aos erros da convicção cega, invariavelmente miramos *um certo alguém* e transformamos essa pessoa naquilo que o terapeuta Bill Eddy chama de "alvos de culpa".

Quer um exemplo? Ligue a TV em um canal de notícias ou entre em um fórum de discussão na internet. Boa parte do debate político se resume a pessoas atacando seus alvos de culpa. Elas escolhem um lado, param de investigar a verdade (caso algum dia tenham começado), se tornam inflexíveis em suas posições e passam a demonstrar níveis cada vez mais elevados de violência emocional e verbal.

Você já deve ter ouvido muitas vezes essas pessoas dizerem que seus alvos de culpa estão "atacando nosso modo de viver". Uma mulher que decide não ter filhos, um professor do jardim de infância que decide decorar a sala de aula com menorás além de árvores de Natal, uma criança de sete anos que tem aparência de menino mas se sente uma menina — qualquer uma dessas pessoas pode ser acusada por gente que sequer as conhece de "atacar nosso modo de viver". Sem a menor intenção de prejudicar ninguém, esses indivíduos são vistos como um perigo para culturas inteiras.

Porque eles são mesmo.

Sempre que seguimos nossa verdadeira natureza e nos afastamos das normas culturais, demonstramos que os consensos sociais são arbitrários e frágeis. O medo que espreita os seguidores dessa cultura específica é que, se uma mulher sem filhos, um professor do jardim de infância ou uma criança de sete anos podem deixar de lado as regras de conduta da vida em sociedade, *qualquer um pode*!

Ora, só o fato de estar lendo este livro já indica que você tem menos propensão a culpar os outros e mais inclinação a buscar o entendimento do que os comentaristas políticos da TV. Mas você provavelmente ainda tem resquícios de orgulho, inveja e ira em seu íntimo. Todos nós temos. O problema é que esses erros se instalam em pontos cegos emocionais (lembra-se de todos aqueles erros invisíveis que prendiam você à floresta escura?). Para promover uma limpeza dessas crenças equivocadas, precisamos trazê-las ao primeiro plano da nossa mente, onde é possível observá-las e questioná-las.

Mas como você vai conseguir ter uma visão clara daquilo que não consegue enxergar?

Não vai. Você precisa de outras pessoas para isso.

COMO OS ATAQUES PARA FORÇAR O RECUO PODEM AJUDAR VOCÊ A SUBIR A MONTANHA

Ironicamente, os ataques para forçar o recuo — em especial aqueles que machucam mais — podem ser alguns dos nossos aliados mais poderosos no caminho da integridade. Quando estamos tentando melhorar e alguém nos ataca, nós ficamos magoados. E muitas vezes irritados. Às vezes furiosos. Não existe nada de errado nisso, desde que continuemos a seguir os passos apresentados no capítulo 7: em vez de nos deixarmos levar pela raiva, devemos definir nossos valores e reagir de forma criativa aos nossos agressores. Como exemplo, pense em pessoas como Gandhi e os líderes do movimento pelos direitos civis nos Estados Unidos, que enfrentaram uma violência terrível e injustificada contra seu povo.

Reagir à injustiça e ao ódio com justiça e compaixão é difícil. Isso vai contra a "mente da convicção cega" que faz todos os que se sentem atacados quererem revidar. Mas é possível. Mesmo se estivermos magoados e irritados, podemos seguir o processo elementar da integridade: 1) observar o que está acontecendo dentro de nós e 2) questionar nossos pensamentos. Isso vai revelar se estamos presos à mesma mentalidade violenta daqueles que estão nos atacando. A raiva cega vai se tornar clara. Então a escolha passa a ser entre permanecer no caminho da violência ou 3) se afastar da mente da convicção cega e seguir o caminho da integridade.

Por exemplo, digamos que você decida, só por diversão, tingir seu cabelo de azul. Então alguém — talvez a sua avó ou um desconhecido na rua — promove um ataque para forçar seu recuo ("A cor do seu cabelo é uma ameaça ao nosso modo de viver!"). Você provavelmente tem dentro de si uma reação automática de "revidar, fugir ou travar": ou você discute com a pessoa, ou tenta se desvencilhar da discussão ou não reage nem fala nada. Como essa parte do seu cérebro foi ativada, seu agressor vai parecer uma força imensa e poderosa, e você, uma pessoa vulnerável. Isso vale tanto para presidentes e ditadores ("Eu sou atacado pela imprensa!") como para pessoas que têm gostos incomuns em termos de estilo pessoal. É uma reação natural, que vem por reflexo — mas isso não significa que esteja de acordo com aquilo que no seu íntimo você sabe que é a verdade. *Quando se sentir no papel de vítima, sempre desconfie de que pode ter se deixado levar pelos erros da convicção cega.*

Quando Matt parou de fumar, Zoey se tornou empreendedora e eu abandonei minha religião, pode apostar que as pessoas ao nosso redor sentiram que estavam tendo suas escolhas julgadas por nós. Ao sentir que seu modo de viver estava sendo contestado, essas pessoas reagiram. É assim que funcionam os ataques para forçar o recuo. Eles não vêm de pessoas que se julgam poderosas, mas daqueles que acham que estão sendo vítimas de um julgamento. Para nos manter no caminho da integridade e evitar cair em ciclos repetitivos de violência, precisamos *recusar o papel de vítima adotado por aqueles que nos atacam.*

ROMPENDO O TRIÂNGULO DO DRAMA

Quando mudamos nosso comportamento, podemos acabar presos em uma dinâmica psicológica descrita pelo psiquiatra Stephen Karpman como um "triângulo do drama". Esse padrão aparece sempre que nossas vidas são conduzidas pelos erros da convicção cega. Identificar o triângulo do drama de Karpman, reconhecer a presença dele na sua vida e abandoná-lo (Dante chama isso de "desabituar-se") é a sua tarefa neste ponto da jornada rumo à integridade. Não é a parte mais fácil da caminhada, mas a vista lá de cima é *fantástica*.

Um triângulo do drama se desenvolve quando nos sentimos pequenos e fracos (como todos somos durante a infância). As outras pessoas podem parecer grandes e ameaçadoras (o que, de fato, muita gente é), e outras ainda podem parecer nossas protetoras (o que também acontece). Mas, mesmo depois de adultos, muitos seres humanos têm uma tendência a se fechar nesse triângulo e ver todas as pessoas dessa forma, em todas as situações. A vida se torna uma encenação com apenas três papéis possíveis: *vítima*, *perseguidor* e *salvador*.

Todos nós sabemos como pode ser desorientador e assustador ser pequeno — e todos conhecemos pessoas adultas que, por mais que cresçam, continuam se sentindo assim. Por exemplo, quando o boxeador Mike Tyson mordeu a orelha de seu adversário Evander Holyfield no meio de uma luta, em um episódio célebre, ele protestou: "O que eu posso fazer? Tenho filhos pra criar! Ele não parava de me dar cabeçadas". Em outras palavras: "Eu sou a vítima aqui! Foi ele que me obrigou a fazer isso!".

Pessoas presas ao papel de *vítima* sempre têm alvos de culpa, que enxergam como *perseguidores*. E muitas vezes se voltam aos outros em busca de ajuda. Esses são seus *salvadores*, que representam o último papel no triângulo do drama.

Algumas pessoas ficam presas a apenas um desses papéis a vida toda. Quem se coloca eternamente como vítima passa o tempo todo reclamando das coisas horríveis que seus perseguidores lhe fazem, embora nunca tome uma atitude para melhorar a situação. Essas pessoas contam com outras no papel de salvadoras. Muitas pessoas gentis e solidárias passam a vida nesse papel, correndo para ajudar uma vítima atrás da outra. Ninguém se identifica como perseguidor: uma pessoa violenta ou raivosa (até mesmo Hitler e Stálin) sempre vai dizer que está sob ameaça, que foi vitimizada. Mas todo mundo ao redor está vendo que ela está executando o papel de perseguidora até os mínimos detalhes.

Assim como diamantes, os triângulos do drama são para sempre — ou seja, esse padrão pode continuar existindo por décadas, até séculos. Os atores podem trocar de papel, mas o padrão permanece. Se você quiser exemplos ricamente ilustrativos disso, leia a respeito de conflitos históricos de longa duração. Todos os lados vão se dizer vítimas de perseguidores e fazer apelos para serem salvos por outros atores. O padrão pode se tornar uma coisa imensa, dando origem a guerras mundiais. Ou pode assumir uma forma minúscula, provocando a mesmíssima discussão entre marido e mulher toda semana.

Isso não quer dizer que não existam vítimas de verdade, que precisam mesmo ser salvas. Tive muitos clientes que enfrentavam questões relacionadas a saúde, raça, gênero ou situação econômica que tornavam dificílimo abandonar relacionamentos ou empregos que lhes faziam mal. Os judeus europeus precisavam de ajuda para resistir aos nazistas. As pessoas não brancas dos Estados Unidos precisam do apoio de aliados brancos para quebrar os padrões de opressão. Mas, como vamos ver daqui a pouco, mesmo as pessoas envolvidas em situações terríveis têm maneiras de evitar esses conflitos infrutíferos e sem fim que se encaixam no padrão de Karpman.

Como coach, já vi o triângulo de Karpman em ação nas mais diversas situações. É algo que se impõe de maneira particularmente intensa — e esquisita — em casos de violência doméstica. Vamos pegar o exemplo de Verna, que parecia ter uma vida perfeita para quem observava de fora, mas na verdade apanhava de Tom, seu marido. Eles faziam a mesma "dança" do triângulo infinitas vezes. Primeiro, começavam a discutir. Tom se irritava tanto que Verna ficava com medo e tentava fugir de casa. Imediatamente, Tom assumia o papel de "vítima". Com o nível de ansiedade e raiva de uma criança prestes a ser abandonada, atacava Verna fisicamente — sem deixar de pensar o tempo todo que a vítima era ele. Quando Verna estava apavorada ou machucada demais para ir embora, Tom desmoronava e pedia desculpas aos prantos, dizendo que sentia raiva de si mesmo por machucá-la e implorando perdão. Ele se tornava seu "salvador" quando ela mais precisava de um (porque tinha acabado de ser espancada pelo homem que amava). Ela, por sua vez, reagia ao descontrole emocional de Tom assumindo para si o papel de "salvadora", acalmando o marido e dando-lhe suporte emocional até que ambos recuperassem a calma e a proximidade.

Verna morria de vergonha do próprio comportamento, pois sabia que precisava se separar de Tom e não entendia por que sempre voltava para ele. Mas esse padrão é muito frequente. A estranha lógica do triângulo do drama implica que uma pessoa vitimizada gera um impulso de "salvador" até mesmo naquele que acabou de atacar um ente querido — ou, o que é ainda mais estranho, na própria pessoa que acabou de ser atacada. O período de proximidade emocional que se segue à explosão de violência é chamado de "fase da lua de mel" pelos especialistas em violência doméstica. Esse vínculo intenso e disfuncional não faz o menor sentido quando visto por alguém de fora, mas o triângulo de Karpman é uma dinâmica muito poderosa — a ponto de deixar as pessoas agredidas presas a esse padrão terrível durante anos.

Se por um impulso loucamente masoquista você quisesse criar um triângulo do drama na sua vida, seria a coisa mais fácil. Basta escolher um alvo de culpa e se colocar como vítima. Depois é só sentar e relaxar, sabendo que a raiva, os desentendimentos, os atos de covardia e as ameaças vão continuar para sempre a não ser que você tome uma atitude. E qual atitude seria essa? Sair de um triângulo do drama também é simples, mas não é fácil. Depende de um ato de integridade: saber que somos capazes de controlar nossas reações às pessoas e às situações, sejam elas quais forem. Só conseguiremos encerrar o drama inútil do conflito humano quando soubermos em um nível existencial e profundo que somos livres.

Reinterpretar o triângulo do drama da perspectiva de uma pessoa livre nos permite trocar um círculo vicioso por seu oposto. Dante aprende isso no purgatório, quando uma das almas que conhece faz um discurso sobre livre-arbítrio (justamente o que precisamos quando estamos escalando uma montanha). Essa alma — como os grandes líderes morais da história — diz que a maior das liberdades é nossa capacidade de interpretar o mundo de novas maneiras.

Um escritor chamado David Emerald fez justamente isso depois de estudar a obra de Karpman. Desenvolveu uma espécie de antitriângulo, ao qual deu o nome de "dinâmica do empoderamento". Nesse padrão, as pessoas que eram vistas como perseguidoras se tornam "desafiantes". Elas forçam as demais a elevarem seu nível de resistência e competência. Salvadores se tornam "coaches". Em vez de entrarem em ação para pôr panos quentes e resolver tudo ("Que dó de você! Pode deixar que eu faço isso!"), eles dizem: "Uau, que situação péssima. O que você vai fazer a respeito disso?". E, na mudança mais empoderadora de todas, Emerald sugere que as vítimas se tornem pessoas "criadoras". Enquanto as vítimas acreditam que "Essa situação é insuportável, eu estou indefesa", as pessoas criadoras se perguntam: "Essa situação não leva a nada. O que eu posso fazer para sair dela?".

Lembre-se, a criatividade é o oposto da violência, que é pura destruição. *Se conseguirmos encontrar uma forma de nos vermos como criadores, qualquer que seja a situação, podemos transformar triângulos do drama em dinâmicas empoderadoras.* Em vez de nos deixarmos aprisionar pela violência e pelo ódio, podemos usar as dinâmicas dos relacionamentos para chegar a níveis cada vez maiores de integridade.

Viktor Frankl conseguiu fazer isso ao usar sua experiência de prisioneiro em Auschwitz para entender como os seres humanos dão sentido às coisas. Malala Yousafzai, uma adolescente paquistanesa, fez isso ao protestar contra o Talibã, apesar de tudo que o regime poderia fazer para oprimi-la, inclusive lhe dar um tiro na cabeça. Foi assim que Martin Luther King Jr. e seus seguidores reagiram às prisões injustas de afro-americanos, deixando-se prender também e interpretando isso como um sinal de honra. "Eles pegaram algo que não tinham como enfrentar", explicou Henry Louis Gates Jr., de Harvard, "e usaram como uma forma de comunicar a verdade."

Essas pessoas tinham *todos* os motivos para se verem como vítimas. Em vez disso, não só encontraram novas formas de sobreviver como também deram enormes contribuições à humanidade. As tentativas terríveis de transformá-las em vítimas geraram níveis quase sobre-humanos de criatividade benevolente.

Portanto, embora nós possamos ser realmente vitimizados, nunca devemos aceitar essa identidade de "vítima". Temos liberdade de reagir a todas as situações com pensamentos ou atitudes criativas. Às vezes isso significa pensar com mais clareza. Às vezes significa romper o silêncio. Às vezes exige alguma atitude prática. Mas sempre começa com a observação dos nossos pensamentos raivosos e com o questionamento: "Eu posso garantir sem sombra de dúvidas que sou apenas uma vítima, sem nenhuma possibilidade de encontrar uma saída criativa?".

Eu tive a chance de experimentar isso à minha própria maneira, dentro das minhas limitações, depois que abandonei o mormonismo. Certa noite — não para tentar ser virtuosa, mas para tentar preservar minha sanidade mesmo —, eu transformei um triângulo de drama em uma dinâmica empoderadora, e isso mudou por completo meu mundo interior.

Você se lembra do fax estranho que recebi no meu escritório? Não é nada divertido receber uma mensagem como essa no meio da noite, mostrando que existem boatos circulando a seu respeito e que uma pessoa anônima exige uma explicação sua. Quando li esse fax, eu me senti como um ratinho preso em um quarto escuro com uma quantidade incontável de cobras. Não sabia quem estava me caçando, nem quais eram suas intenções, mas o fax me mostrava que era isso que estava acontecendo. Depois da pontada de medo, uma indignação tomou conta de mim. Só porque uma coisa ruim me acontecera quando eu era criança, essa pessoa se sentia no direito de invadir minha casa tarde da noite e me exigir o que quer que fosse? Fiquei me sentindo vulnerável, assustada e irritada. Essa é a energia da vitimização e do julgamento. E é uma droga.

Felizmente, eu ainda estava no meu Ano de Não Mentir em Nada. E tinha me acostumado a observar meus próprios pensamentos. Então me sentei diante daquele fax sinistro e ameaçador e comecei a me questionar. "Eu sou como um ratinho em um quarto cheio de cobras." *Tem certeza?* "Esse fax é uma violação totalmente injustificada da minha privacidade." *Tem certeza?* "Minha segurança está ameaçada." *Tem certeza?*

A cada vez que eu me questionava, minha mente ia perdendo o apego ao pensamento "Eu sou uma vítima!". Por alguma razão, comecei a pensar em como um jogador de futebol americano deve se sentir quando está com a bola e se vê cercado de homens enormes que querem derrubá-lo. Ele não se sente como uma presa apavorada diante dos caçadores. Sabe que vai ser atacado, que isso é parte do jogo. Faz de tudo para não ser derrubado, mas, caso aconteça, ele se levanta e se prepara para o próximo tranco. Essa é a energia do poder — não da invulnerabilidade, mas do poder. É isso que faz você estufar o peito e endireitar as costas.

Pouco a pouco, durante aquela noite, eu deixei de me sentir como um ratinho e passei a me sentir mais como uma jogadora de futebol americano, porque isso era melhor. Mais verdadeiro.

Meu guia interior se alinhava completamente com a ideia de que, quando criança, eu tinha sido uma vítima. Isso era indiscutível. Mas naquele momento eu era uma mulher adulta que havia tomado a decisão consciente de abandonar as regras da minha cultura. E sabia que a reação contrária viria. Percebi que a pessoa que mandara o fax provavelmente me enxergava como alguém que estava "atacando seu modo de viver". Afinal, eu tinha declarado à imprensa que via injustiças na cultura mórmon. Era coautora de um estudo que denunciava a estrutura de autoridade da igreja. Era óbvio que os jogadores do outro time viriam me derrubar. Eu havia ajudado a criar essa situação. A grande pergunta era: o que eu poderia criar dali para a frente?

Depois desse incidente, comecei a encarar cada ataque para me fazer recuar como um desafio para gerar mais criatividade e paz. As situações que considerava assustadoras se tornaram toleráveis, e até interessantes. Novas ideias surgiam enquanto eu pensava em como reagir à pressão social sem deixar de lado minha integridade. Um dos processos que mais me ajudou foi o exercício a seguir. Gosto de fazê-lo sempre que tenho uma reação impulsiva de agir como vítima e proclamar julgamentos. Veja se funciona para você.

EXERCÍCIO

INSTRUÇÕES PARA QUEM ME PERSEGUE

Primeiro passo

Pense em uma pessoa cujas palavras e ações pareçam um ataque a você e à sua integridade. Essa pessoa está agindo para provocar medo e intimidação, ou para forçar você a voltar a antigos padrões que não funcionam mais para a sua vida. Quem é essa pessoa?

_____

Segundo passo

Agora você vai escrever uma carta para essa pessoa, pedindo um apoio integral à sua verdade.

Caro(a) _____

Decidi fundamentar minha vida na integridade, mas você está tentando me impedir de fazer isso. Você me afasta da minha integridade quando diz coisas como (preencha o espaço):

_____

_____

Quero que você pare de dizer essas coisas, e em vez disso fale o seguinte (vá fundo nessa parte e peça para a pessoa dizer as melhores coisas que você conseguir imaginar):

_____

_____

*Você também está prejudicando a minha integridade ao **fazer** as seguintes coisas* (pense em tudo o que a pessoa faz que torna mais difícil honrar sua verdade):

———————————————————————————

———————————————————————————

Quero que você pare de fazer isso. O que você pode fazer em vez disso é o seguinte (vá em frente, peça o que quiser!):

———————————————————————————

———————————————————————————

Abraços,

———————————————————————————

(Assine seu nome aqui)

Terceiro passo

Agora (aposto que você já sabia o que viria) rasure o nome da pessoa a quem a carta é destinada e coloque o seu. Releia a mensagem como se tivesse sido escrita pela sua verdadeira natureza para o seu eu assustado e socializado. Perceba onde você pode estar usando as mesmas palavras e atitudes que a pessoa que considera sua perseguidora usa. Caso sinta vergonha quando seu perseguidor fala mal de você, questione seus pensamentos até que toda essa autovergonha desapareça e não haja mais nenhuma parte sua que acredite que seu verdadeiro eu é inadequado. As pessoas estão tentando intimidar você a aceitar um papel de subordinação? Encontre as partes de você que se intimidam ao pensar nas consequências do seu "mau comportamento". Analise as crenças que lhe causam medo, depois use suas habilidades de observação e questionamento até que essas crenças desapareçam.

Quarto passo

Depois de alterar sua experiência interior, transforme suas atitudes. Ouça os conselhos da sua verdadeira natureza. Pare de falar e fazer as mesmas coisas que seus perseguidores. Em vez disso, fale e faça para você aquilo que desejaria que um "salvador" falasse e fizesse. Use a criatividade para agir de acordo com seu verdadeiro eu, sem esperar que alguém vá aparecer e fazer isso no seu lugar.

Esse exercício vai além de mudar sua perspectiva da vitimização para o empoderamento. Ele dá instruções claras sobre os melhores passos a tomar em seguida na montanha do purgatório. Use isso toda vez que sentir que tem alguém atacando você, e vai se dar conta de que *a pessoa cujo ataque incomoda mais na verdade está mostrando o próximo passo no caminho da integridade.*

Os ataques só são capazes de nos causar sofrimentos emocionais se houver uma parte de nós que acredita neles. Quando um desafiante nos incomoda para valer, é porque essa pessoa acredita em coisas sobre nós que não são verdade, mas alguns resquícios dessa crença ainda estão entranhados em nosso conceito sobre nós mesmos, escondidos em pontos cegos. Deixar de acreditar nas mentiras de quem ataca (pensamentos do tipo "Eu não presto" ou "Eu sou inferior") concede a você o acesso à verdade que existe por trás disso. Aprender a cultivar — e a repetir para si — todas as palavras de apoio que gostaria de ouvir dos outros promove o alinhamento com seu guia interior, seu senso de verdade.

Isso cura a divisão que existe na sua visão de mundo e restaura uma parte fundamental da sua integridade. Agradeça ao seu desafiante.

PURGANDO OS ERROS DA CONVICÇÃO CEGA

A feminista negra Audre Lorde escreveu: "Quando tive a ousadia de ser poderosa, de usar minha força a serviço da minha visão, meu medo foi se tornando cada vez menos importante". Quando nos concentramos em uma resposta criativa, em vez de culpar alguém ou assumir uma postura defensiva, o medo perde protagonismo. Ele é deixado de lado quando usamos o outro lado da moeda do orgulho, da inveja e da ira: a autoestima saudável, a sensação de plenitude e a intenção de promover mudanças positivas.

Quando você atravessa o portão sem olhar para trás e recebe ataques por isso, manter a integridade vai transformar todos os potenciais conflitos em novas oportunidades para aprimorar sua capacidade criativa. Você pode até sentir gratidão por essas instruções perfeitas — todas formuladas na forma de ataques — sobre como parar de atrapalhar seu próprio avanço. Ao abandonar os padrões culturais que mantinham você no sofrimento anterior, sua escalada se torna cada vez mais rápida e mais fácil. E, quanto mais alto você chega, mais clara e bonita se torna a vista.

11. Dedique seu tempo a viver

Eu conheço uma pessoa da área da psicologia que resume o caminho da integridade de forma bem sucinta: "Saiba o que você realmente sabe, sinta o que realmente sente, diga o que realmente quer dizer e faça o que realmente quer fazer".

Quando eu falo isso, muita gente reage de maneira confusa e alarmada. As pessoas não entendem direito o que estou querendo dizer, mas parece uma coisa um tanto perigosa. Principalmente a parte do "faça o que realmente quer fazer". Quer dizer, se todos fizéssemos o que queremos em vez de obedecer às regras culturais, não sairíamos por aí roubando bolsas, batendo nos vizinhos, dirigindo bêbados e fumando vinte cigarros de uma vez?

Não se você estiver usando os processos que descrevi até aqui neste livro.

Vamos recapitular: quando embarcamos no caminho da integridade, nossa tarefa era ver através da névoa da cultura que nos cegava para nossa verdadeira natureza. (Minha experiência com clientes mostra que, antes de dar esse passo, eles não têm ideia do que realmente sabem nem são capazes de perceber o que realmente sentem: "Sim, eu estou *absolutamente* confortável na minha posição desconfortável".)

250

No estágio seguinte, o inferno, começamos a remover os antolhos culturais, a eliminar as crenças que não são verdadeiras para nós em um nível mais profundo. Quando nos conectamos com a nossa verdade interior, assumimos o desafio de parar de mentir — começar a dizer o que de fato queremos. É esse o ponto em que analisamos como lidar com a resistência da nossa cultura.

Se você já fez tudo isso, o próximo passo no caminho da integridade é começar a passar seu tempo fazendo o que realmente quer. Em última análise, *todo* o seu tempo.

Se seguir este conselho sem ter praticado e internalizado todos os passos anteriores do livro, você pode acabar metendo os pés pelas mãos. Quando estamos divididos do nosso verdadeiro eu, o que realmente queremos é a integridade — mas não sabemos como ela é. Nós *pensamos* que ela pode vir das recompensas da floresta escura do erro, como a riqueza e o poder do Monte Deleitoso, ou de uma curtição desenfreada com muito sexo, drogas e rock'n'roll. A busca por essas coisas, considerando a intensidade da dor que as motiva, é tão envolvente que muitas vezes acabamos nos tornando egoístas, gananciosos e brutais. Mas o verdadeiro alívio — do tipo que traz de volta a pessoa que nascemos para ser — só vem quando abraçamos nossa verdadeira natureza.

Quando estamos comprometidos com nosso verdadeiro eu em cada palavra e ação, emanamos o amor que é a nossa essência. Depois de deixar para trás a angústia da divisão e sentir o alívio de nos sentirmos inteiros, nós queremos — realmente queremos — oferecer o mesmo alívio aos outros. Seu caminho da integridade pode ser criar uma criança feliz — ou um gatinho, que seja. Ou você pode se surpreender e acabar se envolvendo com ativismo social, ou curan-

251

do corpos, corações, sistemas e até o planeta. Você vai querer tornar o mundo um lugar mais agradável, saudável e justo. E vai querer isso o tempo todo.

Experimente. Você vai ver.

OS ÚLTIMOS PASSOS DA MONTANHA

Este capítulo serve para eliminar todos os erros da inocência que ainda possam estar separando você do seu verdadeiro eu, mesmo depois de parar de mentir ou de se deixar levar pela mente violenta da convicção cega. A questão aqui é aprimorar suas habilidades como uma força a favor da paz e do amor. No fim, você vai conseguir fazer isso com uma combinação incomum de esforço e facilidade: encontrando e seguindo sua integridade a cada momento.

Isto não é um trabalho. É uma prática, da mesma forma que os músicos e os esportistas praticam antes de tocar ou de competir. Não é uma coisa sem propósito; é um desafio envolvente e significativo. Os psicólogos que estudam a felicidade sabem que esse tipo de esforço nos leva a um estado chamado "fluxo". Quando o dominamos, nosso cérebro secreta hormônios como dopamina e serotonina, que nos deixam com uma sensação de pura alegria. É o que a vida humana tem de melhor a oferecer.

Dante experimenta esse fluxo quando chega às partes mais altas do purgatório. Embora tenha sido difícil eliminar a falsidade e os erros da convicção cega ao longo da subida, ele se sente mais leve e mais forte a essa altura. Está livre de muitos sofrimentos, ansioso para se desvencilhar do que ainda o esteja afastando de si mesmo, cercado de outras almas felizes. É assim que você vai se sentir quando chegar a esse ponto do caminho da integridade. Na verdade, você pode tentar agora mesmo.

Muitos clientes me dizem em tom de lamento: "Eu gostaria de viver a minha verdade, mas [meu peixinho dourado toma toda a minha atenção/ meus amigos não iriam gostar/ eu não tenho tempo]".

Marc, por exemplo, tinha sido militar a vida toda, mas nunca gostou. No trabalho, ele disfarçava a infelicidade e a raiva que sentia, e quando chegava em casa descontava tudo na mulher e no cachorro. "Eu me odeio e não suporto meu trabalho", ele me contou. "Mas só faltam três anos para eu ser reformado e receber minha aposentadoria, então não posso sair agora."

Carol estudou design, mas se casou e criou dois filhos antes de poder se dedicar ao sonho de ser artista. Aos 47 anos, estava com a casa vazia e um enorme estoque acumulado de ideias não realizadas. "Mas não consigo começar", ela me contou. "Sempre aparece alguma coisa para me distrair — minhas amigas, meu marido, alguma coisa quebrada em casa. Se eu tivesse liberdade, sei que conseguiria criar coisas lindas. Mas ninguém me deixa fazer isso."

Compare a situação dela com a da minha amiga Rayya, que recebeu um diagnóstico de câncer terminal aos 56 anos. Rayya tinha passado vinte anos nas ruas de Nova York como usuária de drogas pesadas antes de se desintoxicar e continuar limpa por mais vinte. Tudo isso a tornou uma pessoa sincera, direta e extraordinariamente boa em encontrar o lado bom de qualquer situação. Quase de imediato, ela decidiu considerar seu diagnóstico como uma oportunidade para uma magnífica celebração final.

"Primeiro vou fazer tudo o que estiver faltando na minha lista de desejos", Rayya me contou. "Vou comer todos os meus pratos favoritos, tocar músicas ótimas, visitar todos os lugares que adoro, curtir todas as pessoas que me fazem feliz. Depois, quando eu estiver doente demais, vou arranjar uma bela *speedball* [heroína misturada com cocaína] e ficar tão doidona que nunca mais vou voltar ao normal. É uma bela forma de ir embora, não? Eu tive uma vida épica, e vou ter uma morte épica também."

Mas, alguns dias depois, após mais alguns exames, Rayya se viu em um estranho dilema. Seu câncer era menos agressivo do que os médicos pensavam. "Eu posso ter de três a cinco anos de vida", Rayya falou. "O que eu faço? Volto a trabalhar até ficar doente a ponto de não conseguir fazer mais nada?"

"Bom", eu falei, "você ainda tem sua lista de desejos, certo?"

"Sim."

"Então siga a lista mesmo assim", sugeri.

E foi isso o que ela fez.

Pelo restante da vida, Rayya suportou grandes doses de sofrimento físico e emocional. Mas esse também foi um período de aventuras passionais, loucas, emocionantes e hilárias. Épico.

Rayya avançou bastante no caminho da integridade. Começou a vida adulta na floresta escura do erro, tentando amortecer suas dores com drogas. Para se desintoxicar, desvencilhou-se de várias das suas falsas crenças, e então subiu os dois primeiros níveis do purgatório com o compromisso da sinceridade absoluta e a recusa de ver a si mesma como vítima.

Mas nunca decidiu dedicar todo seu tempo — cada minuto da vida — aos seus verdadeiros desejos. A formação cultural de Rayya lhe dizia para continuar trabalhando até não aguentar mais — qualquer outra coisa seria sinal de "preguiça". Mas a natureza de Rayya não tinha nada de preguiçosa. Ela gostava de fazer música, cozinhar, rir e amar. Era uma diversão sem fim.

Agora vou dizer uma coisa que pode ser um tanto assustadora: você não tem mais muito tempo de vida. Não importa se são mais cinco ou cinquenta anos, eles vão passar mais rápido do que você imagina. Você não tem tempo a perder com o sofrimento, nem torturando sua verdadeira natureza para agradar a sua cultura. A hora da integridade é agora.

O PODER DAS PEQUENAS MUDANÇAS

O câncer e a personalidade intensa de Rayya a ajudaram a dar uma grande guinada na direção da integridade pura. Mas, para a maioria de nós, essa não é a estratégia ideal. É possível começar a dar passos para a nossa vida perfeita imediatamente, mas podemos ir fazendo isso aos poucos — na verdade, é até melhor. Os psicólogos que estudam esse tipo de mudança avisam que, paradoxalmente, a transformação positiva ocorre mais rápido quando avançamos em pequenos passos, e não em saltos heroicos.

Todos os dias, você toma milhares de pequenas decisões sobre o que fazer com o seu tempo. *Cada uma dessas escolhas é uma chance para seguir na direção da vida que você deseja.* Dedicar um pouquinho menos de tempo ao que você não gosta e um pouquinho mais ao que ama é seu próximo passo no caminho da integridade.

Anteriormente neste livro, eu já comparei sua vida a um avião. Imagine que você esteja pilotando esse avião em uma viagem de 15 mil quilômetros. Se você fizer mudanças de rota de um grau a cada meia hora, em nenhum momento vai sentir uma diferença drástica, mas vai acabar em um destino bem diferente daquele ao qual chegaria se tivesse mantido a trajetória inicial. Eu aconselho as pessoas a conduzirem suas vidas com uma série de "curvas de um grau".

Comece pensando no tempo que dedica a determinadas pessoas e atividades e *analise se é de fato o tempo que realmente quer gastar com elas.* Vá alterando sua agenda em alguns minutos por dia, passando um pouquinho menos de tempo fazendo coisas que não considera interessantes e uns minutinhos a mais fazendo aquilo que ama.

Quando comecei meu trabalho de coach com Marc, ele não pediu baixa imediatamente da carreira militar. Começou a se observar mais de perto e percebeu que passava boa parte de seu tempo livre vendo tv, alimentando ressentimentos e esbravejando com a esposa. Sua primeira curva de um grau foi se afastar dez minutos de um programa de que sequer gostava e ir para o quintal brincar com o cachorro.

Carol, a artista cuja agenda estava repleta de obrigações, percebeu que na verdade estava sendo atormentada pelo pensamento infernal "É tarde demais para virar artista". Depois de questionar e abandonar essa crença, ela conseguiu reservar quinze minutos por dia para se dedicar à arte. Em questão de um mês, já tinha várias pinturas lindas para mostrar e havia descoberto um novo sentimento de realização. Estava se sentindo mais jovem, mais livre e mais empolgada com a vida.

O exercício a seguir pode ajudar você a dedicar mais do seu tempo a fazer o que realmente quer, com uma curva de um grau por vez.

EXERCÍCIO

CURSO DE UM GRAU

1. Faça uma lista com cinco coisas que pretende fazer hoje.

2. Agora faça uma lista com cinco coisas que precisa fazer na semana que vem.

3. Faça uma terceira lista com cinco coisas às quais você pretende dedicar seu tempo este ano.

4. Analisando item por item, responda o seguinte: em um mundo ideal, quanto tempo eu *realmente quero* passar fazendo essas atividades hoje/ na semana que vem/ no ano que vem? E saiba que "zero" é uma resposta aceitável.

> 5. Compare o tempo que planeja gastar com cada item e o tempo que *deseja* gastar com cada item.
>
> 6. Se existem diferenças, comece a fazer curvas de um grau em sua agenda, passando dez minutos a menos por dia se dedicando às coisas que não quer fazer e preenchendo esse tempo com as coisas que deseja fazer.

Se você seguir com esse exercício, *fazendo pequenas mudanças, e não grandes*, sua vida toda vai se transformar. Seu tempo — o mais limitado dos recursos de que dispõe — vai ser preenchido com um senso de felicidade e propósito.

A PRÁTICA LEVA À PERMANÊNCIA

É claro que, se você fizer várias curvas de um grau, vai acabar se deparando com grandes escolhas. Quando Marc começou a fazer pequenas mudanças, e aos poucos foi encontrando cada vez mais momentos de felicidade, percebeu que simplesmente não conseguiria passar mais três anos em um trabalho que odiava. "Eu posso estar morto em três anos", ele falou. "De que adiantaria ter uma aposentadoria nesse caso?"

Ele começou a entrar em contato com antigos amigos que haviam abandonado a vida militar e a perguntar como tinham se saído. Eles o ajudaram a entender que suas habilidades eram valorizadas em diversos setores da economia. Marc começou a mandar currículos e foi contratado por uma empresa de engenharia, onde adorava trabalhar. Embora a esposa temesse pela vida financeira da família quando ele saiu das forças armadas, ela não demorou a gostar da ideia também. "O homem com quem eu me casei está de volta", ela me disse. "Isso não tem preço."

Quanto a Carol, ela foi aumentando pouco a pouco o tempo dedicado à arte até que a nova atividade preenchesse sua agenda — mas não por completo. "Eu encontrei um equilíbrio", ela contou. "Na verdade, não ligo de passar algumas horas por dia cuidando das pessoas." Ela criou uma linha de cartões para datas comemorativas, que vende pela internet. Essa atividade lhe traz, segundo ela, "um pouquinho de dinheiro e um montão de alegria".

Como essas pessoas já praticavam a mudança em pequenos passos, estavam prontas quando as grandes decisões apareceram. Lembre-se: seguir o caminho da integridade é uma habilidade complexa que nos coloca no fluxo. E desenvolver habilidades exige muita prática. Meu sensei de caratê fazia os alunos executarem novos movimentos mil vezes, bem devagar. Depois nós acelerávamos o ritmo, mas sem deixar de lado a execução perfeita — outras mil vezes. Então acrescentávamos força ao movimento, aumentando a intensidade pouco a pouco, e repetíamos mais mil vezes. "A prática não leva necessariamente à perfeição", ele dizia. "A prática leva à permanência."

Quando começamos a viver em integridade total, a prática produz alterações físicas permanentes em nosso cérebro. Os neurologistas confirmam que, quanto mais vezes executarmos uma ação, mais ela vai se fixar em nossos circuitos neurais. Para mudar um padrão de comportamento recorrente (como uma coisa que fomos induzidos a fazer através da socialização), precisamos escolher novas atitudes e repeti-las até os antigos circuitos perderem força e os novos se formarem. É como uma neurocirurgia no estilo faça-você-mesmo. Escolhendo sempre o caminho da integridade, conseguimos nos desprogramar culturalmente e nos reprogramar para a sinceridade e a felicidade.

MAS ISSO NÃO VAI ME TORNAR EGOÍSTA?

Quando eu digo às pessoas que elas sempre deveriam fazer o que realmente querem, muitas vezes recebo reações de choque. "A gente não pode fazer só o que quer!", elas protestam. "Desse jeito, eu ia virar a pessoa mais egoísta do mundo!" Você pode estar pensando a mesma coisa.

Tem certeza?

Você tem como garantir com certeza absoluta que isso é verdade?

Nossa cultura vê a maior parte das recompensas da vida como uma equação de soma zero: o ganho de um acontece às custas da perda de outro. Se alguém tem mais, é porque outro tem menos. Se você se formar com honras, é porque os outros tiraram notas baixas. Se você é rico e famoso, é porque pisou na cabeça de centenas de "pessoas comuns". Esse é o senso comum. Mas não é completamente verdadeiro.

Dante aprende isso com Virgílio enquanto os dois sobem a montanha do purgatório. Ele questiona como todo mundo ali vai poder entrar no paraíso. Como nós, Dante não tinha a experiência de uma cultura em que *todos* chegam ao topo da pirâmide. Ele pergunta a Virgílio como é possível as pessoas compartilharem sua bondade e ao mesmo tempo criarem mais bondade para compartilhar. Cada um no purgatório fica com uma fatia do bolo — e no fim das contas ainda sobra mais bolo do que quando o processo começou.

Virgílio responde que existem duas maneiras de fazer essa conta quando o assunto é a felicidade. A mente de Dante ainda está "fixada em coisas mundanas", ele explica. Se pensarmos em termos de recompensas do Monte Deleitoso, como dinheiro e poder, as coisas precisam ser divididas, de modo que o ganho de um implica a perda do outro. *Mas não se esqueça de que só queremos essas coisas porque achamos que elas vão nos dar as sensações pelas quais ansiamos* — paz, senso de propósito e de pertencimento, satisfação pessoal. E, quando uma pessoa consegue mais dessas coisas inerentemente deliciosas, sua alegria não se divide. Ela se multiplica. Quanto mais sensações como essa nós temos, mais nós as criamos. Compartilhar não nos empobrece; nos torna mais ricos.

Para usar um exemplo do mundo de hoje, quando uma família adota um filhotinho, o amor que cada pessoa sente uma pela outra não diminui para que todos possam dedicar uma parte da sua afeição ao animal. Quando o cachorro abana o rabo e se aninha para ser acariciado, ao mesmo tempo recebe e dá um afeto que cresce a cada minuto. Cada membro da família, e o grupo como um todo, passa a ter mais amor em sua vida. *Tudo o que realmente nos traz felicidade é ilimitado e multiplicador, e não escasso e divisivo.*

Quando compreendemos isso, nosso medo da escassez — que é a base para a ganância — diminui. Saber reconhecer que viver nossa verdade torna tudo melhor *para todos* nos encoraja a tomar as grandes decisões que nos conduzem à integridade.

AS MINHAS CURVAS DE UM GRAU

No início do meu Ano de Não Mentir em Nada, passei um bom tempo tentando descobrir o que realmente queria fazer. Se alguém me perguntava: "O que vamos jantar?", em vez de dar a resposta que me vinha por reflexo para agradar às pessoas ("O que você quiser"), a obrigação imposta pelo meu compromisso me fazia parar, olhar para dentro e responder de verdade à pergunta.

As pequenas mudanças não demoraram a produzir melhorias na minha vida — e me levaram a algumas grandes decisões. Abandonar o mormonismo foi uma delas. Não muito tempo depois, quando me queixei com uma amiga sobre o trabalho que estava tendo para escrever minha tese do doutorado, ela perguntou: "Quando foi a última vez que você leu um livro só por diversão?". Ah, sim, eu pensei, isso é verdade. Eu tinha passado a maior parte da infância lendo por prazer, mas quase nenhum tempo da minha vida adulta vinha sendo dedicado a isso.

Nesse dia, eu comprei um romance. Passei a noite toda lendo. Quando amanheceu, percebi que não queria passar meu precioso tempo na Terra escrevendo artigos para publicações acadêmicas. Queria escrever coisas que as pessoas pudessem ler por diversão. Então, apesar de concluir meu doutorado, a profissão que tinha escolhido e o sistema de valores moldado por Harvard seguiram o mesmo caminho da minha religião e da minha comunidade de origem: foram excluídos da minha vida.

Ah, e mais uma coisinha: eu descobri que era gay.

Não que eu tivesse um casamento de fachada — eu amava o John de todo o coração, e sentia que meu sentimento era plenamente correspondido. Mas, se não tivéssemos sido criados como mórmons, provavelmente teríamos nos identificado como gays ou bissexuais muito mais cedo. Não cabe a mim contar aqui a história do John, mas, quando ambos começamos a seguir nossa integridade, decidimos de comum acordo alterar os termos do nosso relacionamento. Nós nos "descasamos" de forma não oficial, e esperamos para ver o que aconteceria a seguir.

O que aconteceu foi que nós dois nos sentimos mais livres e amorosos um com o outro. Ficou extremamente óbvio que o amor era multiplicador, não divisivo — assim como Dante aprendeu enquanto escalava a montanha do purgatório. Portanto, meu relacionamento não mudou tanto quanto seria de imaginar, pelo menos não de imediato. Mesmo assim, eu estava abalada até os ossos. Nunca havia tido uma relação com uma mulher — nunca tinha "experimentado" nada. Minha única fantasia até então — embora fosse extremamente poderosa — era algum dia ter uma amiga muito, *muito* próxima, que moraria bem ao meu lado e nós passaríamos o tempo todo juntas.

Mas gay? Eu?

Durante meses, senti ondas intensas de vergonha, culpa, constrangimento e pavor. Afinal, uma autoridade mórmon tinha declarado pouco tempo antes que os "três maiores inimigos da igreja nos últimos tempos" eram as feministas, os intelectuais e os gays. Pelos parâmetros da comunidade em que eu ainda vivia, eu era triplamente insidiosa. *E não podia mentir a respeito de nada disso, porque tinha prometido que não mentiria nem uma vez, em nenhuma circunstância, por um ano inteiro!*

Minha terapeuta brincava comigo dizendo que meu maior problema psicológico era manter minhas resoluções de Ano-Novo. Mas o verdadeiro problema, como eu vim a descobrir, era que mais uma vez eu não sabia qual era a verdade. Ser gay era uma violação tamanha dos meus valores culturais que eu não conseguia aceitar o fato. Passava noites em claro sabendo o que eu sabia e sentindo o que eu sentia, e me perguntando o que fazer a respeito deles.

Por fim, depois de um milhão de curvas de um grau, cheguei a uma forma de pensar que mais tarde encontraria (que grande surpresa!) n'*A divina comédia*. Para um europeu católico da Idade Média, Dante inseriu uma boa dose de pensamentos subversivos em sua obra-prima.

À medida que eles se aproximam do ponto mais alto do purgatório, onde as almas estão livres da preguiça, da ganância, da gula e da luxúria, Virgílio dá uma explicação que deixa Dante atordoado. Todos esses "pecados" na verdade têm como base o amor. A preguiça, a ganância, a gula e a luxúria são simplesmente relações desequilibradas com o descanso, a abundância, a nutrição e o sexo. Podemos errar tanto nos entregando compulsivamente quanto *reprimindo rigidamente* a nossa relação natural com essas coisas. Essa falta de equilíbrio não existe quando estamos em união com a nossa verdadeira natureza, só quando nos afastamos dela. É o *pensamento* mal direcionado, e não o nosso comportamento natural, que nos faz perder a inocência.

COMO SE TORNAR SEU PRÓPRIO GUIA INTERIOR

Quando entende isso, Dante se vê diante de um fogo purificador que vai queimar o que restou de corrompido dentro dele. Apesar do medo, ele atravessa as chamas. Enquanto o observa, Virgílio diz que está na hora de Dante parar de segui-lo. "Não espereis mais minhas palavras nem meus gestos", Virgílio diz. "Livre, reto e são é teu arbítrio agora, e não o seguir seria um erro." Em outras palavras, Dante está tão próximo da integridade que fazer o que realmente quer — seguir o caminho que lhe traz mais alegria — vai levá-lo ao paraíso. Seu guia interior está disponível para ele da mesma forma que o guia exterior.

Isso vai acontecer com você também. Exercitando as habilidades necessárias para viver com integridade — observando a infelicidade, questionando as falsas crenças, se libertando das ilusões e seguindo um rumo mais verdadeiro —, a prática vai levar à permanência, libertando você cada vez mais de tudo que não seja seu guia interior, seu eu mais verdadeiro.

Claro que você ainda vai encontrar fogos purificadores, situações que vão testar sua coragem de manter a sinceridade. Vou dar um exemplo da minha própria vida. Anos depois dos episódios que narrei até aqui, eu fiz uma aparição em rede nacional junto com Oprah Winfrey. A produção tinha me entregado um roteiro, que me alertava especificamente para não mencionar o fato de ser gay, porque Oprah havia acabado de fazer um programa com a saída do armário mais do que pública de Ellen DeGeneres. Em determinado momento, porém, uma mulher na plateia levantou a mão e falou que era casada e tinha três filhos, mas pouco tempo antes tinha descoberto que era lésbica.

Eu tinha uma fração de segundo para decidir entre fingir que só tinha opiniões teóricas a dar sobre a situação daquela mulher ou reconhecer que sua experiência era idêntica à minha. Fiquei morrendo de medo de desrespeitar as regras e sair do script, e apavorada com a ideia de me revelar de forma tão pública. Mas meu guia interior me dizia que o silêncio seria uma mentira. Então eu saí do script e comecei a falar sobre o meu passado.

Nesse momento, Oprah me encarou boquiaberta e perguntou: "Espera aí... você é *gay*?".

Ao vivo. Em rede nacional.

Talvez você imagine que, como coach experiente e autora de vários livros, eu me sentiria segura e confiante ao

265

conversar com Oprah sobre minha homossexualidade enquanto milhões de pessoas assistiam. Nem tanto. Eu literalmente senti que estava pulando em uma fogueira. O que ainda restava da garota mórmon introvertida e que fazia de tudo para agradar os outros foi jogado no fogo do constrangimento e se queimou feio enquanto conversávamos. Para ser bem sincera, foi horrível.

Mas não tanto quanto seria abandonar o caminho da integridade.

Eu jamais teria sido capaz de contar a verdade naquele momento — não estaria nem no programa da Oprah, para começo de conversa — sem a prática de fazer curvas de um grau na direção do que realmente queria. Durante anos, toda vez que eu escrevia uma lista de afazeres, verificava com meu guia interior se aqueles planos refletiam meus verdadeiros desejos. Assim fui me voltando, a cada pequena escolha, para a minha verdadeira natureza. Quando eu me vi diante de um fogo purificador, avancei pela força do hábito.

O exercício a seguir foi criado para ajudar você a se conectar de tal forma com seu guia interior que nunca mais vai precisar se afastar do caminho da integridade.

EXERCÍCIO

COMO SE TORNAR SEU GUIA INTERIOR

Versão curta

1. Entre em sintonia com seu guia interior (ver capítulo 2).
2. Pergunte-se: "Se fosse totalmente livre, o que eu faria agora?".
3. Faça isso.

Versão mais longa

1. Entre em sintonia com seu guia interior.
2. Pergunte-se: "Se fosse totalmente livre, o que eu faria agora?".
3. Agora se pergunte: "Por que eu não estou fazendo isso?".
4. Faça uma lista com obstáculos que impedem você de fazer isso.

   _____

   _____

   _____

5. Associe cada obstáculo às crenças limitadoras que estão por trás dele. Questione essas crenças até ver que são falsas. Por exemplo:

   - Se você perceber que não está seguindo sua verdadeira natureza por causa do seu condicionamento social, questione se esse condicionamento está de acordo com a sua verdade.
   - Se você duvida do seu valor ou da sua capacidade de seguir a própria natureza sem causar danos a ninguém, questione suas dúvidas.
   - Caso seja um obstáculo logístico, questione a crença de que você não é capaz de resolver esse problema. E então resolva-o.
   - Se o obstáculo for relacionado à falta de informações, busque as informações de que precisa.

6. Pergunte-se de novo: "Se fosse *absolutamente livre*, o que eu faria?".
7. Reconheça que você é livre, *sim*.
8. Faça exatamente o que você quer.

Muitos clientes me dizem que suas vidas virariam um inferno caso levassem esse exercício a sério. Mas suas previsões apocalípticas se revelam invariavelmente falsas. Pessoas que respondem "O que eu realmente quero é ficar bebendo cerveja na praia para sempre" ficam entediadas em três dias e começam a pensar em novas carreiras. Os pais que têm medo de abandonar os filhos acabam contratando uma babá em meio período, o que torna a vida em família muito mais alegre. As pessoas que têm medo de sair distribuindo socos nos colegas de trabalho descobrem que, quando estão fazendo o que querem da vida, a hostilidade desenfreada dá lugar à simpatia.

Eu espero que, quando você começar a fazer o que realmente quer, tenha aventuras agradáveis e anticlimáticas como essas (e não dramáticas e disruptivas como as minhas). Espero que, ao encontrar seu verdadeiro caminho, você nunca mais se afaste dele. Mas, caso tropece, como acontece com todos nós, tudo bem. É só voltar ao processo elementar da integridade. Diminua o ritmo, mas siga em frente. Repita quantas vezes for necessário, passo a passo: reconheça o sintoma da floresta escura do erro, identifique a falsa crença que o gerou, questione essa crença, entre em sintonia com sua verdadeira natureza e encontre uma resposta criativa de acordo com seus verdadeiros valores. A cada vez, você vai se sair melhor. Um tropeço não é o fim do mundo.

Rayya se deparou com um obstáculo significativo poucos meses antes de morrer. O medo e o sofrimento físico — além das doses altíssimas de opioides que os médicos vinham receitando para amenizar sua dor — acabaram provocando uma recorrência do vício que ela havia abandonado anos antes. Mas, quando Rayya se deu conta de que isso arruinaria o pouco de vida que lhe restava, ela fez uma correção de rota. Por ser como era, Rayya deu uma guinada enorme em vez da curva de um grau (não tente fazer isso em casa). Ela mobilizou outra ex-dependente para ajudá-la, abandonou as drogas de uma vez só, sofreu uma crise de abstinência infernal e saiu do outro lado com mais integridade do que nunca.

Pouco antes de morrer, Rayya me ligou para pedir desculpas caso tivesse feito alguma coisa que me ofendeu durante o período de recaída nas drogas (ela não tinha feito). Sua energia naquele telefonema era impressionante: tão pura e amorosa que quase me levou às alturas. Ela falou: "Passei boa parte da vida mentindo para conseguir o que pensava que queria. E o que descobri foi: se viver a minha verdade, eu sempre vou ficar bem. Porque a verdade tem pernas fortes. No fim das contas, é a única coisa que para em pé".

A única tatuagem que tenho, estampada no meu tornozelo direito, é esta frase: *A verdade tem pernas fortes*. Isso me lembra todos os dias de preencher meu tempo vivendo da melhor maneira que posso, honrando minha integridade e a memória da minha amiga. Ela viveu seus últimos meses e, no fim, morreu fazendo exatamente o que sua natureza havia escolhido, cercada de amor, risos, pertencimento, propósito e paz.

Foi épico.

12. O retorno ao Éden

Sharee era uma das pessoas mais radiantes que já conheci. Era impossível imaginar a história trágica que ela carregava consigo. Tinha sido criada no Kentucky, como membro de uma pequena seita cristã que fazia o mormonismo parecer uma balada universitária. Aos quinze anos, Sharee engravidou, largou o colégio e se casou com o namorado, Nathan. Aos vinte e quatro anos (décadas antes de nós nos conhecermos), eles já tinham mais cinco filhos. Foi quando Nathan, um trabalhador da construção civil, caiu de um andaime e sofreu uma lesão cerebral grave.

Sem nenhuma fonte de renda, uma dívida hospitalar gigantesca e oito bocas para alimentar, Sharee resolveu procurar um emprego. Ela pensou que os pais e os sogros fossem ajudar com as crianças, mas, pelas normas de sua seita, as mulheres eram proibidas de trabalhar fora. A sogra atribuía aos pecaminosos planos de Sharee a culpa por uma recuperação milagrosa de Nathan não acontecer. Exausta, abalada e completamente perdida na floresta escura do erro, Sharee decidiu se matar.

Sua ideia era pular de um penhasco que ficava não muito longe de sua casa, para que seus entes queridos pensassem que ela havia caído. "Eu não queria abandonar meus filhos", ela me contou anos depois, "mas estava sofrendo demais. Estava fora de mim." Sharee saiu de casa uma noite e caminhou até amanhecer, quando enfim chegou à beira do abismo. "Nesse momento, a coisa estava praticamente feita", ela falou. "Eu ia morrer. Fim de papo. Então me sentei para dar uma última olhada em tudo."

Enquanto via o sol nascer, Sharee se desfez de todos os vínculos psicológicos com a própria identidade, sua família e até seu corpo. Foi quando uma coisa estranha aconteceu. "Foi como se alguém tivesse acendido a luz do mundo", ela falou. "Como se tudo tivesse deixado de ser preto e branco e virado colorido. Eu me senti totalmente livre. Tinha uma energia imensa correndo dentro de mim. Era a *vida*, e eu adorei isso. Percebi que não queria pôr um fim na minha vida, só na maneira como vinha vivendo. Quando eu me vi como alguém que já estava morta, não me interessava mais o que os outros iam pensar sobre mim. Isso meio que me permitiu parar de me preocupar tanto com tudo."

Obviamente, Sharee não pulou. Ela voltou para casa e deu um jeito de se manter com a ajuda de algumas amigas enquanto terminava o supletivo do Ensino Médio, e depois foi estudar enfermagem. E embora a vida tenha sido difícil durante vários anos, seu mundo interior jamais voltou a ser aquela terra arrasada e sem cor que costumava ser.

Já conheci algumas outras pessoas como Sharee, que se desvencilharam de certos aspectos de sua socialização em um momento dramático e de repente se sentiram mais livres, de uma forma permanente. Acredito que uma versão em menor escala disso aconteceu comigo no dia em que li o *Tao te Ching*, abandonei um monte de crenças dolorosas ao mesmo tempo e senti meu corpo ser invadido por uma eletricidade tamanha que fui correndo até uma cachoeira. Em japonês, essa experiência é chamada de *satori*, ou "iluminação súbita". Em muitas outras tradições, é descrita como um despertar. Pode acontecer de formas discretas e graduais ou de maneira dramática e irreversível.

Pessoas do mundo inteiro, em todas as épocas da história, fizeram relatos de suas experiências relacionadas ao *satori*. Mesmo sem nenhum referencial cultural ou linguístico em comum, descrevem o evento de maneiras bem semelhantes. Os cientistas descobriram que esse "despertar" é associado a condições cerebrais bastante específicas. Ou seja, além de ser real, é um fenômeno cientificamente comprovado. Para pessoas que passam por um grande *satori*, o mundo parece mudar, porque a experiência transforma a maneira como elas veem o mundo. Eu acredito que, seguindo o caminho da integridade por tempo suficiente, algo desse tipo vai acontecer com você também. Nesse momento, você pode não ter uma vida perfeita de acordo com a sua cultura. Mas vai conseguir se conectar com ideias e estados mentais que vão *além* da cultura, com formas de ser que são mais vívidas, destemidas e apaixonadas pela vida.

O DESPERTAR DE DANTE:
AS TRÊS TRANSFORMAÇÕES

Quando Dante enfim chega ao alto do purgatório, acontecem três coisas que em última análise o levam ao despertar. A primeira é que ele se vê em uma floresta tão linda e harmoniosa que imediatamente a reconhece como o Jardim do Éden. A segunda é que encontra Beatrice, seu primeiro amor, que morrera muito jovem. Ela ordena que ele desperte, que pare de pensar e falar como "quem sonha". A terceira é que Dante é mergulhado em dois lados de um rio completamente límpido. O primeiro lado o faz se esquecer de tudo o que fez de errado, enquanto o segundo o faz se lembrar de tudo o que fez de certo. O último passo do purgatório, para todos nós, é o retorno ao Éden e a recuperação da nossa inocência perdida.

Então tá. Mas como?

Vamos encarar as metáforas esquisitas uma de cada vez.

A PRIMEIRA TRANSFORMAÇÃO: O RETORNO AO ÉDEN

Como vimos no capítulo anterior, praticar e aperfeiçoar nossas habilidades relacionadas à integridade pouco a pouco vai alinhando todas as estruturas da vida interior e exterior. Quando identificamos algo que não está de acordo com a nossa verdadeira natureza, nós abandonamos ou colocamos um fim nessa coisa, substituindo-a por outras baseadas na nossa verdade. Isso torna a vida cada vez melhor. Criamos tanta harmonia que no fim chegamos ao nosso próprio Jardim do Éden.

No caso de Sharee, uma súbita fratura interior deu início a uma lenta recriação dos comportamentos exteriores; o *satori* foi dramático, mas a vida dela mudou devagar. Para outras pessoas, as crenças interiores aparecem de forma gradual, mas as circunstâncias mudam com rapidez. Com que rapidez? Isso depende de duas coisas: a profundidade com que fomos afetados pela socialização e o nível de destrutividade da nossa cultura em relação à expressão da nossa verdadeira natureza.

Por exemplo, Derek e Jim eram jovens brancos de classe média que fundaram uma empresa assim que terminaram a faculdade de administração. Ao longo dos vinte anos seguintes, Jim foi se tornando cada vez mais narcisista e desonesto.

Seus rompantes temperamentais e suas trapaças financeiras quase faliram o negócio. Derek manteve a parceria porque acreditava em coisas como "Ele é meu amigo" e "Eu preciso encontrar uma forma de trabalhar com Jim". Essas crenças desmoronaram rapidamente quando submetidas a uma análise cuidadosa. Derek desfez a sociedade e abriu seu próprio negócio, que decolou. Esse foi um caso exemplar de como seguir a integridade pode levar da dificuldade à harmonia.

Lucia teve uma trajetória bem mais difícil. Enquanto seguia no caminho da integridade, ela desistiu de se adaptar às normas culturais do ambiente corporativo norte-americano e (de acordo com suas palavras) "tentar ser bem-sucedida como uma branca no mundo dos brancos"; em vez disso, abraçou sua identidade de pessoa queer latina. À medida que fazia mudanças de um grau em sua vida, Lucia se pegou criando sem perceber uma espécie de micro-Éden dentro da própria casa. Aquele era um lugar cheio de indivíduos que raramente se sentiam seguros em outros lugares: gente de todas as cores, gêneros, histórias de vida e interesses. Ninguém era nem um pouco parecido entre si, mas Lucia vivia em um clima de inclusão que fazia com que todas as pessoas se sentissem seguras e amadas.

Se você for trilhar o caminho da integridade em um contexto de injustiça social — racismo, um sistema político repressivo, fundamentalismo religioso —, eu tenho uma boa e uma má notícia. A boa é que o sistema vai causar tanto sofrimento que vai ser fácil para você ver os pontos em que a cultura não reflete a sua verdade (hã... meus parabéns?). A má notícia é que você vai "criar o Éden" em condições adversas. Muitas pessoas que defendem mudanças simples com base na integridade são atacadas por esse tipo de sistema. Então, quando você fizer mudanças de um grau na direção da integridade, vá devagar e consulte sempre seu guia interior. Os lugares mais perigosos para gerar mudanças também são os que precisam mudar com mais urgência.

EXERCÍCIO

CRIAR O ÉDEN

Usando o processo de curvas de um grau apresentado no capítulo anterior, você vai automaticamente criar seu Éden pessoal ao longo do tempo. Mas, caso tenha uma ambição um pouco maior, experimente isto:

1. Identifique alguma coisa perto de você (no seu bairro, na sua igreja, no seu trabalho ou seu país, por exemplo) que lhe pareça injusta ou incômoda. Escreva a respeito seguir:

   _____

   _____

2. Agora responda à pergunta do capítulo 7: Sobre essa última questão, e agindo de acordo com os valores que você acabou de definir, *o que você pode criar de positivo?*

   _____

   _____

3. Agora promova uma pequena mudança, uma curva de um grau, na direção do que você acabou de escrever. Prossiga com uma pequena mudança por dia. Lembre-se de que as grandes transformações acontecem com pequenos passos. Aquilo que começa como seu Éden pessoal pode chegar muito mais longe do que você imagina.

A SEGUNDA TRANSFORMAÇÃO:
TRANSPARÊNCIA TOTAL E OS RAIOS DE AMOR

Enquanto explora o Éden, Dante chega a um rio tão límpido que não "esconde nada", como o cerne mais puro da nossa vida interior, que não tem lugar para segredos ou mentiras. Os cientistas sociais dizem que a "transparência" é uma condição fundamental para famílias, equipes e governos saudáveis. Mas esse nível de integridade exige um tipo particular de coragem: a disposição para sermos vistos como realmente somos.

Quando Dante está junto ao rio, ele ouve uma hoste de anjos chegando. Eles lhe trazem uma dama notável. Obviamente, é Beatrice, o primeiro amor de Dante, que estava morta fazia anos. Seria de se esperar que o que viria a seguir fosse uma cena romântica, como a do fim do filme *Ghost*, em que Demi Moore se torna capaz de ver seu falecido companheiro (Patrick Swayze), e eles compartilham de um momento terno e regenerador de intimidade. Não é isso o que acontece n'*A divina comédia*. Quando sua namorada morta aparece, Dante considera aquela presença extremamente dolorosa.

Para começo de conversa, Beatrice não é só um rostinho bonito. Ela tem a postura de um general e o brilho de um relâmpago. Sob essa luz que não poupa nada, Dante se torna transparente: Beatrice é capaz de ver dentro dele. Ela não é cruel, mas não pega leve. Encarando Dante, conta como, depois de morrer, ela o observou do céu enquanto ele se afastava do amor e entrava na floresta escura do erro. Beatrice tentou salvá-lo: mandou raios de inspiração, apareceu em seus sonhos, só faltou arrastá-lo pela orelha, o que não era viável porque não podia descer do paraíso. Por fim, ela recrutou Virgílio para encontrar Dante e guiá-lo pelo inferno e pelo purgatório até o alto da montanha. Agora ele tem integridade suficiente para estar na presença celestial de Beatrice — mas só o suficiente mesmo.

Alguns estudiosos de Dante se mostram um pouco intrigados com o fato de Beatrice não ser *agradável*, como as culturas humanas esperam que as mulheres sejam. Grande surpresa! Mas na verdade eu sequer vejo Beatrice como uma mulher em termos literais. Para mim, ela é como uma versão diferente daquela luz indescritivelmente radiante que vi quando fiz minha cirurgia há trinta anos. A luz me disse as mesmas coisas que Beatrice fala para Dante: *Eu sempre amei você. Sempre tentei ajudar. Você nasceu para ser feliz. Nunca mais se esqueça de mim.*

Não sei se Dante teve uma experiência como a do meu encontro com aquela luz (é algo muito mais comum do que a maioria das pessoas imagina). Mas, se tomarmos *A divina comédia* como uma metáfora da vida interior de Dante, Beatrice poderia ser a alma dele — o brilho puro, o amor e o poder que são a essência de seu ser, assim como de todo mundo.

Como Marianne Williamson escreveu: "Nosso medo mais profundo não é o de sermos inadequados. Nosso medo mais profundo é o de sermos poderosos além de qualquer medida. É a nossa luz, não a nossa escuridão, que mais nos assusta". Eu vejo isso em todos os clientes que seguem o caminho da integridade até encontrarem a felicidade. A cultura lhes ensinou a diminuir a si mesmos, a pensar, como nas palavras de Williamson: "Quem sou eu para ser brilhante, maravilhosa, talentosa e fabulosa?". Mas, quando suas vidas se alinham com a verdade, as pessoas começam a brilhar — como aconteceu com Sharee, com Derek, com Lucia e seus amigos. Elas se tornam radiantes, com o magnetismo de ímãs superpotentes. As pessoas começam a reparar nelas e não conseguem mais desviar o olhar.

E a nossa reação inicial a isso é quase sempre o medo e a vergonha.

Lembre-se, a cultura incute em quase todos a "vergonha primordial" que nos diz que a nossa natureza não é boa, por qualquer motivo que seja. É por isso que escondemos certas partes nossas até de nós mesmos. Então nos sentimos desesperadoramente sozinhos, desejando ser vistos e amados da maneira como somos. Mas, quando começamos a revelar nossa verdadeira natureza (Sharee arrumando um emprego, Derek se desvencilhando de Jim, Lucia abraçando sua identidade), a vergonha primordial pode nos tornar vulneráveis de uma forma quase insuportável. Dante não consegue nem olhar para Beatrice, que o enxerga e o ama por inteiro. Ele fica olhando para a grama, derramando lágrimas de vergonha.

Quando você alcançar a integridade pura e começar a criar seu próprio Éden, pode se tornar muito mais transparente do que antes. Pode declarar seu amor a outra pessoa sem saber como essa revelação vai ser recebida. Pode estabelecer limites mais rígidos, elevando seu nível de respeito próprio. Pode expressar visões políticas não muito populares na festa de confraternização da sua vizinhança. Pode abraçar uma pessoa desconhecida que está de luto. Pode começar a defender sua verdade de forma tão altiva que mal vai ser capaz de se reconhecer.

Nessa fase, você pode achar tal exposição assustadora. Como alguém que já trabalhou um pouquinho na tv, eu sei que quando uma pessoa faz uma "transformação" do visual em um reality show, ela finge que adorou tudo diante das câmeras, depois corre para casa, tira a maquiagem e volta a se apegar às roupas largas de moletom como se sua vida dependesse disso. Não conseguir controlar a maneira como somos vistos é uma coisa assustadora para todos nós. É importante reconhecer esse medo, descobrir as crenças que o alimentam (em geral, conceitos culturais de vergonha), questionar esses pensamentos e seguir em frente.

Como escreveu o poeta William Blake: "Somos colocados em um espacinho na terra/ para que possamos aprender a suportar os raios de amor". Os raios de amor, como os de sol, iluminam a vida. Todo mundo os deseja e precisa deles. Mas, principalmente no começo, essa luz é forte demais. Nosso impulso é virar o rosto, como Dante faz com Beatrice. Mas ela não aceita isso. Ela sabe que Dante precisa encarar o amor que é direcionado a ele. E você também precisa.

EXERCÍCIO

SUPORTAR OS RAIOS DE AMOR

1. À medida que se aproxima da integridade total, as curvas de um grau vão acabar colocando você na companhia de alguém em quem confia. Pode ser um amigo ou amiga, um grupo de terapia, uma reabilitação, um companheiro ou companheira, um irmão ou irmã. Vamos chamar esse alguém de "sua pessoa de confiança". Quando você pensar em quem é essa pessoa na sua vida, vá para o passo seguinte.

2. Pense em algo que você não contou para sua pessoa de confiança, uma coisa que pareça delicada demais para compartilhar. Pode ser algo do seu passado que lhe cause vergonha, como o comportamento abusivo

em um relacionamento ou um fracasso em alguma coisa importante. Ou talvez só um sentimento de amor, de desejo, ou uma esperança que torne você vulnerável. Escreva a respeito a seguir:

_____

_____

3. Não é preciso ter pressa, mas perceba que, à medida que você se aproxima cada vez mais da sua pessoa de confiança, *você continua com medo, mas também deseja revelar o que está escondendo.* Quando o desejo de se deixar conhecer por completo se tornar mais forte, assuma o compromisso de revelar o segredo para sua pessoa de confiança quando a ocasião certa para isso aparecer.

4. Quando a ocasião certa aparecer (e vai aparecer), converse com sua pessoa de confiança a respeito desse assunto delicado.

5. Agora, o mais importante: se a resposta que receber for desinteressada ou indiferente, encerre o assunto e recomece o processo com outra pessoa. Mas, caso a reação seja de amor e aceitação, *olhe bem nos olhos da outra pessoa.*

Eu costumo fazer esse exercício em grupos. Sempre há alguém que tem a coragem de falar sobre sua raiva ou sua solidão. Em seguida, a pessoa invariavelmente baixa os olhos. Então eu peço para que quem sentiu compaixão pela pessoa que falou levante a mão. Em seguida, peço para a pessoa que falou olhar nos olhos de cada um daqueles desconhecidos que demonstraram sua empatia. O olhar é uma ferramenta poderosa para ativar os neurônios-espelho do cérebro e alterar a forma como nos sentimos em relação aos outros. Diversas vezes, vi esse exercício "ressocializar" as pessoas de maneira profunda, reduzindo a vergonha primordial e estimulando a sensação de estarmos em segurança entre outros seres humanos. Faça isso no seu ritmo, mas experimente.

A TERCEIRA TRANSFORMAÇÃO: ESQUECIMENTO E BELEZA

Beatrice sem dúvida está olhando nos olhos de Dante, mas ele não levanta a cabeça. Então ela toma uma medida mais dramática: diz que ele precisa acordar, se "desvencilhar" do medo e da vergonha que o fazem "falar como quem sonha". Em seguida um dos companheiros angelicais de Beatrice arrasta Dante até o rio. O anjo o mergulha duas vezes, uma em cada margem. O primeiro lado é chamado de Letes, a palavra grega para "esquecimento". Esse mergulho elimina todas as memórias de qualquer coisa errada que ele já tenha feito. A margem oposta do rio é o Eunoé (*eunoia* é um termo grego que significa "pensamento bonito"). Quando é imergido ali, Dante é forçado a se lembrar de tudo o que fez de *certo*.

Trata-se de uma cena estranha, que certamente não faz parte do dogma religioso que Dante aprendeu frequentando a missa aos domingos. Acredito que o poeta criou seu duplo mergulho no Letes e no Eunoé como uma metáfora para algo que vivenciou em um nível psicológico.

Quando observo meus clientes seguindo o caminho da integridade, percebo seus padrões de pensamento mudando, assim como aconteceu com Dante no rio. O tormento interior (sempre baseado em falsidades) perde força. Uma autoimagem de pessoa valorizada e amada (com base na verdade) começa a surgir. Isso pode ser reflexo de uma mudança física e concreta na estrutura cerebral. Os neurocientistas já demonstraram que meditadores que passam muitas horas observando seus pensamentos e se concentrando na compaixão têm menos atividade neural em regiões do cérebro associadas a sentimentos negativos, além de um tecido neural mais denso que o normal em áreas relacionadas à empatia, ao amor e à alegria. Quanto mais praticam, maior a mudança. Essas pessoas estão literalmente se reprogramando para a felicidade.

As religiões orientais, assim como muitas tradições xamânicas, contam com formas pragmáticas e metódicas para criar essa mudança interior. A maioria dos métodos envolve longos períodos de introspecção silenciosa — não o aprendizado de novas formas de pensar, mas o abandono de todo tipo de pensamento. Certas práticas religiosas ocidentais, como a "oração centrante", têm efeitos similares. Mas a sociedade secular moderna não tem muitas práticas para nos desvencilhar do medo e da vergonha. A terapia pode funcionar, mas é um processo muito lento, e pesquisas sugerem que o simples ato de se abrir com toda a sinceridade com o terapeuta é mais importante do que qualquer forma específica de intervenção.

A prática mais poderosa que encontrei na cultura norte-americana foi a da autora e professora espiritual Byron Katie, que citei no capítulo 6. Durante décadas, Katie sofreu muito com depressão, ansiedade e agorafobia. Em determinado momento, estava tão mal que se internou em uma comunidade terapêutica para mulheres com distúrbios alimentares — o único local perto de sua casa que oferecia a possibilidade de internação. Estava tão furiosa e infeliz que as outras pacientes a fizeram dormir no sótão, com medo de que ela as matasse enquanto dormiam.

Foi quando ela teve um *satori* abrupto e transformador. Ao acordar certa manhã, não conseguia acreditar nos próprios pensamentos. De repente, tudo no mundo — inclusive ela mesma — lhe parecia incrível, cheio de frescor, maravilhoso. Como ela escreveu mais tarde:

> Descobri que, quando acreditava nos meus pensamentos, eu sofria, mas quando não acreditava, não sofria, e isso vale para qualquer ser humano. A liberdade é simples assim. Eu me dei conta de que o sofrimento é opcional. Descobri dentro de mim uma alegria que nunca mais desapareceu, nem por um momento. Essa alegria está dentro de cada um, o tempo todo.

Junto com essa perspectiva, veio um método para se desvencilhar dos pensamentos que causam sofrimento. Katie chama isso de "O Trabalho". Como mencionei, é a ferramenta mais poderosa que conheço para proporcionar às pessoas um duplo mergulho no Letes e no Eunoé. Mas, antes de mostrar esse exercício, eu gostaria de contar o efeito que ele teve sobre mim.

CHEGANDO AO TOPO DO PURGATÓRIO, VÁRIAS E VÁRIAS VEZES

Estou contando muito da minha história pessoal neste livro porque acho importante você saber que o caminho da integridade envolve uma boa dose de repetição: Dante só o percorre uma vez n'*A divina comédia*, mas nós podemos partir da floresta escura do erro para o inferno e depois em direção ao purgatório quantas vezes forem necessárias para eliminar o sofrimento das diferentes partes da nossa vida.

No meu caso, quando Adam foi diagnosticado, eu abandonei minhas crenças relacionadas ao intelectualismo. De volta a Utah, lidei com o estrago causado pelo meu trauma de infância. Depois repensei minha religião, minha carreira, minha orientação sexual e meu casamento. Enquanto alinhava cada uma dessas questões à minha integridade, quebrei quase todas as regras das diversas culturas responsáveis pela minha socialização — e me vi mais feliz do que nunca.

Em pouco tempo, meu Éden se formou ao meu redor. John e eu saímos — na verdade fugimos — de Utah e nos mudamos para Phoenix, onde continuamos a criar nossos filhos e conseguimos empregos como professores na American Graduate School of International Management (Thunderbird). Nós dois nos comprometemos com novos relacionamentos gays, de modo que nossos filhos passaram a ter quatro pais, em vez de dois. Minha vida parecia totalmente bizarra da perspectiva de qualquer cultura humana. Mas os meus sintomas da floresta escura do erro desapareceram. Eu me sentia calma e feliz pela primeira vez. Minhas doenças autoimunes "progressivas e incuráveis" entraram em remissão. O que me permitiu escrever e publicar meu primeiro livro.

Essa primeira obra não teve um bom desempenho comercial. (Se você é uma das aproximadamente sete pessoas que a compraram, eu agradeço.) Ah-rá, pensei. Eu posso escrever os livros, mas isso não significa que alguém vá querer ler. Isso me libertou para contar ainda mais verdades. Comecei a escrever com mais transparência, e assim arranquei de dentro de mim um livro de memórias sobre meu filho que acabou se revelando um relato muito mais honesto e íntimo do que eu pretendia. Fiquei perplexa quando o livro se tornou um best-seller. A turnê de lançamento parecia interminável: dei palestras em todos os cinquenta estados norte-americanos e em alguns outros países também. Parece ótimo, eu sei, e me sinto muito grata por isso. Comecei a escrever artigos para revistas e acabei me tornando colunista da *O, The Oprah Magazine*. Mas não era fácil para mim absorver tantos raios de amor de tanta gente.

Foi quando meu caminho da integridade se tornou assustador de novo. Eu sempre sentira que, se tivesse a sorte de ganhar alguma credibilidade neste mundo, deveria usá-la para escrever sobre minhas experiências com o mormonismo. Achava que havia gente demais — pessoas com pouquíssimo poder sobre as próprias vidas — sofrendo o mesmo tipo de dores, abusos e pressões sociais bizarras que eu experimentara na infância. Nas várias ocasiões em que alguém me disse "Só continuei mórmon por causa da obra do seu pai", eu não respondi que ele podia ser uma âncora espiritual não só no aspecto positivo do termo. Deixar todas essas pessoas para trás sem falar nada para elas não parecia uma atitude muito íntegra.

Primeiro escrevi um romance bem ruim sobre a experiência de ser criada como mórmon. Pensei que usando a ficção eu poderia contar minha história sem causar muito estrago. Mas minha editora sugeriu que eu deixasse de lado a ficção e escrevesse um livro de memórias. Eu sabia que assim atrairia algo além dos "raios de amor". Na verdade, eu realmente achava que acabaria sendo morta por isso. Mas era uma ideia compatível com a minha integridade. Dobrei a indenização do meu seguro de vida, respirei fundo várias vezes e escrevi um livro chamado *Leaving the Saints*.

Dessa vez, não precisei sair tateando às cegas para encontrar o caminho do inferno.

Ah, não.

O inferno veio até mim.

Eu poderia inclusive escrever um outro livro sobre a avalanche de ataques para forçar o recuo que recebi quando os mórmons ficaram sabendo do que eu havia contado. Realmente pensei que não fosse sair viva daquilo. As ameaças chegavam sem parar, e algumas incluíam descrições bastante vívidas de como meus filhos e outros entes queridos seriam mortos junto comigo. Meus irmãos disseram que estavam planejando me processar e me mandar para a cadeia.

Durante a turnê de lançamento do livro, os mórmons apareciam em todo lugar para onde eu ia, tentando impedir minha participação em noticiários e programas de tv. Minha família e outros membros da igreja lançaram uma ofensiva publicitária para me retratar como uma mulher louca e vingativa. A igreja criou uma campanha por e-mail para exigir minha demissão da revista; eu recebi uma cópia das instruções, que orientavam as pessoas a escreverem um e-mail para Oprah me atacando, fazendo questão de dizer que eram de outro lugar, e não de Utah, e tomando o cuidado de não citar que eram mórmons. Minha página na Wikipedia foi editada, apagando as referências à minha formação acadêmica e me retratando como uma doente mental. Mais tarde, descobri que a minha filha adolescente reescrevia a página sempre que era modificada, mas em questão de minutos a versão negativa reaparecia.

Essa era a minha situação quando li pela primeira vez o livro de Byron Katie, *Ame a realidade*. Eu o escolhi por duas razões. Primeiro, porque tinha adquirido o hábito de me esgueirar pelos cantos para não ser reconhecida nos aeroportos, e o livro estava exposto em um excelente esconderijo na livraria. Em segundo lugar, porque reparei que o coautor (e, como eu logo descobriria, marido de Katie) era Stephen Mitchell. Lembra o livro de filosofia chinesa que me fez ir correndo até aquela cachoeira? O tradutor desse livro se chamava Stephen Mitchell. Eu comprei um exemplar, embarquei no avião, encontrei meu assento e olhei ao redor para verificar se havia algum mórmon furioso por perto (uma dica: eles sorriem bastante).

Quando constatei que a barra estava limpa, abri o livro de Katie. Percebi que O Trabalho era um exercício conciso e elegante para se livrar de pensamentos que causam sofrimento e encontrar uma nova perspectiva na vida. Tudo se resume a quatro perguntas e a algo que ela chama de "reviravolta". Eu reproduzo aqui as breves instruções de Katie para realizar O Trabalho. Recomendo *fortemente* que você aprenda como Katie usa O Trabalho em seus livros, vídeos e eventos. Aliás, é esse o seu exercício para este capítulo, então pegue a caneta e comece quando quiser.

EXERCÍCIO

O TRABALHO DE BYRON KATIE

Primeiro passo

Lembre-se de um pensamento que faça você se sentir mal. Escreva a respeito a seguir.

_____

_____

Segundo passo

Tendo em mente esse pensamento doloroso, faça as quatro perguntas a seguir. Não dê respostas rápidas e fáceis: se quiser se livrar do sofrimento, permita que os questionamentos calem fundo na sua consciência e perceba o que vem à tona das profundezas do seu ser.

1. Isso é verdade? (Sim ou não. Caso não seja, vá para a pergunta 3.)
2. Você tem como garantir sem sombra de dúvida que isso é verdade? (Sim ou não.)
3. Como eu reajo, o que acontece, quando acredito nesse pensamento?
4. Quem ou o que eu seria sem esse pensamento?

Terceiro passo

Pense na "reviravolta", que é a inversão do seu pensamento doloroso. Inverta seu pensamento doloroso de todas as formas que conseguir pensar. Tente redirecionar a ideia em si, a sua posição e a posição do outro.

Por exemplo, se o seu pensamento doloroso for "Paul não gosta de mim", uma inversão poderia ser "Paul *gosta* de mim". Redirecionando a sua posição em relação à questão, é possível dizer "Eu não gosto de mim". Redirecionando a posição do outro (no caso, Paul), você pode chegar ao pensamento "Paul não gosta de Paul". Contemple a possiblidade de que qualquer uma dessas reviravoltas pode ser tão verdadeira quanto o pensamento original, ou até mais verdadeira que ele.

Quando fiz esse exercício pela primeira vez, tinha muitos pensamentos perturbadores para escolher. Optei por um que parecia nunca se calar: "Alguma coisa terrível vai acontecer comigo porque escrevi esse livro".

A primeira das quatro perguntas de Katie, "Isso é verdade?", pareceu fácil para mim; eu vinha questionando minhas próprias percepções desde os dezoito anos de idade. Mas esse pensamento infernal, "Alguma coisa terrível vai acontecer comigo porque escrevi esse livro", parecia bastante factível. E pessoas furiosas me diziam o tempo todo que aquilo era verdade. Mas para a segunda pergunta, "Você tem como garantir sem sombra de dúvida que isso é verdade?", fui obrigada a admitir que a resposta era não. Não *sem sombra de dúvida*. (Mais uma vez, a influência de Kant.)

Então passei para a terceira pergunta de Katie: "Como eu reajo, o que acontece, quando acredito nesse pensamento?". Foi quando reparei nas minhas reações físicas e emocionais. O pensamento "Alguma coisa terrível vai acontecer comigo porque escrevi esse livro" me deixava com o estômago embrulhado, e eu me sentia apavorada e aprisionada. Eu já sabia fazia um bom tempo que pensamentos verdadeiros não tinham o mesmo efeito que um veneno. Anotado.

Então cheguei à quarta pergunta, e essa me jogou no rio Letes. O efeito é parecido com o do exercício no capítulo 11, em que pedi para você imaginar o que faria se fosse totalmente livre. Mas nesse caso não é uma liberdade total, e sim em relação a essa única crença. A pergunta é: "Quem ou o que eu seria sem esse pensamento?".

Demorou um bom tempo para eu conseguir imaginar como estaria sem o pensamento "Alguma coisa terrível vai acontecer comigo porque escrevi esse livro". Mas, no fim, eu cheguei lá. A afirmação assustadora foi levada pelo Letes, caiu no esquecimento. Foi uma sensação muito tranquila e relaxante; eu era só alguém viajando de avião. Era maravilhoso estar em uma situação em que não havia a possibilidade de alguma pessoa assustadora me abordar em um lugar onde eu não tinha para onde fugir. Eu poderia simplesmente respirar aliviada. Não havia nada de mais acontecendo, e esse "nada de mais" era o paraíso. Curti a sensação por um momento, e então passei para a última etapa d'O Trabalho, a reviravolta.

Isso também demorou um tempo, porque não consegui pensar em muitas formas de inverter o pensamento "Alguma coisa terrível vai acontecer comigo porque escrevi esse livro". Quando tentei a inversão "Nada de terrível vai acontecer comigo", pareceu uma mentira. Alguém tinha matado todas as plantas do meu jardim, o que deixou minha família aterrorizada. Então fui pensando em diferentes inversões, até chegar a uma que parecia um tanto nonsense. A reviravolta foi: "Eu vou acontecer para alguma coisa terrível porque escrevi esse livro". Pensei a respeito da frase por um momento. Quando consegui entender o que aquilo significava, mergulhei nas águas do Eunoé.

"Eu vou acontecer para alguma coisa terrível."

Eu me lembrei de todas aquelas jovens mórmons chorando na minha sala na BYU. Pensei na amiga que era minha confidente, e que depois se matou. Pensei no meu pai, que passou a vida toda "mentindo pelo Senhor".

Eu vou acontecer para alguma coisa terrível.

Não era uma afirmação tranquilizadora. Era estranha e de uma determinação feroz, o tipo de coisa que a Beatrice de Dante poderia dizer. Isso me lembrou de quem eu era: livre, consciente, uma pessoa que tinha a sorte de receber alguma atenção do mundo. Isso me fez lembrar que eu tinha esperado para escrever aquele livro até ter a certeza de que conseguiria me expressar com compaixão, e não com raiva.

Não chegou nem perto de uma iluminação. Mas a afirmação "Eu vou acontecer para alguma coisa terrível porque escrevi esse livro" destruiu boa parte do meu medo, e de forma definitiva. Eu ainda achava que poderia ficar sem dinheiro, ou ser presa, ou ser morta, mas isso não me assustava. Parecia mais aceitável do que não desafiar um sistema que na minha opinião estava causando grandes estragos às pessoas. Nessa área da minha vida, eu me desvencilhei do medo e da vergonha. Deixei de falar como alguém que sonha.

COMEÇANDO A DESPERTAR

Seu sonho — o sonho de qualquer um — é a versão da realidade que a cultura e os nossos traumas nos programaram para ver. Se você seguir no caminho da integridade, o sonho vai acabar. Seu Éden vai se formar ao seu redor. Você vai começar a se abrir, permitindo que sua verdadeira natureza seja vista, aprendendo a suportar o brilho da sua própria alma e os raios de amor que ela inevitavelmente vai atrair. Quando você chegar à sua verdade absoluta em qualquer área, é provável que comece a ter momentos de *satori*, explosões momentâneas de uma energia estranha e irreprimível, quando o mundo inteiro parece mais vívido e colorido. Você vai se cercar de pura clareza, e seu sofrimento vai desaparecer no esquecimento para ser substituído por lindos pensamentos.

A genialidade d'O Trabalho de Byron Katie é mostrar como agir indo além do seu treinamento cultural e das suas crenças dolorosas. Esse método mostra que o oposto da sua crença mais agoniante é sempre o seu próximo passo na direção do despertar.

Para Sharee, a mentira "Eu quero morrer" foi substituída por uma verdade: "Eu quero viver". Para Derek, "Eu preciso arrumar uma forma de trabalhar com Jim" virou "Eu preciso arrumar uma forma de trabalhar sem Jim". Lucia trocou o pensamento "Eu deveria ser mais normal" por "Eu deveria ser *menos* normal". Isso talvez não encontre ressonância dentro de você, mas, para essas pessoas, a reviravolta trouxe a presença da verdade.

Esse método revela que as nossas mentiras mais enraizadas na cultura podem servir como portais para a iluminação. Use isso quando suas crenças se tornarem mais torturantes, e vai perceber que todo esse sofrimento assustador na verdade era uma tentativa da realidade de despertar você. Quando deixamos as mentiras dolorosas se dissolverem no esquecimento e olhamos para elas do outro lado, essa nova perspectiva nos diz que devemos ir além da cultura. Ela nos liberta para sermos quem somos por completo. Mas não é o fim da jornada. Como Dante explica, quando chegamos a esse ponto, estamos preparados para "subir até as estrelas".

ESTÁGIO QUATRO
PARAÍSO

13. Rumo ao misterioso

Dante emerge do Eunoé totalmente desperto. Sem auto-engano, medo ou vergonha, encontra-se num estado de total integridade: corpo, mente, coração e alma alinhados com a verdade. E, como o avião com sua integridade estrutural intacta que mencionei na introdução deste livro, ele pode decolar.

Dante se vê levantando voo sem esforço, com Beatrice ao seu lado, até entrar no paraíso. Nesse momento, faz uma coisa incomum para qualquer escritor. Ele nos manda parar de ler. Não como uma recomendação cortês, do tipo "Se quiser, pode parar de ler agora", mas com toda a ênfase, como quem diz "PARE DE LER AGORA!". Ele se compara a uma embarcação que está prestes a atravessar águas profundas, e teme por nós, que tentamos segui-los com "barcas pequeninas". Dante duvida de que estejamos à altura do desafio. "Voltem", ele escreve. "A água a que me lanço jamais se navegou antes."

Alguns estudiosos d'*A divina comédia* interpretam isso como uma demonstração de arrogância de Dante, que se gaba de ser tão maravilhosamente talentoso que leitor nenhum seria capaz de acompanhar sua lógica brilhante e sua maestria literária. Eu discordo. Acho que Dante teve uma experiência que abalou sua mente de tal forma que ele sabia que nada do que escrevesse estaria à altura do que havia vivenciado: um *satori* gigantesco.

Ele escreve que, quando deixa de pensar "como quem sonha", se vê em um lugar tão luminoso que não sabe ao certo como descrevê-lo. Seu relato coincide com os termos usados por aqueles que vivenciam o fenômeno da integridade absoluta: "despertar" e "iluminação". As imagens e os conceitos que Dante usa para falar do paraíso são parecidos com as descrições do estado iluminado ao qual já se referiram mestres zen, iogues hindus, místicos gnósticos e sufis, além de xamãs de diversas culturas tribais. É por isso que eu acredito que o paraíso de Dante seja um relato sobre seu próprio despertar. O que parece uma fantasia pode estar mais perto de uma descrição literal do que a maioria de nós imagina.

Pesquisas recentes mostram que a experiência da iluminação é uma realidade neurológica consistente que pode ocorrer em diferentes níveis. Se avançar o suficiente no caminho da integridade, você também pode acabar "se elevando" a esse nível — talvez em pequenas coisas, talvez em todos os aspectos. Neste capítulo, vamos tratar dos aspectos mais pragmáticos desse conceito esotérico, analisando seu funcionamento e o que fazer a respeito dele.

COMO O DESPERTAR FUNCIONA

Para algumas pessoas, a iluminação chega como um acontecimento gigantesco e irreversível. Já outras a percebem em momentos de lucidez e percepção aguçada que vão se tornando cada vez mais intensos e duradouros. Dois autores contemporâneos que tiveram um grande *satori* foram Byron Katie e Eckhart Tolle. Ambos emergiram de forma súbita do sofrimento profundo para o êxtase absoluto. Ambos ficaram tão desorientados pela experiência que precisaram de anos para se readaptar e voltar a funcionar "normalmente" em sociedade. A maioria das pessoas que segue o caminho da integridade vivencia uma série de pequenos momentos de iluminação, que começam a se somar até formarem uma visão de mundo completamente nova.

Seja como for, o *satori* é uma experiência difícil de narrar, em parte porque nossa cultura não tem um vocabulário para descrevê-lo e em parte porque, como Dante afirma, é impossível colocar em palavras como é transcender o estado de ser humano. Séculos antes, o filósofo chinês Lao Zi escreveu: "Os que sabem não falam; os que falam não sabem". Essa parece ser uma frustração comum para pessoas que têm uma experiência de iluminação: a linguagem é incapaz de explicá-la. Eles podem passar anos falando sobre o gosto do mel, mas só teremos ideia de que se trata quando experimentarmos uma colherada.

Mesmo assim, algumas pessoas iluminadas tentam descrever o que sabem, e Dante foi uma delas. Através de suas aventuras no paraíso, ele tenta explicar duas percepções básicas que são diferentes de toda sua experiência humana anterior. Em primeiro lugar, ele não sente mais nenhuma separação de nada nem de ninguém. Fica absolutamente claro para Dante que o universo inteiro é uma única entidade. Em segundo lugar, sua vontade pessoal (que os budistas talvez chamem de "ego") começa a se dissolver, e vai diminuindo cada vez mais à medida que ele se aprofunda no paraíso. Dante se vê conduzido pelo amor absoluto, que também é a motivação para as ações de todos no paraíso. As pessoas que conhece têm suas próprias identidades e objetivos, mas ao mesmo tempo são todos uma coisa só, movidos pelo amor.

Pessoas iluminadas ao longo da história relataram as mesmas percepções. A sensação de unidade e a dissolução do eu no amor é frequente em indivíduos que "despertaram". Em seu clássico *As variedades da experiência religiosa*, o psicólogo William James sintetizou alguns elementos comuns referentes à iluminação que encontrou em relatos de variadas épocas e localidades. Entre eles estão:

- Uma experiência subjetiva de "luz interior"

- Um aprofundamento de valores morais ou espirituais

- Uma sensação de percepção intelectual mais elevada

- Uma perda do medo da morte

- Uma diminuição da sensação de pecado ou culpa

- Uma transformação duradoura na personalidade

As pessoas com formação educacional mais elevada dentro dos parâmetros da nossa cultura ignoram esses estados iluminados, os relegam a uma manifestação de religiosidade exacerbada, ou os encaram como sinais de doença mental — apesar de aqueles que os experimentam muitas vezes abandonarem a religião e se tornarem muito mais felizes, amorosos e mentalmente estáveis. "E daí?", diz a cultura racional e materialista. "É tudo bobagem! É um delírio enxergar uma luz interior, não ter medo da morte, perder toda a sensação de culpa. *É um ataque ao nosso modo de viver!*"

Sim, é mesmo.

E isso não torna a experiência menos real.

O neurologista Andrew Newberg, depois de passar a vida estudando o cérebro, escreveu: "Com base em nossas evidências científicas, agora acredito que as histórias encontradas em textos antigos são reais na medida em que se relacionam com eventos neurológicos específicos que podem alterar permanentemente a estrutura e o funcionamento do cérebro. O caminho da Iluminação não só é real, como temos uma predisposição biológica para buscá-lo". Os neurocientistas só não conseguem ainda entender como nem por quê.

A NEUROLOGIA DO DESPERTAR

Se você já conseguiu resolver uma charada e sentiu aquela satisfação que Oprah chama de "momento ah-rá", isso quer dizer que teve um gostinho da iluminação. Imagine como seria ter essa epifania repentina, essa explosão de saber, para resolver de uma vez só todos os problemas da sua vida. Bum! *Satori*.

De acordo com os neurocientistas, a sensação do momento ah-rá é associada com um decréscimo súbito de atividade elétrica em duas áreas do cérebro. São as mesmas áreas que permanecem "desligadas" permanentemente nos monges que passaram milhares de horas buscando a iluminação através da meditação. A atividade nessas regiões do cérebro corresponde a duas sensações subjetivas que fazem parte da nossa experiência cotidiana: a sensação de ser um ente separado, uma coisa distinta do restante da realidade, e a ideia de que temos o controle sobre nós mesmos e sobre o que acontece conosco.

Lembra-se da sensação de Dante de que a realidade como um todo é uma coisa só, e que todas as ações são motivadas pelo amor? É isso o que as pessoas sentem quando essas áreas de "separação" e "controle" do cérebro param de funcionar.

Não é uma experiência menos real que nossas percepções habituais, mas nos deixa muito mais felizes — e até mesmo um breve momento dessa sensação pode provocar transformações permanentes em nós. Uma grande quantidade de pesquisas comprova que algumas substâncias, como os cogumelos que contêm psilocibina, podem desligar os padrões cerebrais habituais e permitir mais interações entre as demais partes do cérebro. O resultado? Para muitos voluntários com acompanhamento médico cuidadoso, uma dose dessas substâncias — uma experiência de um estado cerebral associado com o "despertar" — é capaz de dar um fim permanente a comportamentos compulsivos ou livrar pacientes terminais do medo da morte.

Você não precisa de nenhuma substância desse tipo para ter a mesma experiência. Em diversas culturas, as pessoas descobriram que processos parecidos com os métodos apresentados neste livro — observar os próprios pensamentos e questioná-los até se dissolverem — têm o mesmo efeito benéfico sobre o cérebro. Daniel Goleman, de Harvard, e Richard Davidson, da Universidade de Wisconsin, fizeram anos de pesquisas sobre a neurologia da meditação. Eles descobriram que autocontemplação e questionamento constantes transformam um *estado* cerebral temporário de unidade e amor em um *atributo* estrutural permanente.

Isso tampouco exige anos de meditação em cavernas e *ashrams*. Como escreveu Newberg, nossos cérebros são biologicamente programados para o despertar. Esse processo se desencadeia sempre que deixamos de lado uma crença, desligamos as áreas cerebrais relacionadas à "separação" e ao "controle" e promovemos o alinhamento com a nossa verdadeira natureza. Quer sentir um gostinho? Experimente:

EXERCÍCIO

UM MERGULHO NA ILUMINAÇÃO

1. **Comece se sentando com as mãos estendidas e as palmas para cima.** Fique confortável. Levantando as mãos, você ativa ambos os hemisférios do seu cérebro, então não pule este passo, ou o exercício não vai funcionar.

2. **Pense em alguma coisa que você faz sempre, apesar de achar que não deveria:** alimentar sua obsessão por um ou uma ex, perder tempo com jogos no computador do trabalho, fazer pesquisas relacionadas ao seu nome no Google. Chame isso de Coisa Proibida.

3. **Imagine que na palma da sua mão esquerda esteja uma versão em miniatura de um animal selvagem.** Essa é a sua parte que quer fazer a Coisa Proibida. Se você estiver com sono e mau humor, pode ser um tigre cochilando. Se estiver em um estado de ansiedade e agitação, pode ser um coelho trêmulo. Perceba que ele está encarando você da palma da sua mão, com olhos desconfiados. Chame isso de a Criatura.

4. **Na palma da sua mão direita, imagine uma versão de dez centímetros do seu eu mais bem comportado — o que acredita que a Coisa Proibida é errada.** Essa parte de você é muito bem socializada. Nunca vai passar a festa inteira perto da mesa do bufê se empanturrando de camarão, nem vai responder de forma ríspida à sua mãe, nem vai enfiar o dedo no nariz. Chame essa versão sua de o Controlador.

5. Perceba que o Controlador está sempre tentando dizer à Criatura o que fazer. **Veja como a Criatura dese-**

ja ter liberdade apenas para ser quem é. **Note o esforço que o Controlador está fazendo para domar a Criatura.** Lembre-se das vezes em que seu Controlador parecia estar no comando, mas de repente sua Criatura se soltou e fez um monte de Coisas Proibidas.

6. **Enquanto observa essas duas novas versões de você, pense o seguinte:** Ambas são boas. **A Criatura está tentando ser livre. O Controlador está tentando ser socialmente aceitável.** Você está vendo como a Criatura está cansada de ouvir os gritos do Controlador? Percebe como o Controlador está exausto?

7. Quando conseguir enxergar isso, **comece a desejar o que há de melhor tanto para a Criatura quanto para o Controlador** ao mesmo tempo. Diga silenciosamente para *ambos*: "Que você fique bem". "Que você seja feliz." "Que você seja livre." "Que você esteja em segurança." "Que todos os seus desejos sejam realizados."

8. Quando sentir compaixão de verdade tanto pela sua Criatura como pelo seu Controlador, pergunte-se: neste momento, o que *eu* sou?

Você não é a Criatura nem o Controlador. Está observando ambos. E se preocupando. Querendo o bem deles. Nesse momento, você mobilizou a parte do seu cérebro que ameniza o conflito interior e emana paz. Chame isso de Testemunha Compassiva. Perceba que essa é a sua identidade principal.

Você está em casa agora.

A "MENTE DO NÃO SABER"

Quando tratamos a iluminação em termos mecânicos ("É tudo uma questão de atividade cerebral!"), podemos encaixá-la no nosso paradigma cultural e nos sentir razoavelmente confortáveis com a ideia. Mas na verdade as pessoas que passam pela experiência da iluminação muitas vezes têm a sensação de estar vivenciando uma coisa "miraculosa", impossível de ser atingida apenas por um aumento de voltagem da massa cinzenta. Eu tive essas experiências muitas vezes, e isso parece acontecer bastante com os meus clientes também.

Fui coach de uma mulher que vou chamar aqui de Violet, que às vezes tinha sonhos prescientes. Ao mesmo tempo, eu vinha trabalhando (em sigilo) com uma estrela de cinema que vivia em Hollywood. Um dia, Violet mencionou que tinha sonhado comigo. Então ela descreveu, com uma precisão impressionante, uma sessão que eu havia feito alguns dias antes com a minha cliente de Hollywood. Eu tinha me encontrado com essa atriz na casa dela, que era cheia de aquários com animais exóticos. Enquanto relatava o sonho, Violet mencionou o nome da cliente, descreveu a casa e os aquários e até me falou que roupas nós estávamos usando.

O que exatamente estava acontecendo ali?

Eu não sei.

Um outro cliente, Russ, se perdeu completamente durante uma visita a Nova York. Ele parou o carro alugado para consultar um mapa (isso foi antes da época do GPS) e só então se deu conta de que estacionara na frente do cemitério onde seu pai estava enterrado. Os pais de Russ haviam se divorciado quando ele tinha cinco anos, e o pai praticamente desaparecera, deixando-o cheio de pensamentos infernais como "Eu não era um bom filho" e "Era impossível me amar".

Quando Russ tinha quinze anos, seu pai morreu. O dia do funeral foi a primeira e única vez que Russ foi àquele cemitério ("Eu não teria conseguido encontrar o lugar de propósito nem se a minha vida dependesse disso", ele me contou). No dia em que acabou indo parar sem querer naquele mesmo lugar, ele desceu do carro alugado, foi até o túmulo do pai e ficou lá um bom tempo, abandonando todos os seus pensamentos infernais. No fim, alcançou um nível de paz que nunca havia experimentado antes.

Nesse momento, Russ sentiu um puxão na perna da calça e, quando baixou a cabeça, viu um pequeno poodle mordendo sua bainha. Ele se agachou para acariciar o cão, que começou a rodeá-lo dando pulinhos brincalhões. Alguns segundos depois a dona apareceu, toda vermelha e pedindo mil desculpas.

"Axel!", ela chamou. "Axel, volte aqui!" Ela então se voltou para Russ e falou: "Me desculpe. Ele nunca faz isso! AXEL, VENHA AQUI!". Mas o cachorro não ia. A dona precisou pegá-lo no colo para conseguir levá-lo embora.

"E o mais impressionante é que o nome do meu pai era Axel", Russ me contou.

O que estava acontecendo ali?

Eu não sei.

Na verdade, quanto mais eu avanço no caminho da integridade, mais entendo que não sei muita coisa sobre o funcionamento da realidade. Para uma norte-americana, admitir essa ignorância total é uma atitude execrada. Nós queremos saber *tudo*. Somos socializados para pensar que não saber é sinal de burrice e motivo de vergonha. Mas, em tradições como o zen, a "mente do não saber" é uma forma de pensar livre de conceitos rígidos, clara e lúcida como o ar. "Na mente do iniciante existem muitas possibilidades", como disse Suzuki Roshi. "Na do especialista, existem poucas." Da perspectiva da iluminação, a função da mente não é acumular crenças, e sim se desfazer delas.

Quando você tiver dissolvido vários daqueles pensamentos infernais, pode acabar sem querer aplicando suas habilidades relacionadas à integridade a fatos aparentemente irrefutáveis, como "Está chovendo". Você tem como garantir sem sombra de dúvida de que isso é verdade? Não. Afinal, você poderia estar sonhando com esse dia. Pode estar sonhando que está lendo isto. Pode ser, como o antigo mestre taoísta Chuang Tzu escreveu, "uma borboleta sonhando que é uma pessoa". O sábio indiano Nisargadatta Maharaj certa vez comentou: "A única afirmação verdadeira que a mente pode fazer é 'eu não sei'".

"MAGIA" E "MILAGRES"

Como falei antes, estou longe de ser uma pessoa iluminada. Mesmo assim, já tive muitas experiências misteriosas. Não acredito em "magia" no sentido de acontecimentos que desafiam a ciência; só acho que existe muita coisa que a ciência ainda não sabe explicar. E me parece que, quanto mais eu dissolvo meu sofrimento interior, mais coisas misteriosas acontecem.

Para mim, essas experiências enigmáticas aumentaram tremendamente quando minha escandalosa autobiografia foi publicada. Precisei me livrar de uma porção de pensamentos infernais só para lidar com a ansiedade sobre o que aconteceria quando o livro fosse lançado. Algumas semanas antes da data de publicação, o *New York Times* fez uma matéria sobre o meu livro. Fiquei surpresa com o interesse deles; eu esperava causar algum barulho em Utah, mas nunca pensei que o resto do mundo fosse dar a mínima. Mas lá estava eu, sendo entrevistada por um repórter com uma expressão tão impassível que poderia ser um jogador de pôquer profissional. Eu não tinha noção do que ele estava pensando. Me preparei para a ideia de que qualquer coisa poderia acontecer quando o *NYT* publicasse aquela matéria. Ou pelo menos foi o que pensei. Mas nada poderia me preparar para o que aconteceu naquele dia.

Nas primeiras horas da manhã, despertei de um sono profundo para um estado de alerta intenso, como se tivesse sido lançada de uma catapulta. Tinha alguma coisa estranha acontecendo. A melhor maneira de descrever a sensação é dizendo que o meu quarto estava cheio de beleza. Não era nada visível ou audível, mas algum tipo de presença maravilhosa que havia driblado meus sentidos e atingido diretamente as minhas emoções. Apesar de nunca ter sentido nada do tipo, eu sabia o que era. Era o meu pai. Não a personalidade atribulada com quem convivi desde que nasci, mas sua essência, sua verdadeira natureza.

Imagine passar a vida inteira tentando ouvir uma sinfonia em um rádio quebrado, escutando pequenos trechos de uma música maravilhosa, mas distorcida de tal forma pela estática que machuca os ouvidos. Então imagine que um dia você acorda no meio da orquestra. Sem estática. Sem separação. Só beleza.

Fiquei na cama um tempão, mergulhada nesse amor. Eu me perguntei por que isso estava acontecendo. Seria porque a matéria do *New York Times* já estava nas bancas da Costa Leste? Eu sabia que minha história já estava nas ruas àquela altura, junto com as histórias contadas pelo meu pai e pela religião dele. Nós estávamos quites, e eu me sentia livre para amá-lo sem reservas. Fiquei pensando nisso até amanhecer. Então me levantei e me preparei para mais uma entrevista. No meio da conversa, me ligaram para contar que, no início da manhã, meu pai tinha morrido.

Eu chorei ali mesmo, bem na frente do repórter. A morte de um pai ou uma mãe é sempre uma coisa intensa, não importa o distanciamento. Mas eu estava chorando principalmente porque senti uma nova onda daquela mesma beleza, daquela sinfonia silenciosa de conexão absoluta, de puro amor.

O falecimento do meu pai encerrou a maior parte dos ataques legais contra mim, porém deu ainda mais força aos *ilegais*. Quem já estava furioso comigo ficou ainda mais. Na turnê de lançamento, apareciam mórmons nas livrarias, nos estúdios de tv e nas estações de rádio para tentar me impedir de falar. Toda vez que eu me vestia para ir a uma noite de autógrafos, era impossível não pensar nas ameaças de morte, imaginar se alguém na plateia não estaria armado, se aquela não seria a última roupa que eu usaria na vida. Mas, quando ficava realmente assustada, logo vinha uma onda tranquilizadora da mesma energia deliciosa que me acordara na manhã da morte do meu pai.

Não estou dizendo que foi o meu pai que apareceu para mim em uma forma metafísica para me reconfortar e me apoiar... mas também não estou dizendo que *não foi*. Assumir uma posição dogmática de qualquer um dos lados e dizer que tenho certeza de uma coisa que não entendo não é integridade.

Eu simplesmente não sei.

VOLTANDO PARA RECUPERAR AS PARTES
PERDIDAS DE NÓS MESMOS

A "mente do não saber" é, acima de tudo, a libertação das crenças limitadoras. Admitir que não sabe tudo não transforma você em uma pessoa burra e ignorante. Pelo contrário, isso permite que a vasta inteligência da sua verdadeira natureza veja a realidade como ela é, e não como a sua cultura ensinou.

Como personagem de seu poema, Dante flutua para a glória eterna. Mas o poeta Dante — depois do que imagino ter sido uma experiência real de iluminação — não desapareceu na luz. Ele continuou vivo e teve um tremendo impacto na sociedade. Como rompeu a tradição e se recusou a escrever em latim — usando em vez disso o idioma da Toscana, sua terra natal —, ele unificou vários dialetos e se tornou "o pai da língua italiana". Criou imagens que continuam vivas na imaginação popular. Emitiu posicionamentos fortes sobre abuso de poder por parte dos políticos e da Igreja Católica. E, obviamente, criou um mapa para a iluminação com *A divina comédia*. Dante se tornou a versão em carne e osso de seu personagem Virgílio, voltando à floresta escura do erro e ajudando as pessoas perdidas a encontrar o caminho da paz. Quando alcançou a liberdade, ele se pôs a libertar os outros.

Nesse sentido, Dante não é diferente de tantos outros mestres iluminados. Como as pessoas "despertas" sentem que todos e tudo são parte delas mesmas, e como são motivadas pela compaixão, sua meta principal é se libertar por completo libertando o restante das pessoas. Nas palavras de Toni Morrison, ganhadora do prêmio Nobel: "A função da liberdade é libertar o outro".

É por isso que grandes professores espirituais como Buda ou Jesus passaram todo seu tempo neste mundo tentando ensinar os outros a sair do sofrimento. Conheci três pessoas que acredito serem completamente iluminadas. Todas as três me contaram que "despertaram" de um sofrimento intenso, e todas as três hoje dedicam suas vidas a servir.

A primeira é Byron Katie, que conheci depois de ler seus livros e fazer O Trabalho durante um bom tempo. Após sua experiência abrupta de iluminação total, as pessoas de Barstow, a cidade onde ela morava na Califórnia, começaram a falar a respeito da "moça luminosa" que conseguia curar o coração das pessoas. Apesar de nunca buscar isso, ela aos poucos foi passando de celebridade local a professora espiritual mundialmente conhecida. O objetivo não era esse. Ela afirma que sua única meta é "viajar até os confins do mundo por qualquer pessoa que esteja sofrendo".

O segundo caso é o de Anita Moorjani. Anita nasceu em uma cultura do Sul da Ásia em que, segundo me contou, ela precisaria aceitar um casamento arranjado e passar a vida fazendo trabalhos domésticos. Aos quarenta e poucos anos, ela desenvolveu um linfoma, que progrediu até deixá-la em um estado de coma terminal. Quando seus familiares se reuniram em torno dela para a despedida, Anita contou que se viu em uma realidade luminosa, cheia de amor e beleza. Foi onde encontrou seu falecido pai, que lhe disse que ela precisava voltar — ainda havia muito o que viver.

Isso não pareceu muito convincente para Anita, cujo corpo estava só pele e osso, com cerca de quarenta quilos e lotado de tumores do tamanho de limões. Seu pai lhe disse que não se preocupasse — agora que ela entendia melhor a realidade, a doença não seria problema. Os vastos registros médicos atestam o que aconteceu a seguir. Anita não só recobrou a consciência como seus tumores começaram a se desfazer. Em nove dias, ela estava livre do câncer.

Quando a notícia da recuperação se espalhou, uma editora norte-americana a procurou e lhe fez um convite para escrever uma autobiografia. Seu livro, *Morri para renascer*, serviu como plataforma para lançá-la como uma professora espiritual que, como Byron Katie, viaja o mundo tentando ajudar as pessoas a fugir do sofrimento e viver com alegria.

Outra pessoa que teve sua vida curada, e que desde então começou a curar os outros, é um homem que vou chamar aqui de Larry J., já que é assim que ele é conhecido como padrinho de programas de reabilitação em doze passos. Ele cresceu nas ruas do Brooklyn, sofrendo todo tipo de negligência e abuso. Queria se tornar policial, mas, como todos os outros negros que conhecia, sofreu na pele tantos casos de assédio e brutalidade que, conforme me contou mais tarde: "Eu desejava a morte de qualquer um que fizesse parte da polícia". Larry bebia desde cedo — tanto em termos de idade quanto de horário. Seu alcoolismo se tornou tão debilitante que ele acabou se juntando aos Alcoólicos Anônimos e fez o compromisso recomendado de comparecer a "noventa encontros em noventa dias".

"No septuagésimo encontro", Larry me contou, "eu me dei conta: 'Ai, meu Deus, eu sou alcoólatra!'" Ele soltou uma gargalhada ruidosa ao se lembrar disso. "Caramba, isso pra mim foi um despertar espiritual!"

Mas a história não termina aí. Larry pensou: "Agora que não estou mais bebendo, minha cabeça está tão mais lúcida que eu vou conseguir me dar melhor na jogatina!". Anos depois, falido e com pensamentos suicidas, ele recorreu aos Jogadores Anônimos. Dessa vez, Larry seguiu o caminho da integridade até o fim, eliminando todos os seus erros infernais, que o AA chama de "defeitos de caráter". Seus primeiros passos na escalada do purgatório pareciam quase impossíveis.

"Meu padrinho falou: 'Você precisa contar a verdade para a sua mulher'. Eu respondi: 'Cara, eu moro no quinto andar. Ela vai me jogar pela *janela do quinto andar*'."

A mulher de Larry não o abandonou — quatro décadas depois, eles ainda estão juntos. Aos poucos, Larry passou a dedicar cada vez mais tempo de sua vida a ajudar os outros. "Eu trabalho para o verdadeiro patrão agora", ele diz. "Acordo todos os dias de manhã e pergunto: 'Quem sou eu? Onde estou? O que eu sou?'. Então vou ajudar as pessoas. É uma coisa que eu faço sem precisar nem pensar." Ele passa todos os dias, o tempo todo, recebendo telefonemas de pessoas de diferentes programas de doze passos, além de jovens de seu bairro e outros amigos. As pessoas procuram Larry quando estão sofrendo, confusas e arrasadas, e vão embora se sentindo elevadas por sua sabedoria.

Essas três pessoas, com histórias de vida tão variadas, são como uma mesma canção sendo entoada em três tons ligeiramente distintos. Acredito que elas seguiram o caminho da integridade até reencontrarem a própria inocência, a própria versão do paraíso. Hoje, como o Virgílio de Dante — e como o próprio Dante —, dedicam seu tempo a encontrar pessoas que estão perdidas no escuro e guiá-las para a liberdade.

AJUDANDO OUTRAS PESSOAS NO CAMINHO DA INTEGRIDADE

Não precisamos ser pessoas totalmente iluminadas para nos sentirmos compelidos a ajudar os outros. Seja qual for a medida de integridade que encontrarmos, ela sempre parece nos levar a servir. Isso começou a acontecer comigo na época em que escrevi minha autobiografia. Enquanto lecionava na Thunderbird Business School, muitas vezes me via aconselhando os alunos a abandonarem o treinamento cultural que fosse contrário à sua verdadeira natureza. Eles começaram a perguntar se poderiam fazer sessões pagas de aconselhamento comigo fora da sala de aula. Quando fui ver, eu estava dando seminários e atendendo clientes como um trabalho de tempo integral.

Isso foi desconcertante. Eu nunca tinha pensado em me tornar uma orientadora de nenhum tipo, e sou uma pessoa muito introvertida. Decidi colocar por escrito aquilo que pensei que poderia ajudar as pessoas, para que elas pudessem ler tudo em um livro em vez de virem me consultar pessoalmente. O tiro saiu pela culatra: o livro só atraiu mais clientes. Foi quando li em um jornal que eu era uma "coach para a vida". Certa vez, quando palestrei em uma convenção de coaches, me perguntaram qual era minha estratégia de marketing. Com toda a sinceridade, respondi: "Reclusão e evasão". Mas as pessoas davam um jeito de me encontrar, e quando isso acontecia eu sempre me dava conta de que queria ajudá-las. Cada cliente era como uma parte perdida de mim mesma.

Ao longo dos anos, à medida que mais e mais clientes e leitores se livravam de seu sofrimento, eles começaram a me solicitar que ensinasse meus métodos como coach. Essas pessoas se sentiam conectadas a todos que estavam sofrendo, motivadas pelo amor, e não mais pelo medo. E queriam — desejavam desesperadamente, na verdade — passar a vida percorrendo a floresta escura do erro em busca de gente perdida, para que, como Virgílio, pudessem conduzi-las à felicidade. Então eu treinei uma dezena de coaches. E depois mais uma dezena. Hoje, eles são milhares.

Eu peço a essas pessoas que sigam o seu próprio caminho da integridade, e não o meu. A trajetória de cada um é única. Já vi muitas dessas pessoas brilhantes se voltarem para as mais diversas formas de servir. Eu não tinha como imaginar que isso aconteceria, que elas ajudariam os outros enquanto vivenciam suas próprias versões do paraíso. Essas pessoas me contaram a respeito de inúmeros "milagres" — alguns grandes, outros pequenos — que as ajudaram ao longo do caminho. Suas versões do paraíso surgem espontaneamente ao redor delas.

Depois de passar anos como coach e treinadora de coaches, certa vez uma pessoa me perguntou o que eu faço da vida. Quando respondi, ela falou: "Ai, meu Deus, como foi que você conseguiu esse trabalho?". Foi assim: comecei na floresta escura do erro, percorri o inferno diversas vezes e escalei a montanha do purgatório até atingir um nível básico e funcional de integridade. Depois foi só fazer incontáveis curvas de um grau na direção da minha verdadeira natureza.

Você pode seguir esse mesmo processo para encontrar seu próprio paraíso, mas as suas aventuras no caminho da integridade não vão ser exatamente como as minhas. Vão ser um autorretrato tridimensional da vida que melhor funciona para você, a sua forma específica de iluminação. Mas, quando deixar o sofrimento para trás, imagino que você vá passar pelo menos uma parte do seu tempo voltando à floresta escura do erro, à procura de pessoas que estão sofrendo — as partes suas que estão perdidas.

Quando isso acontecer, talvez você passe a se encaixar com facilidade na cultura ao seu redor, ou talvez seja um pouco diferente. Você pode inclusive ser diferente a ponto de desafiar significativamente a sua cultura. Como Dante, pode até vir a transformá-la. Ou, caso esteja em uma cultura muito destrutiva com relação à verdade, pode destruir as falsas crenças que a fundamentam e iluminá-la ao transmitir uma verdade mais profunda, ajudando a conduzi-la até a integridade. Isso não é um ato de violência, e sim uma consequência criativa natural de viver a sua verdade.

Neste momento particular da história, destruir a cultura pode não só ser a chave para a sua felicidade, mas algo fundamental para o futuro da humanidade. À medida que a transformação se acelera, tudo o que não está alinhado com a integridade na nossa cultura está começando a desmoronar. Habitats naturais invadidos pela superpopulação transmitem vírus desconhecidos para humanos. Modelos econômicos originalmente concebidos para o trabalho escravo estão começando a ver suas estruturas balançarem. Até o clima está virando uma "esquisitice global" por causa do comportamento humano. São tempos difíceis e assustadores. É difícil ver como uma pessoa comum poderia ajudar. Mas você pode. Os seus próximos passos no caminho da integridade — os *nossos* próximos passos — podem mudar tudo.

14. A humanidade no limiar

Se você já olhou pela janela de um avião enquanto sobrevoava uma floresta, pode ter percebido que, lá do alto, as árvores são bem parecidas com uns pedaços de brócolis — e também com algumas das nuvens ao seu redor. Ou pode ter visto o sistema de rios que serpenteiam em direção ao mar e percebido que é bem parecido com a forma das raízes das plantas — e também com os nervos e as veias que percorrem o seu corpo.

Isso não é coincidência. O ajuntamento e a interconexão tendem a ocorrer quando padrões naturais similares se repetem diversas vezes em diferentes escalas. Esses padrões se chamam "fractais", e a natureza está cheia deles.

Os fractais ocorrem por causa da interação entre formas e forças elementares que constituem nosso mundo material. Por exemplo, uma molécula de água — dois átomos de hidrogênio e um de oxigênio — tem literalmente a forma de um triângulo. Quando as moléculas de água interagem umas com as outras em baixas temperaturas, os átomos de hidrogênio se juntam em formas características de seis vértices. É por isso que, embora sejam infinitamente diversos, os flocos de neve são sempre variações do formato básico de um hexágono.

Quando as formas fractais básicas se somam, formam versões similares de si mesmas em diferentes tamanhos. Esse princípio é uma característica constitutiva da realidade física. E acontece quando as formas se *reiteram*, quando um padrão aparece diversas e diversas vezes porque as formas e forças o criam repetidamente. O formato básico de um tronco de árvore é refletido em menor escala em cada galho, e o padrão se repete em cada graveto. Nenhum dos formatos é idêntico, claro, mas são sempre muito similares.

É possível ver muitas versões lindas de fractais na internet, que surgem quando os matemáticos reiteram certas equações (procure no Google por "fractais" ou "conjuntos de Mandelbrot").

Algo similar acontece quando as pessoas mudam de comportamento, como vai acontecer com você no seu caminho da integridade. A "forma" da sua vida — suas palavras e ações — vai se alterar de uma maneira que afetará as pessoas ao seu redor. E, quando essas pessoas mudarem, essa transformação vai afetar as pessoas ao redor *delas*. O padrão da integridade vai ser reiterado com a mesma forma, mas em uma escala maior. Como um graveto está para o galho e como o galho está para a árvore, a integridade de um ser humano está para a de um casal, de uma família, de um país. É assim que indivíduos e pequenos grupos acabam influenciando um número imenso de pessoas.

Por exemplo, enquanto trabalhava com este livro, você pode ter passado a lidar com mais sinceridade com aquilo de que realmente precisa para ser feliz. Com isso, talvez tenha passado a afirmar suas necessidades de forma mais direta para seus melhores amigos, seu companheiro ou companheira. Se der certo, isso pode criar a base de experiência e apoio emocional para você começar a agir de forma mais assertiva no seu trabalho. Isso, por sua vez, vai ter uma influência sobre todo mundo da sua equipe, criando mais abertura e clareza entre você e o grupo, assim como aconteceu nos seus relacionamentos íntimos e na sua vida interior. Assim, o "fractal" da sua integridade se replicaria em diferentes escalas.

Quando atingir os mais altos níveis de integridade, a sensação de conexão e amor que vimos no capítulo anterior vai levar você a se dedicar aos outros de alguma forma. Lembre-se, esse é um resultado inevitável da unicidade e da compaixão que emergem quando nos aproximamos da verdade mais pura. A partir desse momento, seu efeito sobre as pessoas ao redor ganha mais força e velocidade. Os "fractais" da sua integridade vão aparecer de formas cada vez maiores, sempre um pouco diferentes, mas igualmente lindas.

Obviamente, a escuridão também tem seus próprios fractais. Um sistema de valores construído sobre a avareza, a ambição e a opressão aparece na forma de governantes sem princípios e grupos econômicos corruptos que, por sua vez, atingem culturas nacionais inteiras. Isso muitas vezes é retratado no noticiário e parece assustador. Mas as qualidades positivas se espalham e se replicam com a mesma velocidade das negativas — talvez até mais. Byron Katie, Anita Moorjani e Larry J. não fizeram esforço nenhum para atrair "seguidores", e mesmo assim as pessoas passaram a se juntar ao redor deles às dezenas, depois às centenas e então aos milhares. Figuras como Lao Zi, Buda e Jesus influenciaram bilhões de vidas.

Meu argumento aqui é que, se você seguir o caminho da integridade com a única intenção de acabar com seu sofrimento, vai acabar ajudando o mundo todo.

E, nossa, como este mundo precisa disso.

O MUNDO NA FLORESTA ESCURA DO ERRO

No momento, a humanidade como um todo é um gigantesco caso de síndrome da floresta escura do erro. As sociedades mais dominantes do planeta se deixam enganar por crenças falsas e divisivas. Temos a tendência cultural profundamente entranhada de separar e "outrizar" as pessoas em diferentes categorias de classe e raça. Afastamos artificialmente os seres humanos da natureza. Estamos fazendo isso há séculos, e essas fraturas de integridade nos afetam tanto de forma coletiva quanto no nível individual. Não tenho ideia de como vai estar o mundo enquanto você lê este livro. Mas enquanto escrevo, em meados de 2020, as coisas não estão nada boas.

Apesar de ter conseguido conquistar muitos objetivos do Monte Deleitoso (tecnologias mais avançadas, mais pessoas bilionárias), a humanidade como um todo não está se sentindo melhor. Vamos pensar em termos de sintomas da floresta escura do erro. Como anda o estado de ânimo da humanidade ultimamente? As pesquisas mostram o tempo todo que, como o instituto Gallup mostrou em um de seus estudos: "Coletivamente, hoje o mundo está mais estressado, preocupado e afetado pelo sofrimento do que nunca". E quanto à saúde física? Duas palavras: pandemia global. Problemas de relacionamento? De acordo com um especialista, o conflito ideológico "está esgarçando os tecidos das democracias em todo o mundo". E no campo do trabalho? Em termos econômicos, estamos em uma situação similar à da Grande Depressão, só que pior. O vício em vários tipos de atividades e substâncias estão em um pico histórico. E não podemos esquecer aquilo que os cientistas nos dizem o tempo todo: o estrago que estamos causando nos sistemas biológicos que nos mantêm vivos pode ser irreversível.

Em resumo, a integridade estrutural da humanidade está em frangalhos; se fôssemos um avião, estaríamos despencando. A população humana está maior que nunca, crescendo mais depressa que nunca, e se autodestruindo por toda parte ao nosso redor. Os rebites estão se soltando. As turbinas estão pegando fogo. Estamos perdendo altitude e o controle sobre a nossa trajetória. Desde o princípio da história, surgem profetas do apocalipse dizendo que a humanidade está condenada ao inferno. Agora, ao que toda lógica indica, estamos vendo isso acontecer.

Apesar de tudo isso, o "fractal" mais típico dos humanos, de indivíduos a governos e populações inteiras, continua concentrado em escalar o Monte Deleitoso, em busca de mais dinheiro, poder e status. Essas metas não são a solução; são a raiz do problema. A única coisa que vai nos impedir de destruirmos a nós mesmos em termos coletivos é exatamente o que nos impede de destruirmos a nós mesmos no nível individual.

Você sabe como esse processo funciona, porque é o mesmo em qualquer escala de grupos humanos. Primeiro, precisamos identificar coletivamente os lugares onde nos desviamos da verdade como cultura — por exemplo, acreditando que não somos todos conectados uns com os outros ou com o mundo natural. Depois destruímos nossas falsas suposições, reconhecemos nossos próximos passos rumo à verdade e mudamos nossas atitudes. A espécie humana como um todo precisa desesperadamente encontrar o caminho da integridade.

PROMOVENDO EM VOCÊ A MUDANÇA QUE GOSTARIA DE VER NO MUNDO

Observando a escala e a intensidade dos problemas da humanidade, é fácil entrar em pânico ou desespero. O que você poderia fazer pessoalmente para ajudar — uma simples pessoa entre mais de 7 bilhões? Pode parecer que seguir o caminho da integridade no máximo vai lhe proporcionar uma cabine um pouco mais confortável no *Titanic*. Mas lembre-se de que a natureza funciona em fractais, e a integridade total muitas vezes faz sistemas inteiros ajustarem sua rota. Quando seguir seu próprio caminho, você vai ver que o efeito sobre tudo e todos ao seu redor pode ser bem maior do que o imaginado.

A má notícia é que, se você não encontrar sua própria integridade, os melhores esforços que fizer vão apenas replicar os aspectos disfuncionais da sua cultura. Você pode acabar construindo um avião de alta performance com peças quebradas. A boa notícia é: quando você alinha todos os aspectos da sua vida à verdade, automaticamente vai começar a trabalhar para consertar os estragos que aparecerem na sua frente. Você não vai conseguir mais observar o sofrimento sem tomar alguma atitude (à sua própria maneira individual). Enquanto faz as curvas de um grau na direção da felicidade, você deixa de ser parte dos problemas da humanidade e passa a ser parte da solução.

Uma coisa que pode acontecer nesse momento é um aumento da pressão social. Já vi isso acontecer com muitos dos meus clientes e coaches quando "promovem em si mesmos as mudanças que gostariam de ver no mundo". Altos níveis de integridade atraem atenção, e isso pode ser uma coisa assustadora. É como dirigir um carro compacto em um estacionamento a dez por hora e de repente se ver atrás do volante de uma carreta percorrendo uma rodovia movimentada a mais de cem. Com o aumento da potência e da velocidade, sua habilidade como motorista precisa se tornar impecável.

Caso a atenção das outras pessoas seja desconcertante demais, ou a energia social de grupos cada vez maiores pareça desorientadora, vale a pena rever suas habilidades básicas de integridade para não se perder do caminho. Aqui temos uma pequena lista de lembretes:

- Perceba os sintomas da floresta escura do erro mesmo quando parecerem mínimos — uma irritação aqui, uma onda de cansaço ali. Imediatamente aborde *qualquer* nível de sofrimento que surgir em você. Mesmo uma leve brisa que tire você da rota pode ter consequências sérias se o seu fractal crescer.

- Conecte-se com frequência com guias para a alma que possam ajudar você a se manter firme na sua integridade. Leia seus livros, veja seus vídeos, converse com eles na vida real.

- Pratique a conexão com seu próprio senso de verdade, seu guia interior, todos os dias. Perceba a diferença entre os pensamentos que trazem a presença do alinhamento e aqueles que parecem fragmentados ou desequilibrados.

- Visto que as "vozes" culturais empurram você em múltiplas direções — muitas vezes contrárias —, lembre-se de deixá-las de lado e consultar seu próprio senso de verdade sempre que uma dúvida aparecer.

- Reconheça seus erros assim que os perceber. Abandone toda a covardia: quando entrar em negação, admita seus erros e assuma sem medo uma posição mais sincera.

- Se aprender algo que contradiga aquilo em que sempre acreditou, não se aferre por reflexo às suas opiniões consolidadas. Não se feche para a ideia de que até mesmo suas crenças mais fundamentais podem estar erradas. Tenha a humildade de abandoná-las quando seu guia interior se der conta de que ocorreu um equívoco.

- Perceba quando você estiver "outrizando" as pessoas. Em meio a um clima de divisão tão predominante e com tantas formas de agressão reverberando na câmara de eco da internet, pode ser tentador cair em generalizações e se juntar aos ataques destrutivos. Certifique-se de que a sua raiva contra a injustiça encontre formas de expressão capazes de criar coisas (inclusive barreiras!), em vez de destruí-las a esmo.

- Não admita a autotraição de acreditar em alguma coisa que claramente causa sofrimento. Por exemplo, se alguém disser que você é inferior aos outros, não aceite isso. Se alguém disser que você é superior, não aceite também. Como Byron Katie diz: "Não acredite em coisas imputadas a você".

- Quando encontrar clareza dentro de si, recuse-se a mentir — e lembre-se de que existem momentos em que o silêncio é uma mentira. Diga a sua verdade no momento em que parecer certo, mesmo que os outros não aprovem.

- Tenha certeza de que está dedicando seu tempo a fazer o que realmente quer ou trabalhando nesse sentido com uma série de curvas de um grau.

- Seja transparente: esconda cada vez menos quem você é. Como Mark Twain falou sobre fazer a coisa certa, isso "vai agradar algumas pessoas e atordoar o resto". Os atordoados vão se afastar de você. Os que forem agradados vão se aproximar. Você vai criar uma comunidade de mentes semelhantes.

- Quando encontrar e interagir com essas pessoas, escute de verdade o que elas têm a dizer. Olhe nos olhos, escute a gentileza em suas vozes, sinta a aceitação delas. Permita que os "raios do amor" iluminem sua vida interior.

- Saiba se perdoar pelos momentos em que violou sua integridade de forma não intencional. Deixe de lado os erros cometidos. Recorde e valorize tudo o que você fez de acordo com o seu senso de verdade.

Isso tudo parece um jeito severo demais de viver de forma virtuosa? Na verdade, é o contrário. O seu caminho da integridade vai levar você a servir ao mundo da forma que lhe proporcionar mais felicidade. Como Larry sempre diz, no caminho da felicidade, nosso destino final é servir.

COMO A INTEGRIDADE SE ESPALHA

Eu já vi muitas pessoas seguirem o caminho da integridade, e quase todas começaram a colaborar para o bem comum de maneiras que eram bastante específicas, relacionadas a suas verdadeiras naturezas. A coisa mais comum que escuto de cliente e coaches nesse ponto é: "Não acredito que eu vou poder fazer isso!". Quando se dedicam a servir em tempo integral, ou como uma atividade paralela enquanto criam suas famílias e mantêm seus empregos para se sustentar, as pessoas sentem que estão flutuando, iluminadas, ajudadas por alguma espécie de intervenção milagrosa, como Dante no paraíso. Lembre-se do que o poeta aprendeu no purgatório: o amor não divide a quantidade de bondade disponível para a humanidade, e sim a multiplica para que possa ser distribuída para todos.

Seja o que for que você faça para curar o mundo, isso vai substituir os sintomas da floresta escura do erro por senso de propósito, felicidade, vitalidade, amor, abundância e fascínio — e tudo de uma forma condizente com a sua verdadeira natureza. Talvez você simplesmente passe todo seu tempo "dando uma de Virgílio": se conectando com pessoas que se sentem perdidas e infelizes, ajudando a eliminar o sofrimento interior e a fazer o comportamento exterior delas se aproximar da integridade. Ou talvez você colabore com a causa da verdade com alguma atividade relacionada a ciências, serviço público, ação política ou expressão artística. Lembre-se do impacto que Dante teve em sua cultura. (Ele era um gênio, verdade, mas também um homem solitário tentando iluminar a Idade das Trevas.)

Na minha vida pessoal, seguir o caminho da integridade me levou a situações que realizaram desejos meus de longa data, apesar de não agradarem todo mundo. Não sei ao certo como tudo isso aconteceu, mas garanto que se não estivesse tão concentrada em manter a integridade não teriam aparecido tantas oportunidades maravilhosas para mim.

Por exemplo, eu sempre fui obcecada por animais. Obcecada *mesmo*. Aos dois anos de idade, já sabia o nome de todos os bichos em um livro que tinha em casa com setecentas espécies de mamíferos. Como nós não tínhamos televisão, íamos à casa da minha avó todo domingo ver *Mutual of Omaha's Wild Kingdom*, um programa sobre a vida selvagem e ecossistemas. Eu fantasiava frequentemente com a ideia de ir para a natureza e me conectar com os animais. Pretendia ser zóloga ou ecologista quando crescesse.

Em algum momento da minha trajetória para a vida adulta, deixei de lado esse pensamento e comecei a escalar o Monte Deleitoso em busca de um cargo de professora titular de uma cátedra prestigiosa em uma instituição blá-blá--blá. Mas então aconteceram os vários "acidentes de percurso" mencionados neste livro: o diagnóstico do meu filho, o reaparecimento do meu trauma de infância, minha autobiografia reveladora e a reação provocada por ela, minha saída do armário. Esses eventos afastaram da minha mente quase tudo que não fosse dedicado a encontrar a minha paz.

Então, em uma turnê de lançamento de um dos meus livros na África do Sul, conheci uma família que dedicava todo seu tempo a algo que chamavam de "restaurar o Éden". Começando com uma fazenda desmatada de criação de gado perto do Kruger National Park, a família Varty regenerou cursos d'água, removeu espécies vegetais não nativas e permitiu o retorno da fauna e da flora locais. Hoje eles gerenciam uma área de preservação chamada Londolozi (nome derivado de um termo zulu que significa "protetor de todos os seres vivos") e também ajudam milhares de trabalhadores rurais sul--africanos a ter melhores níveis de renda e educação.

Conversar com essas pessoas despertou uma parte de mim que se afastara da minha consciência em algum ponto da escalada do Monte Deleitoso. Eu me perguntei como, na medida das minhas habilidades, eu poderia colaborar para restaurar o Éden. Ao longo dos anos seguintes, os Varty e eu desenvolvemos safáris e seminários para promover mudanças de vida, que hoje acontecem anualmente em Londolozi. Nossos convidados de países do primeiro mundo vão à África do Sul, se conectam com a natureza (tanto exterior como

325

interiormente) e voltam para casa se sentindo renovados. Eu doo tudo o que ganho nesses seminários e cerca de um mês do meu tempo à causa de restaurar o Éden. O que ganho com isso? Bem, simplesmente a chance de realizar o sonho mais impossível e importante que eu tinha na infância.

A sensação que tenho ao revisitar minhas lembranças é a seguinte: eu sou uma garotinha, assistindo à TV na casa da minha avó, desejando intensamente estar na natureza em meio àqueles animais selvagens. Então de repente sou uma mulher de meia-idade, sentada em uma campina verdejante na África do Sul com macacos e inhalas correndo ao meu redor. Estou rindo em um Land Rover sem capota enquanto um filhote de hiena morde meu sapato. Estou estendendo a mão para deixar um avestruz selvagem tocá-la com seu bico. Estou no escuro, sem ninguém por perto a não ser um elefante que se alimenta tranquilamente a uma distância de um braço de mim, com a cabeça enorme emoldurada por um céu de estrelas brilhantes. E, em meio a todas essas bênçãos incríveis, eu ainda faço um "trabalho" que ajuda a curar a terra, as plantas, os animais e algumas das pessoas mais vulneráveis do mundo.

Como eu consegui esse trabalho? Atravessando os meus portões do inferno, eliminando as minhas falsidades e alinhando a minha vida à minha verdade, com uma curva de um grau de cada vez.

Obviamente, esse não é o meu destino final — eu não faço ideia de para onde a vida me levará à medida que descubro mais pontos cegos e me integro cada vez mais à verdade. Mas foi aonde o caminho da integridade me trouxe até agora. O seu caminho vai guiar você para a sua verdadeira natureza, onde vai encontrar as recompensas que sempre quis, as suas maiores alegrias. Eu já vi isso acontecer centenas de vezes. Vou deixar aqui uma lista do que alguns dos meus clientes e amigos estão fazendo à medida que seus fractais de integridade se espalham ao seu redor:

- Seth ajuda fazendeiros ricos a dedicar suas terras a atividades que produzem alimentos orgânicos para a população pobre local, diminuem o sofrimento animal e favorecem o cultivo de plantas especialmente boas em absorver dióxido de carbono do ar e liberar oxigênio.

- Amira aprendeu técnicas para se desvencilhar dos próprios traumas e começou a ensiná-las para pessoas e grupos em seu país natal, a Síria.

- Liam passa parte de seu dia apurando e postando na internet informações sobre várias formas de injustiça social. Seu estilo divertido, perspicaz e às vezes comovente já ajudou a arrecadar fundos para mais de uma dezena de entidades assistenciais.

- Jasmine vai ter um bebê e pretende criar o filho com amor, tolerância e com a intenção de fazer bem ao mundo.

- Zoe viaja a várias partes do mundo para estudar os oceanos e suas criaturas e escreve livros e artigos sobre como interromper a destruição dos ecossistemas marinhos.

- Grace ajuda animais mantidos em abrigos a encontrar lares felizes.

- Khalan produz podcasts em localidades remotas, conversando sobre assuntos que misturam crescimento pessoal, despertar espiritual e conexão com a natureza.

- Alex é uma pessoa não binária que escreve romances de fantasia populares na internet, ambientados em mundos de gênero fluido, criando novas formas para as pessoas deste mundo pensarem sobre questões de gênero.

Pelo que sei, nenhuma dessas pessoas começou sua trajetória com um plano definido sobre o que fariam. Todas foram criadas em culturas que as afastaram de sua verdadeira natureza. Todas sofriam com sintomas da floresta escura do erro, e todas passaram por um inferno pessoal para desfazer suas crenças em suposições culturais que não funcionavam para elas. Todas se afastaram de forma lenta e constante de suas buscas no Monte Deleitoso para fazer coisas que as deixavam felizes. Todas enfrentaram resistência e "ataques para forçar o recuo", mas se recusaram a se afastar de si mesmas outra vez. E agora servem ao mundo não porque querem ser virtuosas, mas porque estão fazendo coisas que satisfazem seus desejos mais profundos.

FRACTAIS DE ILUMINAÇÃO

Acredito que, no fim, as pessoas que seguem o caminho da integridade podem iluminar até mesmo os tempos mais tenebrosos. É por isso que, ao longo de milhares de anos de história, a civilização humana, ainda que de forma lenta e errática, foi se aproximando cada vez mais de ideias como igualdade e liberdade. É por isso que indivíduos que deixaram a cultura para trás para encontrar sua própria verdade (Buda saindo do palácio e indo para a floresta, Jesus indo fazer seu retiro no deserto) puderam mudar bilhões de vidas. É por isso que *A divina comédia* de Dante, uma estranha sucessão de histórias e imagens, é considerada uma das maiores obras-primas da literatura mundial.

Essas pessoas conseguiram chamar nossa atenção porque uma parte de nós se sente inexoravelmente atraída pela integridade. Em algum nível, sabemos que a mentira nos machuca, nos enfraquece, nos joga para baixo — mesmo quando não sabemos que estamos mentindo. Sentimos no fundo do nosso ser que a verdade nos liberta. Em certo momento, todo mundo que quer escapar do sofrimento começa a tatear pela floresta em busca do despertar. Como espécie, não só como indivíduos, somos biologicamente programados para buscar a iluminação.

Temos aqui um exercício que não só vai ajudar você a encontrar sua integridade mais pura, como também beneficiar todos os demais. Por enquanto falamos da sua integridade pessoal se espalhando pelo mundo como um fractal. Agora vamos inverter o processo (uma vez que os padrões dos fractais podem se mover em ambos os sentidos, do pequeno para o grande e do grande para o pequeno). Este exercício vai ajudar você a enxergar as conexões entre as coisas que faz para melhorar a sua vida e as coisas que pode fazer para o restante do mundo.

EXERCÍCIO

VOCÊ É O MUNDO

1. Sente-se com os olhos fechados e imagine que está vendo a Terra do espaço, uma esfera perfeita em tons de azul, verde, marrom e branco, flutuando por um vácuo escuro.
2. Enquanto olha para o planeta, pense nos problemas e nas fontes de sofrimento que mais parecem ameaçá-lo.
3. Escolha algo que considere especialmente perturbador. Pode ser o racismo, a corrupção na política, a pobreza, as mudanças climáticas, a crueldade com os

animais, a guerra ou a criminalidade. O que quer que cause a reação mais forte em você, deixe vir à tona. Não tente encontrar uma resposta "certa", escolher o tema mais virtuoso ou politicamente correto. Sinta o que realmente sente.

4. Concentre toda sua atenção no problema que identificou. Por mais que seja doloroso, analise de verdade o que está errado. Lembre-se de tudo o que já aprendeu a respeito do assunto. Saiba o que realmente sabe.

5. Quando o ultraje ou o desespero surgirem, anote tudo o que há de errado a respeito dessa questão. Diga o que realmente quer dizer. Faça uma lista. Se necessário, continue em outra folha.

A questão que mais me incomoda está causando todos os seguintes problemas:

_____

_____

_____

_____

_____

_____

_____

_____

6. Agora escreva o que precisa acontecer para resolver o problema. Não é necessário dar respostas muito sofisticadas, nem muito lógicas. Simplesmente diga (ou escreva) o que você realmente acha: "As pessoas precisam parar de tratar umas às outras como inferiores!", "Não podemos despejar mais lixo nos oceanos!", "Precisamos começar a tratar os animais como seres vivos, não como objetos!". Faça outra lista.

O que alguém (ou todo mundo) deveria fazer para resolver esses problemas:

_____

_____

_____

_____

_____

_____

7. Agora volte à sua imagem da Terra, e a substitua pelo seu próprio corpo. Caso tenha uma reação negativa a isso, saiba que a sua contribuição ao planeta é afetada por essa negatividade.

8. Olhe para o problema que você escolheu abordar. Pergunte-se: a maneira como você está se tratando reflete de alguma forma esse problema? Aqui estão alguns exemplos:

- Você pode se preocupar com a poluição do solo e dos mares, mas ainda coloca muitas substâncias tóxicas no seu corpo.
- Você pode sentir raiva porque alguns seres humanos veem os outros como inferiores, mas ainda se considera inferior de alguma forma.
- Você pode odiar a crueldade com os animais, mas obrigar o seu corpo — um animal — a trabalhar até a exaustão, a permanecer confinado quando gostaria de estar ao ar livre ou a fazer tarefas que odeia.
- Você pode se sentir mal por causa da pobreza, mas se "empobrece" ao não se permitir coisas como relaxamento, gentileza, lazer ou tempo livre.

Quando pensar nas maneiras como acaba infligindo a você o problema que enxerga no mundo, escreva aqui.

É assim que o meu "problema global" se revela na minha vida:

_____

_____

_____

_____

_____

_____

9. Agora leia sua lista de coisas que "alguém ou todo mundo" deveria fazer para resolver o problema. Consegue aplicar alguma dessas "soluções" para restaurar a sua própria felicidade na área que identificou?

Maneiras como eu poderia me ajudar em relação a esse problema:

_____

_____

_____

_____

_____

_____

10. Hoje, passe no mínimo vinte minutos aplicando o que acabou de escrever. Reserve pelo menos dez minutos para curar essa ferida dentro de você, e mais dez trabalhando para curá-la em relação ao mundo. Faça o que realmente quer fazer. Lembre-se que grandes mudanças podem acontecer a partir de pequenos passos.

O MOMENTO DO DESPERTAR

Quando começamos a seguir o caminho da integridade, é como se limpássemos uma vidraça onde as falsas crenças tivessem se acumulado, obscurecendo a clareza da mente. No início, só conseguimos esfregar no escuro, sem a menor ideia do que estamos fazendo. Depois de um tempo, pontos de luz começam a surgir aqui e ali. Em algum momento, o processo começa a se acelerar rapidamente. Quanto maiores são as áreas que limpamos, mais nos tornamos motivados e melhor entendemos como o processo funciona. Então chega o instante em que a vidraça em si desaparece, e a luz passa sem obstruções.

Acredito que esse processo se aplica não só a indivíduos, mas também a grupos de pessoas e até à humanidade como um todo. Ao longo da história, indivíduos "despertos" vêm servindo como pontos de clareza, irradiando luz para os demais. Nas palavras célebres de Margaret Mead: "Nunca duvide que um pequeno grupo de cidadãos conscientes e engajados possa mudar o mundo. Na verdade, é a única forma como isso já foi feito até hoje". Grupos comprometidos com a verdade e a compaixão se tornam um ponto de translucência, de transparência até. À medida que o processo continua, é factível que a humanidade como um todo chegue ao limiar da iluminação.

Se isso acontecesse, coisas inesperadas viriam em seguida, e sem demora. Em 2020, depois de décadas de avisos ignorados para diminuir o consumo de combustíveis fósseis, um vírus microscópico conseguiu alterar de maneira drástica o comportamento de toda a raça humana em apenas algumas semanas. Quase de imediato, o ar se tornou mais limpo como não ficava em cem anos. Cervos apareceram nas ruas de cidades japonesas. Ursos e javalis surgiram em partes da Europa onde não eram vistos havia gerações. Cangurus tomaram conta das ruas de Adelaide. Quando as coisas retornam à sua verdadeira natureza, a cura pode ser mais rápida e dramática do que poderíamos esperar.

Portanto, siga o caminho da integridade para o seu próprio bem, para deixar o sofrimento para trás e ser tão feliz quanto possível. Mas não se surpreenda se, enquanto fizer isso, sua vida se tornar um espaço de clareza cuja luz vai se irradiar cada vez mais para os outros. Nossa espécie parece fadada à destruição apocalíptica, mas podemos ter certeza de que isso vai acontecer? Temos como garantir isso sem sombra de dúvida? Quem nós seríamos, o que nós seríamos, sem essa narrativa?

Talvez seja possível concretizar o oposto do nosso maior medo. Talvez seja possível chegar ao ponto em que tudo muda, e o que está indo ladeira abaixo começa a subir. Cada indivíduo que desenvolve uma mente clara se torna parte de um fractal que promove nosso alinhamento uns com os outros e com a natureza. À medida que o padrão se espalha, os humanos podem começar a viver de uma nova maneira. Nossa espécie briguenta, inventiva e inacreditavelmente destrutiva pode acabar saindo do inferno e subindo ao paraíso. Seguindo o caminho da integridade, podemos nos salvar.

15. A grande desconstrução

Muita gente considera o paraíso de Dante estranho e difícil de entender. O enredo que orientava o épico praticamente desaparece. Dante começa a usar a linguagem de um jeito estranho — por exemplo, transformando pronomes em verbos. Ele diz que não sabe ao certo se tem um corpo físico ou se é pura consciência. Parece se mover na velocidade da luz em meio a níveis cada vez mais intensos de brilho e beleza, mas Beatrice lhe diz que na verdade ele não está em movimento: no paraíso, tudo é uma coisa só, todos estão em todas as partes.

Essas ideias, por mais estranhas que pareçam, não são só fantasias incoerentes de um lunático, ou de um escritor de fantasia. Elas estão alinhadas com as percepções de realidade relatadas por pessoas que passaram por experiências de iluminação. Também se encaixam com a maneira como a ciência descreve a realidade, embora essas verdades ainda não tenham se tornado senso comum. Por exemplo, nós sabemos que, na velocidade da luz, o tempo para. Viajando na velocidade da luz, portanto, é possível estar em todo lugar ao mesmo tempo. E também sabemos que aquilo que chamamos de "matéria" pode existir apenas na forma de energia até que se acumule a ponto de ser medida. Na verdade, a versão mais rigorosa da física quântica nos diz quase o mesmo que Beatrice fala para Dante: que tudo no universo é uma coisa só (campo de energia), e que nós vemos pedaços de matérias apenas porque nossa forma de percepção (epistemologia) é incapaz de absorver a realidade como de fato é (ontologia).

É muito improvável que Dante tenha inventado ideias das mais contraintuitivas que, por acaso, são semelhantes a outros relatos de iluminação e também ao que diz a física quântica. Acho mais plausível que, quando as pessoas se empenham em sua busca pela verdade, como fez Dante, elas começam a ver as coisas para além da visão de mundo típica da sua cultura, chegando a uma visão mais acurada da realidade.

O materialismo ocidental pressupõe a mesma realidade da física newtoniana: tudo é feito de aglomerados de matéria que se chocam uns com os outros. No entanto, há pelo menos um século sabemos que isso não está certo. As partículas existem principalmente — e talvez apenas — como nuvens de energia. O que Einstein chamou de "ação assustadora à distância" de fato as afeta. O universo é mais parecido com o paraíso de Dante do que com o inferno e o purgatório, cujas descrições são mais fáceis de entender.

Se você avançar o suficiente no caminho da integridade, sua vida pode ir além da definição de "normal" da *nossa* cultura — não porque você está se afastando da realidade, mas porque está se conectando com ela. Quando a vidraça da sua mente se tornar mais clara, mais livre de erros, você pode não se sentir como um eu separado do mundo, e sim como alguém que existe em um continuum com tudo ao seu redor. Essa continuidade pode se revelar em coincidências tão improváveis que não podem ser meros acidentes, ou em circunstâncias que parecem refletir aquilo que você imagina. Você talvez comece a viver em um mundo parecido com o paraíso de Dante. Nesse momento, será impossível prever do que você é capaz.

REALIDADE E MAGIA

Quanto mais eu avançava no caminho da integridade, mais estranhas se tornavam as minhas experiências. Quando eu escrevia a respeito disso, leitores com inclinações New Age pareciam acreditar que eu tinha desenvolvido superpoderes milagrosos, ou aprendido a controlar a realidade com os meus pensamentos. Pessoalmente, não acredito em milagres — apenas na existência de coisas que a ciência ainda não é capaz de explicar — e nunca fui capaz de controlar nada com os meus pensamentos, aliás nem mesmo os meus pensamentos. Esse modismo New Age me incomoda tanto que nos últimos tempos tenho evitado falar e até pensar em coisas "mágicas", assim como antes costumava evitar as pessoas que queriam me contratar como coach.

Mas fugir não adianta nada. Aprendi por experiência própria que, quanto mais nos aproximamos da nossa integridade, mais "mágica" a nossa vida se torna.

Por exemplo, mais ou menos uma década antes de começar a escrever este livro, comecei a acordar vários dias de manhã sabendo — não só achando, mas *sabendo* — que morava ao lado de um parque nacional da Califórnia. Isso não fazia o menor sentido. Nunca morei na Califórnia, muito menos perto de uma floresta. Mas, deitada na minha cama em Phoenix, eu *sabia* o que veria quando abrisse os olhos:

uma floresta de carvalhos, um cavalo preto em um campo verdejante, cadeias de montanhas desaparecendo no horizonte. Diversas vezes, fiquei chocada quando constatei que ainda estava no Arizona.

Com o tempo, essas visões matinais se tornaram tão claras e convincentes que comecei a procurar na internet pela "minha" casa na Califórnia. Não foi difícil, porque bastava ficar deitada na cama (com os olhos ainda fechados) e percorrer o imóvel inteiro mentalmente, sabendo exatamente o que havia lá. Por algumas semanas depois de começar minha busca, não encontrei nada parecido com o lugar que via nas minhas excursões fantasiosas. E então, minha nossa, eu achei.

Foi assim que, no meu aniversário de cinquenta anos, me mudei com a minha família para uma casinha bem próxima da floresta nacional Los Padres, na região central da Califórnia. Não havia nenhum motivo plausível para isso, apenas um desejo irresistível de estar lá. Desde o início, senti uma conexão intensa com o lugar, as plantas, os animais. Então desenvolvi uma nova obsessão incongruente: meditar. Eu vinha fazendo "sessões" de meditação sem frequência definida havia anos, pela mesma razão por que tomava vitaminas e fazia exercícios: porque tinha lido que aquilo fazia bem para mim. Mas dessa vez foi diferente. A vontade de meditar era avassaladora, irresistível.

Isso me pareceu ainda mais estranho porque, no início, meditar não era nada divertido. Por cerca de um ano, eu passava metade do meu tempo diário de meditação totalmente apavorada. Minha mente era inundada de pensamentos como "Isso não está certo! Eu deveria estar fazendo alguma coisa produtiva! Preciso de um trabalho!". Mas eu já vinha pondo em prática os processos que descrevi neste livro fazia um bom tempo. Claramente, esses pensamentos causavam sofrimento. Então não os seguia. Em vez disso, eu os observava e os questionava até se dissolverem.

Dois anos depois, a vidraça da minha mente estava bem mais limpa. Meu pânico tinha desaparecido. Meu corpo muitas vezes faiscava com a eletricidade que me fizera correr até aquela cachoeira vinte anos antes. Eu aprendi a tolerar isso, e passei a vivenciar essa sensação como um bem-estar físico em estado puro.

Um dia achei que poderia ser uma boa ideia salpicar alpiste no meu corpo antes de fazer minha meditação ao ar livre. Na primeira vez que um pássaro pousou no meu joelho e me encarou com seus olhinhos curiosos, pensei que seu amor ia acabar comigo, assim como o amor de Beatrice por Dante quase o obliterou no paraíso. Mas logo me acostumei a ver os passarinhos pairarem no ar ao meu redor e voarem em direção a mim, recolhendo as asas e estendendo os pezinhos pouco antes de fazer contato. Um dia, dois esquilos tiveram uma disputa territorial em cima das minhas mãos abertas, empurrando um ao outro como dois lutadores de sumô. Esse foi e sempre vai ser um dos pontos altos da minha vida.

Às vezes eu ouvia um som puro e ressonante que parecia vir da própria terra. Muitas vezes minha visão se alterava, e a floresta inteira tomava a forma de chuvas de luz. O tempo parecia parar, ou se reverter, ou entrar em colapso. Um dia eu pensei "Que estranho este corpo ter tido três filhos", e imediatamente percebi que isso não era verdade. Cada átomo do nosso corpo é substituído a cada sete anos, então nada do meu corpo atual estava presente no momento em que os meus filhos nasceram. Na verdade, meu corpo não é sólido, e sim um arranjo de moléculas em constante movimento ao redor de um sopro de consciência.

Depois de alguns anos distante de quase todo tipo de influência cultural humana, comecei a ver a matéria dessa forma. O que me parece — o que sinto — é que o universo inteiro está sendo projetado em uma tela infinita que se chama "agora", e que esse "agora" é na verdade a única coisa material que parece existir. O futuro não está aqui, e o mundo que está ficando no passado (este momento, e agora este, e este) se foi de maneira irreversível. Nada que fosse real poderia desaparecer tão completamente.

Resumindo, depois que me mudei para a floresta, eu fiquei muito esquisita. A maior parte das minhas crenças culturais simplesmente desapareceu. Em seu lugar, surgiu a percepção de uma realidade interconectada e benevolente em que a consciência humana e os demais aspectos do universo estão interagindo o tempo todo.

EM UM MAR DE TRANQUILIDADE

Uma amiga jamaicana uma vez me confessou que já tinha passado por uma porção de experiências "paranormais". Quando contei que coisas parecidas haviam acontecido comigo, ela soltou um longo suspiro e respondeu: "Ah, que bom! Então eu não sou a única louca!". Embora nossa cultura seja extremamente mecanicista e materialista, existem evidências sólidas de que as minhas experiências estranhas estão longe de ser eventos isolados. Eu não sou a única louca! Milhões de pessoas comuns, e não apenas eu, vivenciam a realidade como uma teia de conexões.

Em 2018, um grupo de psicólogos liderados por J. D. W. Clifton publicou o resultado de um estudo de cinco anos em que analisaram quantidades enormes de dados da internet à procura de tendências de comportamento humano. Eles descobriram que nossa cultura é dividida entre os que veem o universo como um lugar perigoso, assustador e sem sentido e aqueles que o veem como seguro, instigante e vivo. Os pesquisadores chamaram essas duas perspectivas de "crenças primordiais sobre o mundo". Então descreveram como, já que as percepções são seletivamente filtradas e interpretadas de acordo com cada sistema de crenças, as pessoas em cada um desses campos encontravam evidências para apoiar suas visões de mundo.

Quando me mudei para a Califórnia, eu tinha a crença primordial "normal" da nossa cultura. Eu me sentia um ser físico, uma pessoa assustada e condenada ao mesmo destino de todos os outros seres humanos. Mas esses primeiros anos na floresta, seguindo o caminho da integridade, me levaram para o outro campo das crenças primordiais sobre o mundo. Quando olho ao redor agora, tudo parece "seguro, instigante e vivo". Desse ponto de vista, somos todos gotas misturadas naquilo que Dante chama de *lo gran mar de l'essere* — o grande mar do ser. Absolutamente unidos, totalmente únicos, em comunicação constante.

Quando essa mudança interior ocorreu, a vida pareceu me oferecer cada vez mais das coisas que sempre desejei. Comecei a imaginar que o universo funciona assim: quando nós humanos desejamos algo, os Poderes Existentes imediatamente nos enviam essa coisa. Mas tudo o que pedimos é entregue no nosso verdadeiro endereço: a paz. Sinta de novo a ressonância da afirmação "Eu nasci para viver em paz". Você não relaxa só de sentir seu eu se alinhar por inteiro com essa ideia? É por isso que, quando lutamos para conseguir as coisas em um estado de desespero, elas não chegam até nós — nada funciona quando estamos desalinhados. Mas, quando voltamos a um estado de paz, as coisas que "encomendamos" finalmente são entregues.

No fim, tudo se resume a isto: a paz é o seu lar. A integridade é o caminho para encontrá-lo. E tudo o que você deseja estará à sua espera por lá.

Enquanto eu estava morando na floresta, sem fazer praticamente nenhuma tentativa de contato com ninguém, vários dos guias para a alma que conheci nos livros vieram falar comigo na vida real. Conheci Byron Katie e Stephen Mitchell em uma filmagem, depois da qual Katie falou que "sabia" que eles precisavam cancelar os compromissos da agenda e me dar uma carona de volta para o meio do mato. Somos amigos desde então — algo que ainda me deixa impressionada, depois de passar tantos anos como apenas mais uma pessoa desconhecida que aprendia com os livros deles. Não muito tempo depois, fui convidada a voltar ao Arizona para entrevistar outra das minhas guias para a alma, Anita Moorjani.

Por mais milagroso que tudo isso tenha parecido para mim, as interações sociais entre pessoas com interesses em comum não têm nada de mágicas. Mas outros seres que eu amava e visualizava — em especial os animais selvagens — continuavam reagindo a mim de formas cada vez mais surpreendentes. Muitas vezes vinham quando eu "chamava", não com a minha voz ou com um assobio, mas na minha imaginação.

Isso acontece o tempo todo em Londolozi, mas a vida selvagem por lá é abundante, claro. O mesmo não pode ser dito do resort em Sedona onde conheci Anita Moorjani. Quando cheguei lá, na noite anterior à entrevista, lembrei que um dia tinha visto rastros de caititus no deserto ao redor. Os caititus são como porquinhos peludos e delicados. Estreitando os olhos na escuridão, desejei ver um enquanto estava no Arizona. Mas minha entrevista seria de manhã cedo, e eu iria de lá direto para o aeroporto. Bom, paciência.

No dia seguinte bem cedinho, depois de conhecer Anita — um ser humano radiante e impossível de não querer abraçar —, ouvi uma batida na porta da suíte do hotel onde estávamos filmando. Uma assistente foi atender, mas não encontrou ninguém do outro lado — ou pelo menos nenhuma pessoa. Quem estava ali era um belo caititu macho, espiando lá dentro como quem diz *Me chamou?*

"É um porco!", a assistente gritou. Todo mundo correu para a janela na esperança de dar uma olhada em um animal selvagem e arisco, que provavelmente já estava correndo para trás da moita mais próxima. Mas, em vez disso, o caititu simplesmente continuou lá. Nós abrimos a porta. Ele não se moveu. Saímos com passos cautelosos. Não só o grande macho continuou por perto como outros vinte caititus vieram se juntar a ele. Enquanto eles perambulavam ao nosso redor, comendo cactos e cuidando de seus lindos filhotinhos listrados, uma funcionária do hotel que estava por perto apareceu sacudindo as mãos e falando: "Eles são bravos! Eles são muito bravos!". Talvez na realidade dela. Na minha realidade, eram criaturinhas peludas iluminadas, meus companheiros de paraíso.

Talvez o resort tenha se tornado um criadouro de caititus semidomados desde a minha última visita, mas aqueles animais poderiam ter ido para qualquer lugar daquele complexo enorme. Em vez disso, foi como em *Casablanca*: de todos os quartos de todos os prédios daquele hotel, os caititus escolheram justamente o nosso. Nunca conseguimos entender como aquele macho conseguiu bater na porta, aliás.

Em outra ocasião, fiz uma viagem de carro por uma longa extensão de território desabitado no Wyoming. Antes de sair, pensei: "Eu nunca vi um antílope-americano antes. Gostaria de ver um hoje". Nesse momento tive uma sensação estranha, como se tivesse movido a minha mão, só que era como se a minha mão estivesse a quilômetros de distância.

Horas depois, enquanto dirigia por uma ampla pradaria aparentemente infinita, uma mancha branca apareceu no horizonte. Eu parei o carro para ver. A mancha cresceu depressa, e logo consegui ver o que era: uma manada de antílopes-americanos, correndo a pleno galope e levantando uma nuvem de poeira. Eles vieram na direção do meu carro — a única coisa relacionada a um ser humano naquela paisagem vasta — e então pararam. Não consegui segurar o choro ao vê-los ao meu redor, com suas narinas se dilatando enquanto puxavam o ar, com seus olhos angelicais me encarando com toda a tranquilidade.

Me chamou?

Uma vez, quando saí com a minha família para um passeio de carro em Londolozi, nós paramos perto de um bando de leões. Adam estava no banco da frente do veículo sem capota. Enquanto estávamos lá em silêncio, um enorme macho se levantou e se aproximou até quase tocar o nariz no de Adam. Enquanto ele encarava meu filho com aqueles olhos dourados de predador, confesso que fiquei um pouco assustada. Mais tarde, porém, perguntei a Adam se ele ficou com medo do leão, e ele respondeu: "Não, porque eu estava sentindo a energia dele. E ele estava sentindo a minha".

"Ah, é?", eu falei. "E como era a energia dele?"

"A mesma energia de sempre dos leões", Adam respondeu.

"E... como é a energia de sempre dos leões?"

"Tranquila."

Acho que Adam tem razão. Ele e o leão conseguiram "sentir" um ao outro porque estavam ambos em estado de pura integridade e paz absoluta. Neste mar do ser, eles estavam ambos conectados como indivíduos. Dante escreveu que no paraíso as pessoas literalmente se misturam umas com as outras, não precisam de uma linguagem para se comunicar, porque compartilham do mesmo estado pacífico. Elas se entendem mutuamente porque *são* a mesma coisa. Quando você se aproximar da integridade em estado puro, quando a vidraça da sua mente se tornar cada vez mais transparente, vai começar a amar todos os seres, e vai perceber que eles retribuem esse amor.

O PONTO IMÓVEL DE UM MUNDO EM TRANSFORMAÇÃO

Um dia, quando eu estava sentada na floresta, um pensamento surgiu na minha cabeça, quase como uma voz inaudível. Ela dizia claramente: "Seu nome é imobilidade". De repente me senti como se uma mão invisível segurasse minha mente e a puxasse para o fundo, até encontrar um ponto infinitamente pequeno bem no centro do meu coração. Lá eu me vi em um estado de imobilidade absoluta, diferente de tudo o que já senti. O melhor adjetivo em que consegui pensar para descrever essa imobilidade é "saciante". Ela me satisfez como um gole de água fria e pura depois de uma longa seca.

Depois disso, a frase "Seu nome é imobilidade" funcionou comigo como uma espécie de encantamento. Bastava repeti-la em minha mente e, como uma caçadora de pérolas, eu mergulhava diretamente até essa fonte de frescor sempre renovadora e imutável. Se existisse uma droga capaz de produzir essa mesma sensação, você pode acreditar que eu a tomaria agora mesmo. E eu diria para você tomar também.

Certa vez uma escritora australiana chamada Rowan Mangan veio nos visitar na nossa casa na floresta. Fiquei muito contente: tinha conhecido Ro em Londolozi, e nos demos bem imediatamente. Tínhamos os mesmos interesses literários, a mesma formação em ciências sociais e a mesma obsessão por "restaurar o Éden" antes que os humanos destruam o mundo de vez. Alguns dias depois de chegar à Califórnia, Ro me mostrou um poema que tinha escrito. Se chamava "A transformação". Nesse poema, uma força divina de um futuro distante se recorda do tempo em que os humanos "quase acabaram com o mundo".

"Vocês arrebentaram com este mundo, e eu vi tudo", diz o narrador onisciente, se referindo ao momento que estamos vivendo agora. "Senti o ar cinzento e espesso, vi as águas subirem". Mas então, quando o dano parecia irreversível, os humanos mudaram de rota.

Qual foi a inspiração crucial que enfim transformou vocês?
Vocês nunca vão saber o que lhes abateu,
e com que calamidade, clamor
ou graça—

mas quando se ajoelharam, todos juntos, foi uma visão poderosa.
Vocês deitaram no chão sua fome
e a colocaram junto com os aparelhos de uma lógica antiga,
ao lado dos cadáveres da crueldade e da ganância.

... E então veio o momento da grande reconstrução,
quando o nome de todos é imobilidade.

O poema continua, mas quando Ro leu esse verso eu a interrompi, sentindo um palpitar eletrizante, agora já bastante conhecido, percorrer meu corpo. Eu nunca tinha contado para ninguém sobre essas palavras mágicas que vinha repetindo todos os dias havia meses: "Seu nome é imobilidade".

"De onde você tirou essa frase?", eu quis saber. "Esse verso sobre o nome de todos ser imobilidade?"

"Sei lá", Ro falou. "Foi só a minha imaginação."

O campo da imaginação, esse ente físico sem limites físicos, pode ter sido o que me conectou a animais selvagens como o caititu e o antílope-americano — e também a outros seres humanos. Certamente, minha imaginação e a de Ro de alguma forma chegaram à mesma frase quando estávamos em lugares distantes do planeta. Talvez seja na nossa imaginação que os fractais do despertar comecem a se espalhar, deixando a mente clara, e então se transferindo para iluminar outra.

A imaginação pode ser a chave para encontrar o paraíso, primeiro em nossas vidas individuais e depois se espalhando por todas as vidas, todas as consciências. Dante parece pensar assim. Em determinado ponto do livro do paraíso, ele diz de uma forma bastante incisiva que devemos usar a imaginação para visualizar uma beleza que "excede nossos sentidos". Três vezes em rápida sucessão, ele escreve *"imagini"* e então descreve combinações deslumbrantes de estrelas e partículas brilhantes. E nos pede para "reter essa imagem como uma rocha irremovível". Fazendo isso, segundo o poeta, percebemos uma espécie de sombra do que ele viu no paraíso.

Mais uma vez, as imagens evocadas por Dante refletem o universo de pessoas que tiveram experiências de iluminação. Os antigos mestres budistas descreviam a estrutura da realidade com uma metáfora chamada de "rede de Indra". Imagine uma teia de aranha multidimensional que se estende até o infinito em todas as direções. A cada ponto de intersecção da teia existe um diamante multifacetado. Todas as pedras brilham a partir de dentro, e também refletem todos os demais diamantes. E em cada diamante refletido está o reflexo de todos os outros diamantes. O padrão continua ad infinitum, se repetindo em diferentes escalas — desde o mínimo inconcebível até o inimaginavelmente imenso.

A IMAGINAÇÃO COMO SALVAÇÃO

Essas imagens podem ser bonitas, mas o que têm a ver com a vida real? Dante e os despertos poderiam dizer que a imaginação *é* a nossa vida real. A maneira como vemos determina o que vemos, e a nossa crença primordial sobre o mundo pode nos mostrar um universo perigoso, assustador e sem sentido, ou seguro, instigante e vivo.

É por isso que os humanos foram capazes de criar uma realidade que "excede os sentidos" da geração anterior. Imaginar algo inédito, e então reter essa imagem com a solidez de uma rocha, é uma "magia" que os humanos vêm usando desde o princípio da história. Foi assim que alguém na Mesopotâmia antiga inventou o alfabeto cuneiforme. Foi o que permitiu a outra pessoa, dessa vez na China, criar a ideia da tipografia. Foi o que levou Steve Jobs a quase enlouquecer seus colegas de trabalho, gritando e esbravejando com eles até que produzissem os dispositivos "insanamente bons" que ele via com os olhos de sua mente.

No momento, estou usando todas essas coisas que algum dia foram imaginárias — o alfabeto, o processo de digitação e um app no meu iPhone — para transferir meus pensamentos para você. Não é magia, mas chega bem perto disso.

Se alguma coisa pode nos salvar a esta altura, é o tipo de magia que podemos produzir tornando nossas mentes tão claras que passamos a ser capazes de ver além do que as culturas criaram, e então fixar essa imagem constante e imóvel até que o mundo inteiro se volte para ela. O processo que nos afasta individualmente do sofrimento e da autodestruição é o mesmo que pode se espalhar para porções cada vez maiores da população, até que toda a nossa espécie se volte para modos mais iluminados de viver.

O exercício seguinte serve para estimular sua imaginação. E talvez (eu não acredito, mas também não *duvido* disso) possa também conectar você, através da imaginação, a tudo o que existe.

EXERCÍCIO

IMAGINI, IMAGINI, IMAGINI

No capítulo anterior eu pedi para você pensar na sua mente como uma vidraça, e no caminho para a integridade como uma forma de limpá-la. Neste exercício, você vai visualizar uma coisa parecida, só que mais complexa e detalhada. Arrume um tempo para ficar a sós em um local tranquilo, e então siga os passos abaixo.

Primeiro passo
Imagine que você consegue ver a rede de Indra. Visualize a teia multidimensional se estendendo infinitamente em todas as direções. A cada ponto de intersecção na

teia há um diamante claro e reluzente. Cada pedra contém infinitas informações e emite sua própria luz. Cada uma reflete a luz de todas as outras.

Segundo passo

Imagine que você é uma das joias nessa teia, um diamante com milhares de facetas. Sua natureza essencial é absolutamente pura e clara, mas algumas facetas estão cobertas de lama (erros ou ilusões). A lama impede que parte do seu brilho seja emitido para fora, e também que você reflita algumas das imagens que reluzem ao seu redor nos demais diamantes.

Terceiro passo

Imagine que cada vez que se livra de um erro e começa a viver de acordo com a sua integridade, você limpa mais uma faceta, emitindo mais luz para toda a rede de Indra, para o universo como um todo. Você também recebe mais luz de todas as outras joias. Quanto mais perto chegar da integridade total, mais vai brilhar por fora, e mais beleza vai absorver por dentro.

Quarto passo

Imagine que seu eu-diamante chegou a um estado de clareza total. Nesse ponto, cada pensamento seu imediatamente se espalha pela rede de Indra, enriquecendo e iluminando todo o universo.

Quinto passo

Imagine que tudo o que você retém na sua mente cria novas coisas, ideias que nunca existiram. Quando você chegar à clareza total, sua vida inevitavelmente vai refletir todas as novas imagens que lhe ocorrerem. A teia de Indra vai imediatamente captá-la e começar a dar forma a todas as imagens em que você pensar.

Sexto passo
Imagine a melhor coisa que pode acontecer para você, seus entes queridos e o mundo inteiro.

Sétimo passo
Imagine algo ainda melhor.

Oitavo passo
Imagine algo ainda melhor.

Nono passo
Retenha essa imagem como se fosse uma rocha irremovível. Escreva a respeito dela. Faça um desenho dela.

Décimo passo
Veja o que acontece.

ALÉM DA IMAGINAÇÃO

Ao longo das últimas décadas, mais e mais pensadores e professores começaram a especular que a humanidade está no limiar de uma "transformação de consciência". Eckhart Tolle descreve esse acontecimento comparando-o à forma como um vírus se espalha: primeiro alguns casos aqui e ali, depois surtos aparecendo próximos um dos outros, e então o que parece ser um crescimento explosivo que por fim vai afetar quase todas as pessoas do planeta. Nós já vimos como esse "crescimento exponencial" funciona, acompanhando o andamento da pandemia global que começou no início de 2020. E, da mesma forma, vimos imagens e ideias se tornarem "virais" na internet. Caso pessoas suficientes encontrem integridade, podemos ver uma verdadeira explosão do despertar.

Eu gosto de imaginar isso em vez do cenário mais provável de a nossa espécie em breve deixar de existir, sucumbindo a um inferno criado por nós mesmos. Se a transformação da consciência é real, o que temos diante de nós não é um momento de construção, e sim de desconstrução, não de pensar mais, e sim de pensar menos. (Como Lao Zi escreveu no *Tao te Ching*: "Na busca pelo conhecimento, todo dia algo é acrescentado. Na prática do Tao [Caminho], todo dia algo é abandonado".) Quando a integridade limpa a mente por completo, nós transcendemos as limitações da linguagem e da cultura e nos unimos à inteligência ilimitada da nossa verdadeira natureza — de toda a natureza. Isso pode nos permitir criar soluções que, enquanto você lê este livro, nunca existiram, nem em pensamento.

Então chegará um tempo em que, como Dante, vamos seguir pelo caminho da integridade até lugares que nem mesmo a imaginação é capaz de alcançar. Lembra quando o poeta avisa o leitor para desistir de ler seu relato sobre o paraíso? Ele afirma com todas as letras que está se dirigindo a águas nunca navegadas, e que nós simplesmente não podemos acompanhá-lo. No final d'*A divina comédia*, ele ultrapassou nossa concepção de realidade e chegou a um lugar que vai além do espaço-tempo.

Nos últimos versos de seu épico, Dante usa um recurso literário que também aparece no poema de Rowan Mangan:

mudar o tempo da narrativa do passado para o presente ("E então *veio* o momento da grande reconstrução, quando o nome de todos *é* imobilidade"). Isso acontece no auge do paraíso, quando Dante se aproxima da fonte suprema do universo. Ele descreve essa fonte como uma rosa eternamente aberta — uma imagem que não é cristã, mas bem parecida com o conceito asiático do universo emergindo a partir de uma flor de lótus com múltiplas pétalas.

Quando as percepções de Dante começam a se conectar com aquela luz brilhante e indescritível, sua linguagem passa do tempo passado para o presente. Ele não está mais contando a história como algo que aconteceu com ele, e sim como uma coisa que *está acontecendo*. Agora.

Eu não acredito que o "agora" de Dante seja 1320 — a data em que fisicamente terminou de escrever *A divina comédia*. Imagino que quando escreve os últimos versos do poema, Dante tira os olhos do papel e se vira para seu público — para você, que está lendo isto, neste momento. Ele se transportou para o presente eterno. "Eterno" não significa algo que dura por muito tempo, e sim uma coisa que existe *fora do tempo*. Lembre-se de que Dante passa a se identificar com a luz e que, na velocidade da luz, o tempo deixa de existir. Um fóton pode estar em qualquer lugar, em todo lugar, em qualquer momento da história.

O instante que chamamos de "agora" é como a linha em que o plano da eternidade encontra seu ponto de intersecção com o plano do tempo. Neste exato momento, podemos ver o tempo se estendendo infinitamente em um plano e a eternidade no outro. Dante está presente aqui, no "agora" eterno, porque é aqui que estamos todos presentes. Nós deixamos de ter distinções e nos misturamos a algo infinitamente variado, mas em absoluta unidade, uma integridade suprema com tudo o que existe, que ainda vai existir ou que já existiu.

Então, embora todos nós ainda estejamos em atividade na linha do tempo, ao tornar mais claras as facetas das nossas mentes e vidas, ao emergir da confusão e da tristeza para a lucidez e a alegria, parte de nós já está no plano da eternidade onde Dante, neste exato instante, está escrevendo *A divina comédia* diretamente para nós. Podemos ver seus olhos compassivos atravessando os séculos e nos vendo *agora*, nos entendendo *agora*, nos incentivando *agora*. Podemos ver uns aos outros para além dos altos e baixos de um milhão de vidas, de antigas cruzadas, pragas, guerras mundiais e aterrissagens lunares. Porque somos todos uma coisa só, um ser, cada experiência é toda a experiência.

É esse o lugar em que Dante diz que até "a imaginação elevada falha". Não há mais nada a fazer nesse ponto a não ser abandonar o erro final: a crença de que algum dia houve alguma distinção entre os acúmulos individuais de matéria que imaginamos ser e a verdade todo-abrangente que vai além do que podemos conceber. Quando dissolvemos de verdade a mentira de que estamos isolados dentro de nós mesmos, nos juntamos a Dante e a todos os demais, a tudo mais. Deixamos de nos ver como pequenos seres condenados em um planeta ameaçado e lembramos que somos *l'amor che move il sole e l'altre stelle* — "o amor que move o Sol e as outras estrelas".

Agradecimentos

Acho que nunca me senti grata a tantas pessoas por me ajudarem a escrever um livro. Primeiro, meu agradecimento de coração para os vários clientes que compartilharam suas experiências comigo e para os colegas coaches que estudaram os meus métodos. É uma tremenda alegria buscar o caminho da integridade cercada de tantos corações e mentes semelhantes aos meus. Muitos de vocês vão ver partes de si mesmos nestas histórias.

Minha equipe brilhante de trabalho organizou meu tempo e me proporcionou um apoio infinito enquanto eu escrevia este livro — e bem quando a pandemia de 2020 virou nossas vidas do avesso. Um agradecimento profundo a Jennifer Voss, Carmen Shreffler, Christina Brandt, Lara Endorf e Jennifer Falci, nossa própria "manifestadora de milagres". Nós passamos por todo tipo de aventura juntas, e eu não poderia querer companheiras mais valentes.

Fui abençoada com a possibilidade de aprender com muitos professores de primeiríssima linha ao longo da minha vida. Em especial, Byron Katie, Anita Moorjani, Larry J. e Alexandra Barbo me proporcionaram as ideias principais que se tornaram o cerne da minha vida e das páginas deste livro.

Tenho muita sorte de contar com amigos que fazem parte da minha família do coração. Um agradecimento especial a Paula Keogh, Rennio Maifredi, Susan Casey, Jennifer Johnsen, Katja Elk, a família Varty e Maria Shriver — espíritos luminosos, mentes brilhantes e almas generosas.

Também sou muito grata à minha grande equipe literária. Minha agente, a maravilhosa Linda Loewenthal, não só assumiu este livro desde que ainda era uma simples proposta como trabalhou em vários dos manuscritos iniciais, aprimorando a escrita e contribuindo com ideias inspiradas. Pamela Dorman e Jeramie Orton acreditaram no projeto e trabalharam no processo de edição durante o lockdown provocado pela covid-19 em 2020, provando sua tenacidade e seu comprometimento mesmo nos piores momentos. Karen Wise encontrou e corrigiu diversos dos meus erros com a sabedoria que seu sobrenome implica. Sou muito grata a todos vocês.

Eu vivo em meio a uma teia de bondade tecida em grande parte pela amada nova geração da minha família: Adam Beck, Elizabeth Beck, Sam Beck, Kat Forster e Scott Forster. Sam, com seu grande talento para a escrita, fez uma leitura generosa e comentou o primeiro manuscrito. A mente editorial aguçada de Kat corrigiu não só minhas palavras mas também minha forma de pensar ao longo das reescritas. Como vocês são incríveis. Eu adoro vocês demais.

Stephen Mitchell vem sendo um guia extraordinário para mim desde que li seu trabalho pela primeira vez, décadas atrás. Sem sua amizade e seu incentivo, este livro não existiria. Ao longo de muitas conversas, Stephen me ajudou com toda a delicadeza a desenvolver ideias originais, a tornar mais claro meu pensamento e a tratar com mais discernimento tudo o que eu pensava e escrevia. Nunca imaginei que receberia tanto tempo e atenção de um dos escritores espirituais mais destacados do mundo. Diria que isso é um milagre, porém essa afirmação jamais passaria pelos padrões rigorosos de Stephen. Então me contento em expressar todo meu amor e gratidão.

Minha querida amiga Elizabeth Gilbert teve uma enorme contribuição na criação deste livro. Ela me ouviu ler o manuscrito inteiro pelo telefone durante o lockdown e transformou algumas destas palavras em lindas artes em seu diário. Liz segue o caminho da integridade com mais comprometimento do que a maioria das pessoas que eu conheço, e seu espírito é um farol para o mundo. Obrigada por tudo, Lizzy. Você sempre vai ser destaque!

Por fim, e acima de tudo, sou grata a minhas amadas companheiras, Karen Gerdes e Rowan Mangan. Karen tem sido minha tábua de salvação por muitos anos, tão vital para mim quanto o sangue que corre pelo meu corpo. A mente, o coração, o talento e a devoção incríveis de Rowan tornaram este livro — e a minha vida — melhor do que eu poderia imaginar. Karen e Rowan, estar com vocês faz com que eu me sinta banhada no grande mar do ser, onde o universo inteiro parece seguro, instigante e vivo.

Se eu soubesse que conheceria todas essas pessoas incríveis em algum momento da vida, o caminho da integridade teria parecido muito mais fácil para mim. Que todos os que lerem este livro tenham a mesma sorte que eu.

TIPOGRAFIA Adriane por Marconi Lima
DIAGRAMAÇÃO Osmane Garcia Filho
PAPEL Pólen Soft, Suzano S.A.
IMPRESSÃO Gráfica Santa Marta, abril de 2022

A marca FSC® é a garantia de que a madeira utilizada na fabricação do papel deste livro provém de florestas que foram gerenciadas de maneira ambientalmente correta, socialmente justa e economicamente viável, além de outras fontes de origem controlada.